厦门大学百年校庆
国家社会科学基金重点项目最终成果（14AGL015）

| 国 | 研 | 文 | 库 |

中国旅游产业区域
集聚绩效研究

魏 敏————著

光明日报出版社

图书在版编目（CIP）数据

中国旅游产业区域集聚绩效研究 / 魏敏著 . -- 北京：
光明日报出版社，2021.6
ISBN 978 - 7 - 5194 - 6000 - 6

Ⅰ . ①中… Ⅱ . ①魏… Ⅲ . ①旅游业发展—产业集群
—研究—中国 Ⅳ . ①F592.3

中国版本图书馆 CIP 数据核字（2021）第 077949 号

中国旅游产业区域集聚绩效研究
ZHONGGUO LÜYOU CHANYE QUYU JIJU JIXIAO YANJIU

著 者：魏 敏	
责任编辑：李壬杰	责任校对：姚 红
封面设计：中联华文	责任印制：曹 诤

出版发行：光明日报出版社

地　　址：北京市西城区永安路 106 号，100050

电　　话：010 - 63169890（咨询），010 - 63131930（邮购）

传　　真：010 - 63131930

网　　址：http://book.gmw.cn

E - mail：lirenjie@ gmw.cn

法律顾问：北京德恒律师事务所龚柳方律师

印　　刷：三河市华东印刷有限公司

装　　订：三河市华东印刷有限公司

本书如有破损、缺页、装订错误，请与本社联系调换，电话：010 - 63131930

开　　本：170mm×240mm			
字　　数：341 千字		印　　张：19	
版　　次：2021 年 6 月第 1 版		印　　次：2021 年 6 月第 1 次印刷	
书　　号：ISBN 978 - 7 - 5194 - 6000 - 6			
定　　价：98.00 元			

前　言

　　旅游产业作为与其他产业关联度很高的产业,其区域集聚发展的态势日益凸显。旅游产业的区域集聚化发展过程,在很大程度上能够加速旅游资源的优化配置和旅游规模经济效应的实现,并逐渐成为区域经济的新增长极,产生强大的产业关联带动的经济效应和促进就业的社会效应。因此,旅游产业区域集聚和可持续发展研究已经成为旅游产业研究的热点问题。

　　旅游产业区域集聚是一个动态化过程,本书首先从定性角度借鉴国内外相关研究构建理论基础,分析集聚动力机制;再从定量角度出发,分别以全国总体、长三角地区、珠三角地区、环渤海地区以及丝绸之路经济带(中国)为实证研究对象,选择四个常用指标,即产业集中度、区位商、空间基尼系数以及动态集聚指数,测算上述地区旅游产业集聚水平和集聚绩效。通过指标测算可以发现,长三角地区、珠三角地区、环渤海地区以及丝绸之路经济带(中国)的旅游产业集聚水平总体很高,但各区域(省份、城市)旅游产业集聚水平存在差距。在收集上述地区的相关数据基础上,本书借助 Eviews8.0 和 SPSS22.0 等统计软件,综合运用时间序列数据和面板数据分析各区域旅游产业的集聚绩效。研究发现,在区域整体层面,旅游产业集聚和区域经济增长间具有长期均衡关系,而且前者对于后者来说有着更为显著的推动作用;从区域内部来看,不同区域(省份、城市)旅游产业集聚效应存在很大的差异。并且,旅游产业在集聚发展的不同阶段,带来的集聚绩效存在较大的差异性。最后,结合区域旅游产业发展的实际需要,先基于区域内部角度提出如何缩小各城市集聚发展差异,再基于区域整体角度,以政府和企业两个层面进一步探讨促进区域(全国)旅游产业集聚化发展的政策建议,从而为相关部门制定有关政策提供理论依据和可行建议,以期更好地发挥旅游产业区域集聚绩效。

　　本书研究内容共分为九章。第 1 章:导论。简要分析本书选题的背景与意义,进而介绍本书的研究内容、方法、技术路线以及创新。第 2 章:文献综述。梳理国内外关于旅游产业及其集聚评价、可持续发展的相关研究,并进行分类和述评。在此基础上构建本书的理论基础。第3章：旅游产业区域集聚动力机制。本章从区域旅游产业发展内在和外在动力因素、各因素之间关系以及各因素作用机理三个方面分析旅游产业区域集聚的动力机制。第4章：旅游产业区域集聚水平测度。总结学者在研究中常用的一些指标并分析其优缺点，以长三角地区、珠三角地区、环渤海地区以及丝绸之路经济带（中国）等区域作为实证研究对象，选择区位商等四个指标来分析上述四个旅游产业区域集聚水平。第5章：旅游产业区域集聚效应分析。继续以四大城市群作为研究对象，首先借助时间序列分析其旅游产业整体的集聚效应，鉴于地区差异性，再利用面板数据分析四大城市群以及全国旅游产业的集聚效应，并将其集聚水平和集聚绩效进行对比分析。最后运用 Ward 聚类方法将四大城市群旅游产业划分为三大方阵并进行相应分析和评价。第6章：旅游产业区域集聚绩效指标体系构建与评价。在借鉴国内外相关研究的基础上，尽可能考虑到影响区域旅游产业绩效的因素，试图构建较为全面系统的集聚绩效评价指标体系，并以31个省市自治区为对象，对旅游产业区域集聚绩效评价进行定量分析。第7章：旅游产业区域集聚与效率和绩效相关性。采用数据包络分析（DEA）测算31个省市自治区旅游产业效率现状，结合区位商系数（LQ）方法计算的旅游产业集聚水平结果，构建旅游产业效率与旅游产业区域集聚水平的回归模型（分析旅游产业集聚效应对旅游产业资源利用效率之间的关系），旨在研究旅游产业区域集聚的效率和绩效相关性。第8章：政策建议。从四大城市群和区域整体角度出发，结合中国旅游产业区域集聚动力机制，进一步探讨促进旅游产业区域集聚绩效提升的政策取向。最后，根据旅游产业区域集聚绩效实证研究发现提出政策评价与建议。第9章：结论。对本书研究内容进行总结，探讨本书的研究不足，并提出相应的后续研究展望。

本书试图在旅游产业区域集聚绩效研究的理论、实践、方法和研究成果方面进行创新和突破。理论上，本书借鉴国内外研究成果，结合不同区域旅游产业发展现状，运用数理统计方法具体分析其集聚水平和绩效，以期得出一般规律性的结论，能够在相同条件的区域适用并得到推广，试图丰富和发展旅游产业集聚理论；实践上，通过对旅游产业区域集聚现象相对客观、全面和系统的分析，试图从源头上避免和减少区域旅游产业恶性竞争等带来的旅游产能过剩和旅游产品（服务）供给侧结构失衡的问题，因此本书的研究具有一定的现实意义；方法上，本书将定量分析和定性分析相结合，综合考虑空间和时间维度，采用面板数据，选择区位商等四个指标系统衡量了其旅游产业集聚水平，并采用计量经济学中的时间序列数据和面板数据进一步分析评价了其集聚效应，为旅游产业区域集聚研究和集聚绩效的提升提供了新思路；研究成果上，本书的研究成果源于中国总体以及重要区域［长三角地区、珠三角地区、环渤海地区和丝绸之路经济带（中国）］旅游产业区域集聚相关统计数据，因而，研究成果可以为上述区域旅游产业可持续发展提供理论依据，同时，由于本书试图得出普适性规律，因而，其研究成果亦可推广为条件相近的其他区域借鉴。

　　本书研究旅游产业区域集聚问题，对国内外研究成果进行梳理之后构建理论基础，探寻产业集聚的动力机制，再以四大城市群和31个省市自治区为例，运用区位商等四个指标对其旅游产业集聚水平进行测算，然后运用时间序列和面板数据模型进一步分析其集聚绩效，最后有针对性地提出相关政策建议。另外，本书的相关研究由于指标体系、数据获取等方面的因素尚存在一些不完善之处，将在后续研究中加以改进。

目 录
CONTENTS

第 1 章

导　论

1.1　研究背景与意义

1.1.1　研究背景

（1）区域旅游产业发展形势

随着社会经济的发展和人民群众物质文化需求的日益丰富，我国旅游产业已经由一项社会文化事业向产业化方向发展，逐渐演变成为国民经济新的增长点，对区域经济发展发挥着重要支撑性作用，同时，作为新兴的第三产业也有利于区域经济结构的优化调整，推动区域经济的协调发展。

2009 年 11 月国务院常务会上正式将旅游产业作为"现代化服务业和战略性支柱产业"，这确立了旅游产业在国民经济和社会发展中的重要地位。2013 年 4 月出台的《中华人民共和国旅游法》明确规定："旅游市场各主体的权利、义务和责任，为旅游产业营造了良好的法律氛围，保证其健康有序发展。" 2014 年 8 月，《关于促进旅游业改革发展的若干意见》的发布，进一步明确我国旅游产业未来的转型和升级方向。2015 年 3 月，国家发改委、外交部、商务部联合发布《推动共建丝绸之路经济带和 21 世纪海上丝绸之路的愿景与行动》（以下简称《愿景与行动》）。《愿景与行动》提出若干切实可行的方案，包括加强区域旅游合作，扩大旅游产业规模，互办旅游推广周和宣传月等活动，联合打造具有丝绸之路特色的国际精品旅游线路和旅游产品。随后，国家旅游局将 2015 年确定为"丝绸之路旅游年"。

2016 年以来，在"互联网＋"和智慧旅游的影响下，传统产业互联网化的趋势日益明显。旅游产业也不例外，前瞻产业研究院《2016—2021 年中国在线旅游行业发展前景预测与投资战略规划分析报告》显示，互联网旅游产业符合经济社会发展需要，旅游产业加速线上线下交易（O2O）融合的新趋势，将对提升区域旅游产业的服务品质起到促进作用。《2016—2021年旅游行业深度分析及"十三五"发展规划指导报告》分析数据表明，目前中国个人资产在600万元以上的人群达270万人，据调查其中约60%的人群会选择高端旅游服务。2019年，随着中国同"一带一路"沿线国家的战略合作和经济联系日益紧密，为"一带一路"旅游产业区域集聚和融合发展提供了良好的基础，因此，旅游产业区域集聚的国际化格局初步形成。

由此可见，我国旅游产业的发展受到了政府部门的高度重视、区域旅游企业积极参与以及游客不同层次体验的青睐。在当前良好的软、硬环境支持下，区域旅游产业不断发展壮大，很多地区将旅游产业作为先导产业、主导产业和支柱产业等，加快旅游产业的发展对区域经济的增长意义重大。在上述宏观发展环境的背景下，客观上需要旅游产业进一步发挥产业关联效应和带动效应的作用。

（2）区域旅游产业存在问题

区域旅游产业在蓬勃发展的前景下，仍然存在着需要规范和改善的问题，主要集中在以下三个方面。

第一，区域旅游产业水平较低。区域旅游产业"小、散、弱、差"现象依然存在。旅游企业是区域旅游产业的重要组成部分，但除了少数旅游企业（集团）达到一定的运营规模和竞争实力外，"小、散、弱、差"仍然是大多数旅游企业的特征。由于旅游市场准入门槛相对较低，中小规模的旅游企业纷纷进入，这些旅游企业缺乏资本实力，竞争能力弱，经营短视性特征明显，无法给旅游者带来高品质的旅游产品（服务）体验，也难以提高区域旅游产业经济效益和社会效益。

第二，区域旅游产业结构趋同。区域旅游产业结构趋同必然导致恶性竞争。随着社会经济的发展，人们旅游消费需求发生变化，供需不匹配导致旅游生产要素相对过剩，即旅游产业的产能相对过剩问题逐渐凸显。而旅游产业结构具有刚性特征，这导致区域旅游产业无法找准市场变化的关键，难以及时调整旅游供给，造成旅游产品不足、活跃性缺失，同类产品供应过剩，呈现出区域旅游产业结构趋同的局面。此外，由于旅游产业具有很大的产业关联效应，为了获得旅游经济效益，很多地区开始大规模地开发旅游资源，使得区域旅游产业过度开发，超出了该区域经济和社会容量，导致区域产业结构失调。同时，由于缺乏良好的旅游市场竞争秩序和约束机制，各区域间竞争不断加剧，无法协调发展。

第三，区域旅游产业发展失衡。由于中国各地区旅游资源禀赋分布（初始因素）及旅游开发外部支持条件（制度安排）差异，不同区域旅游产业在开发程度和发展水平上形成较大的落差。区域旅游产业是拉动当地经济发展的重要因素（区域经济新增长点），旅游发展的区域差异不仅制约旅游产业整体质量和层次的提升，可能会进一步拉大区域间的经济发展水平差异，对旅游产业经济协调发展产生阻碍。

（3）旅游产业区域集聚

如何改变目前中国区域旅游产业发展状态成为一个急需解决的问题。对此，有经济学家注意到，很多产业在发展阶段，经常会在某些特定区域集聚，并逐渐形成产业集聚体，它们之间进行专业化分工合作（竞合机制），不断进行学习和创新，通过建立稳定的集聚化网络来发挥整个区域强大的经济关联效应和竞争优势，而区域以外的企业往往无法与之抗衡。产业集聚现象日益成为区域经济可持续发展研究的重点。

目前，我国旅游产业已呈现出一定程度的集聚态势，如京津冀（环渤海）地区、长三角地区、珠三角地区以及丝绸之路经济带（中国），这些地区很大程度上通过构建区位优势平台（基础设施和优惠政策等）推动旅游产业的空间集聚，优化旅游产业价值链，旅游产业（企业）可于此获得旅游规模经济，实现旅游产业集聚绩效的提升，最终带动区域旅游经济的可持续发展。因此，要合理解决区域旅游产业发展过程中存在的发展水平低、结构趋同和发展失衡问题，旅游产业的区域集聚是重要手段之一。因此，本书试图结合传统的区域经济理论、产业经济理论以及产业空间布局理论，对旅游产业区域集聚问题进行分析，在探讨其动力机制的基础上，试图客观评价其集聚水平和集聚绩效，并进行不同区域的对比分析。最后在区域对比分析的基础上提出相应的政策建议，以期对旅游产业区域集聚和可持续发展提供参考依据和经验分享。

1.1.2 研究意义

（1）理论价值

本书对理论价值进行梳理和提炼，主要表现在四个方面。

第一，本书对区域旅游产业相关理论（包括产业经济学和区域经济学相关理论）展开分析，扩大了区域产业集聚相关理论的研究视角，拓展了产业经济学和区域经济学的研究范围，充实了产业经济理论和区域经济理论研究的开放性和跨学科融合发展的需要。一般来说，产业集聚理论及其相关实证研究常常被学者运用在制造业（工业）及其相关产业领域，相对较少应用于旅游产业等服务产业。

第二，旅游产业作为一个新兴产业，又是和其他产业具有较强关联性的产业，除了具有一般产业的基本特征外（比如产业经济效应和规模经济），还具有自身的独特的产业特性。因此，旅游产业要进一步发展，必须加强对旅游产业基础知识及其基本运行规律的研究，本书在突出旅游产业特殊性的基础上，将其融入宏观经济政策的范畴中，即把旅游产业政策纳入国家总体产业政策体系和区域经济可持续发展的政策取向中，探讨旅游产业与区域经济的融合发展，寻找使旅游产业持续发展的路径依赖。

第三，本书研究试图丰富和完善旅游产业集聚研究内容。旅游产业区域集聚涉及多个学科的内容，本书运用区位商等四个指标来定量测度旅游产业区域集聚水平，判断其是否存在集聚现象，然后，构建回归模型和 SEM 模型，运用时间序列的协整分析探讨区域旅游产业的集聚效应，通过构建时间序列、截面数据和面板数据模型对旅游产业的区域集聚及其绩效评价进行量化研究。

第四，本书对旅游产业区域集聚的动力机制进行了探讨，对于区域旅游产业来说，其集聚的动力机制较为复杂，本书结合以往学者的研究，从动力结构（集聚动力因素）、各动力因素之间的关联和动力原理（各因素之间如何相互作用）三个方面进行具体分析。在此基础上，本书运用计量分析方法研究其集聚水平与集聚绩效，在一定程度上丰富和完善了产业集聚的研究内容和研究方法，同时也有利于区域旅游可持续发展研究方面的进一步深化。

（2）实践意义

本书对实践意义进行梳理和提炼，主要表现在三个方面。

第一，寻求解决旅游产业的规模经济问题。当前中国旅游产业（包括旅游吸引物、景区和酒店等），由于彼此间恶性竞争（淡季价格战等）或者交通不便等原因，各自分散经营、单打独斗，难以形成规模经济，旅游产业的继续发展面临瓶颈。本书试图通过旅游产业的区域集聚来推动中国旅游产业从劳动密集型向资本技术密集型转变，从资源驱动向创新驱动转变，最终实现其规模经济效应。

第二，探讨旅游产业供给侧结构性改革问题。目前有些区域旅游产业在追求经济利益下快速发展的过程中出现了一系列问题，导致旅游产业发展水平问题、旅游产业结构趋同问题（旅游产业产能过剩问题）以及旅游产业非均衡发展问题表现突出，急需借助供给侧结构性改革这一经济体制改革背景，为区域旅游产业提供崭新的转型升级方向。

第三，为旅游产业政策制定提供依据。旅游产业政策科学制定与有效实施是旅游产业经济问题的重要内容之一。旅游产业经济问题研究的任务之一就是为政府制定和实施旅游产业政策提供理论依据。在区域旅游产业发展的实践中，宏观（区域）经济政策都需要有其理论依据，专家学者对同一经济问题的不同认识及其讨论，就会产生不同的产业经济政策主张，导致不同的区域产业发展结果。基于此，本书运用定性与定量、理论与实证相结合的研究方法，综合考虑时间和空间维度，对旅游产业区域集聚的动力机制、水平和效应展开具体的探讨，一方面，为相关部门科学规划旅游产业发展提供一定的理论依据和决策基础，以实现旅游产业可持续发展；另一方面，更好地发挥旅游产业区域集聚与区域经济增长的相互作用关系，加速区域产业结构的调整与转型升级，实现区域经济的可持续发展。

1.2 研究内容与方法

1.2.1 研究内容

第1章：导论。阐释了本书的研究背景与意义，当前旅游产业区域发展中存在的问题（规模经济），以及旅游产业区域集聚的重要性，然后简要介绍本书的研究内容、方法、技术路线以及创新。

第2章：文献综述。首先，本章梳理国内外关于旅游产业及其发展问题的相关研究，具体分析国内外有关产业集聚、旅游产业区域集聚以及旅游产业区域集聚效率与绩效的研究现状，并进行分类和述评。然后，对本书涉及的旅游产业发展的相关概念进行诠释，并对外部经济理论、规模经济理论、技术创新理论、经济增长理论和生命周期理论等现有研究加以借鉴和整合，构建本书的理论基础，并为旅游产业区域集聚绩效问题奠定理论基础。

第3章：旅游产业区域集聚动力机制。本章从区域旅游产业发展内在和外在动力因素、各因素之间关系以及各因素作用机理三个方面分析旅游产业区域集聚的动力机制，为下文长三角地区、珠三角地区、环渤海地区、丝绸之路经济带（中国）以及31个省市自治区旅游产业集聚水平和集聚绩效的实证分析提供理论依据。

第4章：旅游产业区域集聚水平测度。在总结当前研究中常用的一些指标并分析其优缺点的基础上，本章以长三角地区、珠三角地区、环渤海地区以及丝绸之路经济带（中国）等区域为实证研究对象，选择区位商等四个指标来分析上述四个区域（城市群）旅游产业区域集聚水平，为后续研究提供依据。

第5章：旅游产业区域集聚效应分析。以长三角地区、珠三角地区、环渤海地区、丝绸之路经济带（中国）等旅游产业区域集聚情况为研究对象，综合采用产业集中度、区位商、空间基尼系数和动态集聚四大指标。首先借助时间序列分析其旅游产业整体的集聚效应，鉴于地区差异性，再利用面板数据分析四大城市群以及全国旅游产业的集聚效应，并将其集聚水平和集聚绩效进行对比分析。最后运用 Ward 聚类方法将四大城市群旅游产业划分为三大方阵并进行相应分析和评价。

第6章：旅游产业区域集聚绩效指标体系构建与评价。旅游产业区域集聚水平的测度是评价旅游产业区域集聚绩效的基础，然而，旅游产业的区域集聚水平高并不意味着集聚绩效好。旅游产业的区域集聚绩效受多方面因素的共同影响，因此对集聚绩效进行深入探讨是非常有必要的。旅游产业的区域集聚绩效评价是对旅游产业区域集聚在一定时期内的经营活动过程及其结果做出的一种综合判断，这种判断为集聚的发展提供了依据。因此，本章在构建旅游产业区域集聚绩效分析的基础上，试图构建具体的集聚绩效评价指标体系，并以31个省市自治区为对象，对旅游产业区域集聚绩效评价进行定量分析。

第7章：旅游产业区域集聚与效率和绩效相关性。采用数据包络分析（DEA）测算31个省市自治区旅游产业效率现状，结合区位商系数（LQ）方法计算的旅游产业集聚水平结果，本章构建旅游产业区域集聚水平与旅游产业效率的回归模型以及旅游产业区域集聚水平与市场绩效的结构方程模型（SEM），旨在研究旅游产业区域集聚与效率和绩效之间的关系。选取数据包络分析方法（DEA）作为旅游产业效率的研究方法。

第8章：政策建议。本章首先针对长三角地区、珠三角地区、环渤海地区以及丝绸之路经济带（中国），结合上述各区域旅游产业的发展现状（统计数据和实地调研），评价旅游产业区域集聚化发展空间差异，提出旅游产业区域集聚绩效的策略。再从区域整体角度出发，以省（市、区）为研究单位，结合中国旅游产业区域集聚动力机制，基于政府和企业这两大主体，进一步探讨促进旅游产业区域集聚绩效提升的政策取向。最后，根据实证研究发现提出政策建议。

第9章：结论。对本书研究内容进行总结，探讨本书的研究不足，并提出相应的后续研究展望。

1.2.2　研究方法

根据本书研究背景、研究内容以及技术路线，采用以下几种研究方法。

文献综述与归纳方法。本书主要通过文献综述和归纳的方法，阅读国内外关于旅游产业经济发展研究相关文献，并进行分析、归纳、评价，在国内外研究成果的基础上对中国旅游产业区域集聚绩效的各个方面试图进行创新性思考和实证研究。

多学科交叉研究方法。本书综合运用经济管理类多种学科，包括产业经济学、区域经济学、旅游学、统计学、计量经济学和发展经济学等相关理论和方法，探讨旅游产业区域集聚的动力机制、集聚水平、集聚绩效和政策评价等问题。该方法在本书的各部分内容中均有体现。尤其是区域经济学的相关理论运用到旅游产业发展研究中，使得研究方法更为精准，因而政策建议更为可行。

定性分析与定量分析结合法。对于中国旅游产业区域集聚绩效的研究，既包括理论方面的总结与阐述，也有应用（价值）方面的计量与评估，因此，本书采用定性和定量相结合的方法。在实证研究中，以全国和长三角地区、珠三角地区、环渤海地区、"一带一路"[本书选择丝绸之路经济带中国境内主要旅游城市，以下称"丝绸之路经济带（中国）"] 为研究对象，选取 1998—2015 年间其旅游产业发展的相关数据（也有少数地区由于统计口径和"非典"的原因选取 2004—2015 年数据），对其旅游产业区域集聚水平和集聚绩效进行研究与思考，试图得出一般规律，并提出相应的政策建议，以期对中国旅游产业区域集聚及其绩效提升起到一定的补充作用和参考作用。

理论研究与实证分析结合法。理论上，本书对旅游产业发展的相关理论进行综述，构建区域集聚绩效评价的理论框架。在实证部分，本书首先运用区位商等四个指标来定量测度旅游产业区域集聚水平，判断其是否存在集聚现象，并为下文的区域集聚绩效研究提供铺垫。其次，构建回归模型和 SEM 模型，运用时间序列的协整分析探讨区域旅游产业的集聚效应，具体而言，通过构建时间序列、截面数据和面板数据模型对旅游产业的区域集聚及其绩效评价进行量化研究，最后提出政策建议（定量研究的精准性）。因此，本书突出理论和实践相结合，发挥理论对实践的指导作用。

本书的研究方法与研究内容的逻辑关系如图 1-1。

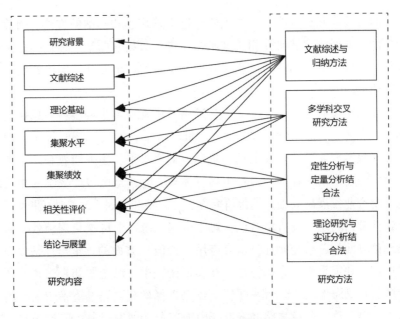

图1-1 研究方法与研究内容逻辑关系图

1.3 技术路线和创新

1.3.1 技术路线

为了实现旅游规模经济、旅游资源的优化配置，避免区域旅游产业重复建设和恶性竞争，本书主要从定量分析（实证研究）的角度，结合定性分析（规范研究），综合考虑空间和时间维度，涵盖静态和动态分析，运用数理统计学对旅游产业区域集聚问题进行定量描述，以31个省市自治区、长三角地区、珠三角地区、环渤海地区以及丝绸之路经济带（中国境内主要旅游城市，以下同）为研究对象，通过收集国家统计局和各省市自治区官方公布的旅游产业经济指标的统计数据，利用相关统计软件进行数据处理，对上述旅游产业区域集聚水平和集聚绩效进行分析评价，试图在理论上丰富旅游产业区域集聚研究，在实践上为我国区域旅游产业高质量发展和转型升级提供理论指导（如图1-2所示）。

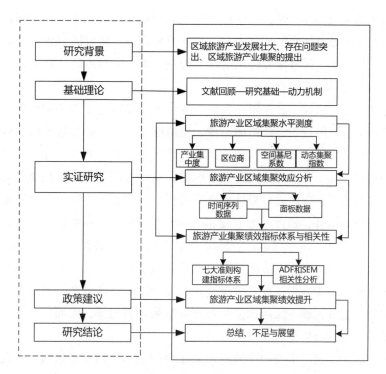

图1-2 技术路线图

1.3.2 主要创新

理论方面：本书借鉴国内外（旅游）产业经济研究成果，对旅游产业区域集聚动力机制进行了系统分析，然后以31个省市自治区、长三角地区、珠三角地区、环渤海地区以及丝绸之路经济带（中国）为实证研究对象，结合不同区域旅游产业发展现状，运用数理统计方法具体分析其集聚水平和绩效评价。本书的理论研究试图弥补传统旅游产业区域集聚绩效研究的缺陷，因为传统研究忽略了指标间独立性与全面性的矛盾，过多地用静态评价替代动态评价，所以本书引入空间和时间维度，修正传统的区位商法，构建较为全面系统、静态与动态相结合的评价体系，试图在一定程度上丰富和发展区域（旅游）产业集聚理论。

实践方面：通过对旅游产业区域集聚现象相对客观、全面的分析，为其集聚发展提供了一定的实践指导和理论参考，对于培育我国不同区域旅游产业的特色和优势，进而促进区域旅游资源的优化配置，避免区域旅游产业恶性竞争等带来的旅游产能过剩和旅游产品（服务）供给侧结构失衡的问题具有现实意义。旅游产业区域集聚绩效提升可以有效地获取规模经济，必须尽量利用规模报酬递增的区域特性，通过加快产业集聚来提高地区劳动生产率。因此，本书对旅游产业区域集聚现象相对客观、全面分析，对于培育区域旅游产业的特色和优势，进而促进区域旅游资源的优化配置，避免区域旅游产业重复建设和恶性竞争等问题具有现实意义。

　　方法方面：以往学者在研究旅游产业区域集聚时过于关注定性描述，也有一些定量分析，但过于强调空间维度，忽略时间维度。针对旅游跨学科研究的复杂性和综合性，本书综合运用旅游学、数理统计学、系统工程学及经济学的相关理论和方法，重点分析旅游产业区域集聚绩效问题，尤其是动态分析法的应用，可为旅游产业区域集聚绩效研究提供新思路和新方法。本书将定量分析和定性分析相结合，综合考虑空间和时间维度，采用面板数据，分别以中国总体、长三角地区、珠三角地区、环渤海地区和丝绸之路经济带（中国）为例，选择区位商等四个指标系统衡量旅游产业区域集聚水平，并采用时间序列数据和面板数据进一步分析评价其集聚绩效，既分析不同区域之间的旅游产业集聚绩效差异，也分析同一区域内部旅游产业集聚绩效差异，因而，本书研究方法可为旅游产业区域集聚研究提供新思路。

　　研究成果方面：本书的研究成果源于中国总体以及重要区域——长三角地区、珠三角地区、环渤海地区和丝绸之路经济带（中国）旅游产业区域集聚相关统计数据，因而，研究成果可以为上述区域旅游产业可持续发展提供理论依据。同时，由于本书试图得出普适性规律，研究成果不仅为特定区域的旅游产业集聚绩效研究提供全新的思路，而且可为全国乃至全球旅游产业区域集聚绩效研究提供理论基础和方法选择。

第 2 章

文献综述

2.1 研究回顾

2.1.1 产业集聚研究

随着经济的一体化和全球化发展，产业发展过程中的区域集聚现象越来越明显。由于资源流动的速度加快，很多产业逐渐打破地理方面的限制，选择最佳布局位置，不断集中在具备发展条件的区域。马歇尔（Marshall，1890）首次提出产业集聚及内部规模经济、外部规模经济等概念，并阐述了在外部规模经济条件下产业的区域集聚产生及其经济动因。波特（Porter，1991）认为产业集聚有利于成员降低生产成本和信息成本，从而使生产力和工资得到提高。王今（2005）将产业集聚定义为区域组织形式，能够提升区域竞争力，拉动区域经济的发展。布鲁哈特和马蒂斯（Brulhart & Mathys，2008）对欧洲地区相关产业经济数据进行分析，认为产业集聚带来的集聚经济可以在很大程度上提高劳动生产率，不仅可以带动区域经济的增长，还会因为区域经济增长而强化集聚经济。陆毅等（2010）根据 1998—2005 年我国制造业（工业企业）的相关数据进行实证研究，结果发现制造业集聚和企业规模之间具有一定的正相关性。季书涵、朱英明和张鑫（2015）在研究中发现产业集聚对集聚程度较高的东部地区改善产生更好的效果，而在产业集聚程度较低的我国中西部地区（基础设施和政策扶持等因素），其改善范围更为直接有效。因此，产业集聚可以在一定程度上为优化产业空间（区域）布局、提高资源利用效率和区域经济协调发展提供依据。2016 年以来，创新驱动的产业发展下，旅游产业依赖于互联网平台（OTA 和 O2O），推动旅游产业和互联网的融合发展，并以此为平台，形成旅游产业区域集聚的运营模式。

2.1.2 旅游产业集聚研究

旅游产业集聚是区域经济学研究中的产业集聚原理应用到旅游学研究所产生的新的研究主题。纵观国内外学者对于旅游产业集聚的研究，明显可以看出经历了一个由新生到成熟、由基础到应用的过程。长期以来，制造业通常是研究产业集聚的焦点，而对于旅游产业是否存在集聚现象、能否适用产业集聚理论存在着争议，而且旅游产业边界存在的识别困难进一步增加了研究难度。对区域旅游产业进行集聚研究时，最基本的前提就是产业集聚现象在旅游产业中是存在的。

（1）旅游产业集聚现象研究

许多学者对旅游产业集聚现象的客观存在性及其对区域经济影响问题进行了探讨。波特（Porter，1998）、埃利松和格雷泽（Ellison & Glaeser，1999）、杰克逊和墨菲（Jackson & Murphy，2006）等通过实证研究，指出集聚理论是适用于旅游产业的，而且旅游产业也适合集聚化发展，集聚效应非常显著。从国内外研究来看，学者们首先对旅游产业集聚的合理性进行验证，判断旅游产业是否符合产业集聚的内在要求（英格拉姆，Ingram，1996；尹贻梅，2006），大部分学者支持旅游产业可以发挥产业集聚效应的观点；随后，学者们对旅游产业区域集聚的形成条件进行探讨，陈绍友（2006）对重庆市旅游产业集聚的基础条件进行大量的调查和解析，冯卫红（2009）则提出了旅游产业相对其他产业而言的特性要求、外部经济效应和政府规划等三大动力，并论证三大动力是促动三个旅游产业区域集聚重要因素。李鹏飞（2009）认为，旅游产业作为一个综合性产业，上下游关联性很强，具备产业集聚发展的先天优势。进入2010年后，王凯等（2013）从旅游产品（服务）供给角度出发，探讨旅游产品（服务）供给价值的实现受到空间维度和时间维度的共同制约，而且本地旅游市场强大也会导致旅游产业的区域集聚。同时，还有很多地方政府经济（旅游）工作报告也指出，在一些旅游产业发展较好的地区出现了旅游产业区域集聚现象。

在集聚现象研究方面，一些学者主要运用多种理论和方法（大多为微观领域）具体探讨了旅游产业集聚的形成条件、企业网络、竞合关系以及竞争优势等相关内容，并逐渐成为旅游产业区域集聚形成、发展的有效方法和理论工具。莎拉（Sara，2006）以波特钻石模型为理论基础，探讨旅游产业区域集聚的制约条件，并进一步解释各要素如何影响旅游产业区域集聚。伊文（Ewen，2006）分别从理论和实践两个层面解释旅游企业微观领域的空间（区域）集群和旅游企业生产协作网络产生的原因和过程，并用网络合作理论说明区域社区经济利益主体相互作用对传递社会成果的重要意义。休伯斯和贝内特（Huybers & Bennett, 2000）以澳大利亚北昆士兰为研究对象，分析该地旅游产业的集聚发展过程，研究结果发现旅游企业间存在竞合关系，由于该地区旅游产业的发展背景不断变化，每个阶段的竞合关系也会相应地发生变化。杰克逊（Jackson, 2006）进一步考虑了竞争优势的本质，认为区域旅游产业培养竞争优势的模式之一就是集聚化发展。产业集聚区形成后，通常在规模报酬递增垄断竞争的市场结构下，产业（部门）之间通过上下和旁侧关联产业产生的循环累积效应（产业集聚效应），形成相关行业的区域集聚现象并带来集聚区内生产要素（资本和劳动）优化配置（曹玉书，楼东玮，2012）。产业集聚形成的空间溢出效应加速了资本和劳动力在不同地区间的流动，降低了集聚区域外部市场的准入门槛，使得集聚区外部的经济发展为集聚区内部创造了更大的市场需求和要素供给，在一定程度上提高了资源的区域配置效率（季书涵，朱英明，张鑫，2016）。

还有一些学者将区域经济学中的产业集聚理论（宏观领域），应用于旅游产业发展与区域集聚研究中，侧重于研究旅游产业区域集聚的内涵、模式、特征以及动力机制等，并在实证研究基础上提出旅游产业区域集聚的若干政策建议。针对产业集聚特征、影响集聚发展的因素，学者邓宏兵等（2007）、杨国玺（2010）、刘佳等（2014）、季书涵等（2016）得出相关研究结论，本书列举一些主要观点，如表 2-1 所示。

表 2-1　集聚特征与影响因素比较

作者	集聚特征	影响因素
邓宏兵、刘芬、庄军	空间集中分布与分散相结合	资源禀赋、客源市场、区位条件、产业链与价值链、政策及公众态度、经济发展水平
杨国玺	资源依赖性、广泛联系性、文化交互性、区域创新性	旅游资源禀赋、集聚优势效应、区位交通条件、旅游制度环境、市场需求水平
刘佳、张佳佳	集聚水平较高、时间演化特征明显、空间差异较为突出	政策因素、市场因素、旅游基础设施因素、规模经济因素、交通区位因素
季书涵、朱英明、张鑫	产业集聚形成的空间溢出效应	集聚区外部的经济发展为集聚区内部创造了更大的市场需求和要素供给，在一定程度上提高了资源的区域配置效率

资料来源：根据文献资料整理所得

旅游产业区域集聚模式方面，邓冰等（2004）根据集聚发展现状，认为有旅游度假区、主题公园及环城游憩带这些集聚的模式。叶红（2006）按照旅游产业区域集聚依托的不同环境条件进行划分，旅游产业区域集聚模式可分成景区型、社区型以及城市型三种不同类型，并提出限制景区型集聚、引导社区型集聚和发展城市型集聚的观点。李娜（2007）基于培育主体的视角，提出旅游产业区域集聚两种模式：一是"自上而下"模式，二是"自下而上"模式。聂献忠（2008）对旅游产业区域集聚的来源和匹配形式进行相关研究，并从资源、市场和政策三个层面提出了不同的旅游产业区域集聚模式。杨国玺（2010）将旅游产业区域集聚模式分为经典、创新和空间三大模式，其主要依据是旅游产业集聚的动力机制来源、创新驱动形态以及空间分布形态。

（2）旅游产业区域集聚水平研究

在研究旅游产业区域集聚水平时，学者们一般运用专业的计算方法得出相关反映集聚水平的指标来评估，如区位商、EG 指数等。国际上学者对于旅游产业区域集聚的测度大多侧重于实地调研和案例研究。国内学者在旅游产业区域集聚的研究中，主要从国家层面和区域层面展开。

国家层面，邓宏兵、刘芬、庄军（2007）以旅游产业相关数据为依据，运用行业集中度等指标测算了我国旅游产业区域集聚程度。龚魏魏、赵媛（2008）则是通过 H 指数对旅游产业进行测算，并与建筑产业和电信产业做对比，研究发现我国旅游产业存在一定的区域集聚现象，但集聚程度有待于进一步提高。杨勇（2010）利用 1999—2006 年间我国旅游产业发展的相关数据进行实证研究，通过空间基尼系数的测度，研究结果显示，我国旅游产业已具有一定的区域集聚特征，集聚程度也具有时间数列长期上升的趋势。赵黎明、邢雅楠（2011）选取 2000—2008 年我国旅游产业的相关数据，利用 EG 指数分析其区域集聚程度，并对其时间序列变化原因和趋势做出分析。与此同时，国内外学者们也在研究旅游产业区域集聚带来的积极效应（绩效），如卡里纳（Kalnins，2004）等以旅游企业的微观层面出发，发现旅游产业集聚有助于提升企业的经济效益。杰克逊（Jackson，2006）对澳大利亚旅游产业集群问题进行探索，认为旅游产业集群效应有助于形成区域竞争优势。佩罗—桑恩（Peiró – Signes，2015）认为旅游产业集聚对美国酒店业绩效具有正向影响。随着定量研究的进展，学者们开始关注旅游产业集聚水平的测度。杨（Yang，2012）以面板数据形式对 2000—2009 年中国各省旅游产业集聚水平进行了测算。里贝罗（Ribeiro，2015）对巴西不同地区的旅游产业集聚水平进行了测度，对其差异信息进行评价。刘佳（2013）从空间计量经济的角度出发，对中国 31 个省级旅游产业区域集聚进行测算，通过回归分析可以发现，旅游产业区域集聚将促进该地区的旅游经济增长。赵磊（2013）在测度我国旅游产业集聚水平的基础上，通过面板数据发现旅游产业集聚对地区收入差距具有门槛效应的负向影响。杨（Yang，2016）在测度旅游产业区域集聚水平的基础上，探讨区域集聚对劳动生产力的影响情况。

区域层面，邬振华、高峻（2010）以长三角地区为例，利用区位商等测算指标对其集聚水平展开了分析，发现其旅游产业具有较强的集聚现象，但集聚水平从区域内部看存在较大的差异性。刘丽娟（2011）运用区位商系数、经济联系强度等方法测算京津冀都市圈的集聚水平，并提出其旅游产业集聚发展的相关建议。高楠等（2012）对旅游产业集聚水平测定的常用方法进行了比较分析，创造性地构建相关的检验流程，并对环渤海地区进行测度。柳百萍等（2013）对 2001—2011 年皖江城市带（合肥、芜湖、马鞍山、安庆、滁州、池州、铜陵、宣城 8 个地级市全境以及六安市的金安区和舒城县）11 年跨度的旅游产业集聚水平进行多维度分析，揭示动态变化趋势。此外，邢晓玉（2013）对旅游产业集聚水平的测度方法进行了系统的分析和评价，明确了针对不同研究目的应选择的测度方法。

（3）旅游产业集聚效应研究

在集聚效应研究方面，大部分学者认为对于旅游产业，其集聚能够带来很大的正向效应，比如促进旅游产业空间布局的优化、区域旅游经济的增长以及城市化进程的加快等。而且，旅游产业区域集聚能够产生关联带动效应，通过专业化分工和协作减少交易成本，实现规模经济，并不断学习创新，从而加强自身竞争力（邢晓玉，2013）。

一些专家和学者对美国纽约曼哈顿区的饭店业以及得克萨斯州的住宿业的相关数据进行分析，发现饭店（餐饮和住宿）集聚能够拉近与竞争对手之间的关系，同时还会产生一定的经济效益，最终有利于整个旅游产业绩效的提升（Baum & Haveman，1997；Chung & Kalnins，2001）。拉费蒂和福森（Lafferty & Fossen，2005）以及随后的戈卢布和霍西耶（Gollub & Hosier，2006）分别探讨了旅游产业区域集聚在防止旅游产业衰退、减少旅游经济漏损等方面的重要作用。阿尔塞赞—奥塔米萨和尤兹巴西奥格鲁（Arsezen‐Otamisa & Yuzbasioglu，2013）借助结构方程模型对土耳其安塔利亚旅游产业集聚效应进行研究，在总结安塔利亚旅游产业集聚特征的基础上，认为工业网络和集聚有利于提升旅游产业集聚效应。赫德森（Herderson，2003）证明了集聚可以对区域经济产生不利的影响，并在此基础上提出"拥挤效应"概念。

国内方面，俞霞等（2007）认为旅游产业区域集聚不一定带来经济效应，因为集聚过程中也可能产生集聚不经济，并进一步分析了培育旅游差异区域集聚绩效的若干措施。王兆峰、杨琴（2009）以张家界旅游产业为研究对象，认为旅游产业集聚绩效的提升可以促进区域经济发展，同时区域经济的发展又反作用于旅游产业集聚及其绩效的进一步提升。张河清等（2010）以广东省各城市旅游产业集聚为案例，认为旅游产业发展过程中的要素不平衡会影响产业绩效。赵磊（2013）通过对旅游产业面板数据分析，认为旅游产业集聚会使地区收入产生差距。

（4）旅游产业效率与绩效研究

旅游产业效率源于经济学中的"生产效率"一词，可以评价一个地区在运用一定的成本之后所能获得的经济效益。可见，旅游产业效率反映了旅游经济活动的投入和产出之间的关系（刘佳，2015）。通过较低的投入获取最大的产出，追求尽可能高的效率是旅游产业发展的重要关注点。在旅游研究领域中，国外学者最初将 DEA 模型应用于酒店效率、旅行社效率、旅游交通效率等领域：如莫瑞等（Morey et al，1995）最早利用数据包络分析模型发现美国的酒店拥有较高的经营管理效率；科克萨尔等（Koksal et al，2005）对 24家土耳其旅行社的经营效率进行 DEA 分析，发现绝大多数旅行社处在经营无效现状；费尔南德斯等（Fernandes et al，2002）采用 DEA 对巴西国内机场利用效率进行测量，发现不到一半数目的机场对资源的利用有效。随着 DEA 模型应用的推广，国外学者开始将其应用于区域旅游产业效率测度与分析，如巴罗斯（Barros，2011）和麦迪南（Medina，2012）分别采用此模型对法国、葡萄牙的旅游产业效率进行了评估；科恩（Corne，2015）利用 DEA 模型分析了法国的旅游产业效率的空间特征；索拉纳伊巴涅斯（Solana – Ibáñez，2016）运用两阶段 DEA 模型对西班牙区域旅游产业效率的测度分析；等等。近年来，国内学者不断将 DEA 模型应用于旅游研究中，研究范围由星级饭店效率、旅行社效率、旅游上市公司效率扩展到旅游景区效率、旅游生态效率和区域旅游产业效率等（谢春山，2012；胡志毅，2015；周文娟，2013；许，Xu，2016；彭，Peng，2017），其中以区域旅游产业效率研究最为广泛；如易（Yi，2015）、邓洪波（2014）分别测度分析了广东省和安徽省的旅游产业效率，李亮（2013）和方叶林（2015）分别采用随机前沿分析方法和数据包络分析模型分析了 31 个省市自治区的旅游产业效率，曹芳东（2012）、何俊阳（2016）分别就长三角地区主要城市旅游产业效率和珠三角地区主要省份入境旅游效率进行了分析。由此可见，区域旅游产业效率研究是近年来旅游界关注的热点，并呈现蓬勃发展的研究态势。

绩效是与效率不同但又紧密相连的指标，绩效相对来说对产出的关注较高，而效率则强调投入产出的比率关系。随着旅游产业在区域经济的贡献度越来越大，学者和业界人士对旅游产业绩效的研究也越来越热烈。纵观国内外关于旅游绩效的研究，主要包括以下几方面内容。一是旅游企业绩效评价与影响因素分析。在这类研究中，以旅游企业为研究对象，通常选取一些指标来衡量旅游企业的经营绩效水平，这些指标包括财务类、市场类等。如贾布依（Jarboui，2015）采用财务指标等六种不同指标反映突尼斯酒店业的绩效水平；Elbanna（2015）论证了通过平衡计分卡来衡量酒店业绩效的可行性，并进行了实证验证；马胜春（2011）利用因子分析法对旅游上市公司的绩效进行了评估。大部分学者不仅仅停留在绩效评估这一简单层次，还分析了旅游企业绩效的影响因素，如霍达瑞（Hodari，2017）、基姆（Kim，2016）、阿尔 – 雷菲（Al – Refaie，2016）分别分析了股东目标一致性、价格变动和企业人力资源管理对酒店经营绩效的影响；张红（2012）、李经龙（2014）分别分析了公司股权结构、政企关系与财政补贴对旅游上市公司经营绩效的影响；赫杰瓦茨（Holjevac，2009）分析了内部营销对旅行社经营绩效的影响；等等。二是旅游目的地经营绩效评价分析。旅游目的地大至国家、省、市、自治区，小至景区、景点，都涉及经营绩效的问题，这方面研究逐渐受到学者关注。如哈纳菲亚（Hanafiah，2016）基于绩效表现评估旅游目的地竞争力水平；兰詹（Ranjan，2016）运用 THEE – GAIA 方法测度了印度不同地区的旅游绩效，并进行比较；王忠（2009）运用 TOPSIS 分析工具评价了红三角（韶关、赣州和郴州）的红色旅游绩效；隋玉正（2015）则采用结合因子分析和层次分析系统地评价了山东半岛蓝色经济区的经营绩效。三是旅游服务绩效。主要是以旅游从业（服务）人员为考察对象，分析其服务质量相关问题。伍晓奕（2016）探索了酒店内部服务质量对不同代际员工（员工的层次）服务绩效的影响；谢朝武（2014）从旅游安全的视角出发，分析了酒店员工的安全服务能力对其安全服务绩效的影响及作用机制；钱（Qian，2016）的研究表明服务型领导对酒店员工服务表现和绩效有涓滴效应；段（Duan，2016）分析了社交媒体对酒店服务绩效的影响；等等。

2.1.3 研究述评

经过大量国内外文献梳理和整合，本书发现国内外学者都试图将区域经济学中的产业集聚理论运用到旅游产业的区域集聚研究中，在旅游产业的集聚现象、集聚水平和绩效等方面取得了一定的成果。

（1）研究内容

旅游产业集聚的研究范畴相对宽泛，定性方面研究主要包括旅游产业区域集聚的概念、特征、机制、影响因素以及集聚现象等；定量方面主要是对旅游产业区域集聚水平的测度和绩效评价。但从整体来看，旅游产业集聚研究时借鉴的是产业集聚理论，没有考虑到旅游产业的性质，而且对于其概念内涵等还没有明确统一的界定，导致研究缺乏必要的依据，理论体系不完整。而且很多研究集中于旅游产业集聚的特征、影响因素和优势等方面，但对于旅游产业集聚水平的测度缺乏一整套科学的评价体系，导致对集聚现象进行判断时没有客观依据和标准。此外，目前虽然有不少学者对旅游产业的集聚效应进行了研究，但大部分以旅行社、旅游饭店、主题公园及旅游地为主展开研究，其结论会有一定的偏差。

（2）研究方法

在研究方法上，国内外学者通常运用定性和定量分析方法来分析描述旅游产业的集聚现象和集聚效应，并以定量研究为主。然而，定量研究主要用于截面数据分析不同区域间的相关指标差异，而忽略区域内部不同城市间的差异问题。并且，在研究集聚水平时，定量分析都是依靠指标来进行集聚水平的评估，比如区位商（LQ）。此外，对旅游产业集聚发展的研究大多采用静态分析，动态研究较少，并且过于强调空间维度，而忽略时间维度，在一定程度上会影响到区域旅游产业政策的精准制定。

（3）研究设想

在旅游产业区域集聚绩效方面，国内外研究经历了一个从定性到定量、从简单到综合的发展阶段，目前研究主流是在旅游产业集聚水平测度以及在此基础上的绩效评价，以揭示旅游产业区域集聚带来的优势。在旅游产业效率研究方面，目前主要研究趋势为以某个地区或者企业（酒店、旅行社等）为例，通过分析一定的投入数据和产出数据计算其旅游产业效率，并分析其区域不均衡特征和时序特征等，虽有学者尝试解释影响旅游产业效率的因素，但是这种解释大多是粗略提出部分影响因素，通过简单地进行回归分析得到，并未深入分析每一个影响要素对旅游产业效率的具体作用效果。关于旅游绩效的研究已经取得一定成果，但是旅游产业区域集聚绩效的影响因素还需进一步挖掘和分析，详细分析某一具体因素对旅游产业区域集聚绩效的影响值得关注。通过国内外文献回顾，目前较少有研究将旅游产业区域集聚水平和旅游产业区域集聚绩效结合起来，分析旅游产业区域集聚水平对其绩效的影响程度。因此，旅游产业区域集聚能否促进旅游产业绩效的提升这一问题迫切需要得到解答。因此，国内外学者对旅游产业区域集聚研究方面仍然存在一些问题，涉及集聚的各个层面和角度，但对集聚水平和效应的分析还存在问题，主要体现在面板数据的取得和指标体系的构建方面。而且，在实践上，近年来很多地区的政府工作报告和产业规划文件中常常针对旅游产业提及一些宏观的集聚战略，但缺少具体的集聚发展策略来指导其永续发展。鉴于此，本书吸收以往学者的研究成果，先对旅游产业区域集聚动力机制展开探讨，再以31个省市自治区、长三角地区、珠三角地区、环渤海地区以及丝绸之路经济带（中国）为实证研究对象，综合考虑时间维度和空间维度（其中，空间维度既包括省级单位旅游产业集聚，也包括以城市群为单位的旅游产业集聚），根据其旅游产业的发展现状，进一步测度分析集聚水平和效应，并提出相关政策建议，以此为相关部门提供理论依据和实践参考。

2.2 概念界定

2.2.1 区域旅游

对于区域旅游的内涵，国外学术界研究成果较为丰富，主要从资源角度、功能角度和结构角度进行界定。颜（Gunn，1976）指出区域旅游概念中应该包括合理的进入机制、一定的规模、广泛的客源市场、发达的经济水平以及旅游发展的条件和潜能等内容。涂人猛（1994）把区域旅游界定为特定空间存在的旅游活动及其经济关系的总和，并解释地区间在资源、市场、经济发展水平等方面的联系性、差异性以及交通的便利性、可达性。作为综合性的区域经济发展的重要组成部分（旅游产业的高关联性），区域旅游是一个动态的概念。结合区域旅游发展的实践，本书认为区域旅游是在地理位置邻近的空间，即由于旅游资源禀赋等因素，形成的旅游资源开发与活动空间，而且区域旅游这一空间还需满足旅游资源的互补性、地缘上的不可分割性以及空间联系上的便捷性这三个条件。

2.2.2 旅游产业

（1）产业界定

伴随着社会经济的发展，旅游产业以其关联性对区域经济的推动作用逐渐加大，其产业地位也受到相关部门的重视。根据产业经济学对产业的界定，产业即"生产同类或有替代关系产品、服务的企业集合或使用相同原材料、工艺技术或产品用途相同的企业集合"。前者基于产业组织层面对处在同一产业中的相同或相似企业进行分析，后者界定更宽泛，分析不同产业间联系的同时对整个产业现状进行探讨。结合旅游产业的发展实际，旅游企业在设计旅游产品时，没有采用相同原材料或工艺技术，但其产品的用途一致，即满足旅游者的需求和体验。基于此，旅游产业基本可以被认为是一项产业，而且在产业政策和区域经济结构的讨论中旅游产业更是经常被提及。

（2）范围界定

旅游产业作为区域综合性产业，由于其关联性强、涉及面广等特征，因而给产业范围的界定带来了一定的难度，增加了旅游产业区域集聚的研究难度。翟辅东（2006）、师守祥（2007）等学者从供给角度对旅游产业范围进行了划分，史密斯（Smith，2000）、宋振春等（2004）、罗明义（2007）、占佳（2007）等学者则从需求角度展开，这些学者的主要观点如表2-2所示。

表2-2　旅游产业范围划分代表性观点

划分角度	代表作者	划分方式	内容
供给	翟辅东	要素论	"食住行游购娱"六要素构成旅游产业的主要链条
	师守祥	三分法	旅游资源业、景观业、旅行社业
需求	史密斯	Smith（二分法）	包括完全依赖和部分依赖旅游发展的产业，某些为旅游者提供产品但对旅游者依赖不显著的行业剔除
	宋振春等	产业集群法	核心层、基础支撑层和间接支撑层，旅游核心层的主要构成要素是旅游吸引物，直接支撑层包括旅行社业、餐饮业、住宿业、交通业，间接支撑层包括基础设施、公共服务
	罗明义	三分法	旅游核心部门、旅游依托部门、旅游相关部门
	占佳	设定标准参数法	将达到该参数的行业或部门纳入旅游产业的范畴，未达到标准的行业或部门则从旅游产业范围剔除

资料来源：根据文献资料整理所得

根据本书的进一步研究需要，参考表2-2中产业集群法的划分方式，对我国旅游产业区域集聚进行分析。值得说明的是，旅游产业区域集聚研究的是旅游产业内部的相关行业（景区景点、酒店和旅行社等），因此，本书的旅游产业范围只包括核心层和直接支撑层，不包括间接支撑层。此外，本书后文在分析旅游产业区域集聚水平和集聚效应时，都是以旅游收入为基础数据进行计算和评价，根据国家统计局对该指标的解释可知，"旅游收入包括旅游者游览过程中用于参观游览、交通、餐饮、住宿、娱乐、购物等全部花费"，因此，本书所研究的旅游产业范围主要包括以上六个方面。

2.2.3 旅游产业集聚

在国内外的一些研究中，常常会涉及产业集中、产业集聚和产业集群这三个概念，由于概念之间的相似相近，往往引起混淆。为了更好地区分上述三个概念，表 2 - 3 进行了相应的比较。

表 2 - 3 产业集中、产业集聚与产业集群的比较

概念辨析	产业集中	产业集聚	产业集群
定义	一定数量的企业在产业规模或市场占有率上的集中性或垄断性	相同产业及相关支撑产业在一定地域范围内的地理集中的动态演化过程	一组在地理上靠近的相互联系的企业（机构）同处在特定的产业领域，具有共生性和互补性
特点	动态过程	动态过程	静态评价
研究视角	微观	宏观与微观	微观
研究实质	不一定产生集聚经济和规模效应；如果产业过度集中，会产生集聚不经济	分析由于生产要素和经济活动在空间上的集聚而导致的规模经济及其发展趋向	分析密切关联的行业关系，揭示相关产业间的生产协作和资源共享，从而获得产业竞争优势的现象和机制
评价指标	单一体系，侧重产业集中度	多元体系，侧重产业集中	多元体系，侧重产业联系

资料来源：根据文献资料整理所得

经过上述五个方面的对比分析，可以看出三者具有一定的区别和联系：产业集中作为某产业在某一地理区域的集中分布，是初始阶段；产业集聚在关注产业集中现象的同时，也注意产业联系和规模效应，但在产业规模、专业化分工和产业价值链方面的要求较低；产业集群是最为高级的阶段，要求较长产业价值链在空间的集中以及产业专业化分工的深化，同时也是集聚化发展进程中的最终阶段。此外，产业集聚是集群形成的基础因素，而最终促使集群形成还需要具备其他的条件。因此，旅游产业区域集聚的过程是连接旅游产业集中和旅游产业集群的核心阶段，源于旅游产业集中，实现旅游产业与相关产业间的生产协作和资源共享，进而提升区域旅游产业发展质量，推动区域旅游产业转型升级。

　　旅游产业区域集聚也是旅游产业发展的一个过程，在此过程中出现旅游产业的集聚效应，即旅游及其相关产业在某个特定区域出现集聚的现象（可采取观测法进行定性分析，并运用 Granger 检验其因果关系，也可以通过定量分析揭示其存在性）。旅游产业效率是旅游产业的投入与产出的比率（定量研究，静态的存量分析方法）；旅游产业集聚效率则是在一个时间序列下，旅游产业的投入与产出的比率的长期演进过程和趋势（定量研究，采用时间序列数据分析）；旅游产业集聚绩效是一个综合的评价指标，不仅包括旅游产业的投入产出比率，还包括旅游资源、环境、市场等因素的一系列指标体系（定量研究，采用面板数据分析）。

　　旅游产业区域集聚是一种依托价值关系合理整合特定地域内的多种旅游要素并形成旅游区域的动态进程，该旅游区具备特定的空间分布特征和相应的服务功能，能够产生综合经济效益。对于旅游产业来说，其集聚主体是产业内部的相关行业，而集群主体范围更宽泛，涉及银行、海关等一些支撑性、配套性甚至延伸性部门。此外，其还会和区域内部其他产业集群一起，共同发展成为互动型的网络体系。本书研究的是旅游产业集聚，因此后文的实证分析主要针对旅游产业本身进行探讨，没有涉及旅游产业与其他产业的关联性分析。此外，在本书中，集聚水平主要是指旅游产业区域集聚的程度，集聚效应则是指旅游产业区域集聚所带来的经济效应，而集聚绩效则是上述经济效应的一个方面。

2.3　理论基础

　　区域产业集聚作为新兴的产业组织形式引起了学者的重视，说明其存在具有一定的合理性，同时区域产业集聚通过各种动力因素和机制作用于经济增长也有其理论上的依据。区域产业集聚的相关理论是分析旅游产业区域集聚的基础，以下就其涉及的外部规模经济理论、集聚经济理论、技术创新理论、增长极理论和生命周期理论进行具体分析。

2.3.1 外部规模经济理论

马歇尔（1890）最早提出了内部、外部规模经济这两个概念：内部规模经济由企业的资源、组织及其经营效率形成，主要来自企业自身生产规模的扩大；外部规模经济是某产业在特定区域集聚发展而带来的所有生产企业整体成本的下降。马歇尔认为外部规模经济导致了区域产业集聚，即在某一特定区域内，中间投入品、劳动力市场的共享、信息技术的交换和外溢降低了区域内生产企业的整体成本，从而形成区域产业集聚的现象。魏敏、李国平（2005）提出区位引力场的概念，即经济发达地区具有某些优势（诸如政策、基础设施、发展环境等），吸引各种生产要素进行集聚。

马歇尔指出产业集聚是外部规模经济引起的，但是没有进一步说明外部规模经济又是由什么导致的，而且没有考虑到区位、运输成本、产业差异等影响因素。此外，马歇尔虽然观察到了产业集聚这一现象，但停留在现象上，没有发现其发展对区域经济意义重大。在这之后，克鲁格曼（Panl R. Krugman，2000）继承发展了马歇尔的外部规模经济理论，在研究中发现技术的快速发展以及市场的不确定性变动造成区域产业规模经济和范围经济的弱化，而区域产业聚集则能够通过多种形式的水平和垂直生产活动外包来节约交易成本。因此克鲁格曼认为区域产业聚集的经济效应更具备规模经济和范围经济这两大优势。

2.3.2 集聚经济理论

韦伯（Weber，1909）提出了集聚经济理论，认为集聚因素和区域因素都会对工业区位产生影响。在集聚因素中，初级集聚阶段内，企业会由于自身规模优势而集中并产生集聚经济；高级集聚阶段内，不同企业在相关组织（规则）的安排下进行相互关联与协作，并逐渐发展为区域工业化。其从成本节约这一层面分析了产业集聚的四个动因：第一，技术设备的发展使生产部门形成专业化，从而产生工业集聚的要求；第二，劳动力的专业化分工对强大的劳动力组织具有依赖性，其可以推动集聚的发生；第三，集聚有利于市场化，购买材料和销售产品时能降低成本，带动效率的提升；第四，集聚还能够让企业更大程度地共享各类基础设施，降低企业的开支成本，同时，成本的降低能够进一步带动集聚的发生。

此外，韦伯还探讨了诸多产业集聚的影响因素，即交通条件（可达性）、资源等特殊因素（资源禀赋）以及由于共享公共设施、公共服务（基础设施）而带来的成本节约等一般因素，并明确指出这两种因素导致的集聚存在本质性的差异，比起特殊因素，一般因素对于区域产业集聚发挥的作用更大。韦伯的集聚经济理论对区域产业布局影响较大，但其对区域产业集聚的研究仅仅从资源与环境（硬件）的角度展开分析，没有考虑社会制度、历史文化、道德诚信以及企业伦理等其他因素，因此具有一定的局限性。

2.3.3 技术创新理论

熊彼特（Schumpeter，1912）提出了技术创新的概念，他认为，创新的产生具有集聚性，在时间轴上可能随机集聚产生于某一阶段。技术创新是科技成果商业化和产业化的过程，与产业集聚密切相关。熊彼特基于创新这一视角具体分析产业集聚现象，并且认为两者之间是相互作用的，创新不能仅依靠单个企业，需要企业集聚并相互合作、竞争才能够实现。波特（Porter，2002）在《国家竞争优势》中也指出产业集聚能够推动创新发展。在集聚区域内，信息的交流、沟通是无障碍的，很多先进的经验能够快速传递，方便企业高效地采用新技术，并获得创新所需要的条件和物品；同时，供应商与合作者也可以加入创新的过程，从而更好地适应消费者需求。此外，波特认为内部竞争压力也会给集聚企业带来强大的创新激励。虽然学者们对产业集聚与创新关系的作用机理有着不同的理解，根据大多数学者的观点以及本书的前期研究，认为产业的区域集聚作为创新的载体，推动了集聚区域内产业技术的创新。

2.3.4 增长极理论

增长极理论最早由法国经济学家佩鲁（Perroux）提出，主要描述的是在特定区域内，一些"推进型单位"因自身优势而处于支配地位，借此影响其他单位的组织经营行为，形成经济增长中心（又称为"经济增长极"），从而推动区域经济的发展。具体来说，增长极通常是某些推进型产业（具有前瞻性和引领性），它们集中在区位条件较好的大城市或者城市群，是以较快速度率先得到发展且具有创新能力的企业或主导产业部门。推进型产业在创新驱动或较高效率的影响下，自身规模得到迅速扩大，对所在区域产生重大影响，同时也带动区域其他产业的快速发展。

佩鲁提出经济增长极之后，法国的布代维尔（Boudaille）、美国的赫希曼（Hirschma）等学者从不同侧面进一步扩展了该理论。增长极在区域经济发展过程中会产生两种相反的效应，即极化效应（聚集效应）和扩散效应。由于生产要素区域分布的不均衡性，各种生产要素均会在少数增长极所在区域慢慢集中；增长极作为区位引力场，能够将周围地区的人才、技术等优质生产要素吸引过来，进一步增强增长极的竞争力，并不断推动增长极的优势扩大；反之，扩散效应就是一段时间以后，受联动机制的影响，增长极的推动力会引起各类经济要素不断向周围地区扩散（溢出效应），促进周边区域经济的快速发展。

2.3.5 生命周期理论

生命周期理论不仅在经济领域受到重视，在政治、社会、技术、环境和意识形态等领域同样得到关注。蒂希（Tichy，1998）提出了产业集聚生命周期理论，该理论认为区域产业集聚会经历产生期、成长期、成熟期、衰退期这四个阶段。隋广军等（2004）将区域产业集聚的生命周期分为生成期、集聚期、稳定期、衰退期和更新期，上述五个阶段以集聚区内企业的数量和质量为标志进行划分。

庄军（2005）针对旅游产业具体分析其生命周期，主要分成四个阶段，即创建期、成长期、成熟期、衰退期或复苏期（图2-1），其演化过程如下：旅游产业集聚从创建开始，随着集聚内部的活跃以及政府的关注支持，逐渐步入成长期，集聚规模不断扩大，集聚效应日益明显；随着集聚网络的日益扩大，集聚达到顶峰，步入成熟期；成熟期之后，如果集聚网络节点的数量不再变多并缺乏创新能力，那么集聚将进入衰退期，如果保持外围实体间的联系并提升创新能力，旅游产业集聚在出现短暂的波动后就会复苏。因此，为了保持并延长其集聚发展过程的可持续性，避免最终衰退，在创建期就应该开始关注每个集聚发展阶段的特征，并实施有针对性的发展政策。

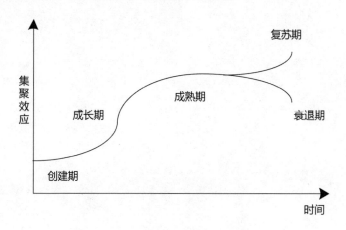

图2-1 旅游产业集聚生命周期

旅游产业作为新兴产业，其集聚一般遵循产业集聚的基本规律，但因其自身产业特点，具有不同的集聚规律和方式。本章对国内外相关研究进行了回顾和评述，并界定了区域旅游、旅游产业和旅游产业集聚等概念，最后对涉及的理论进行了梳理，为后续研究进一步分析旅游产业区域集聚的动力机制、水平和效应等内容奠定了理论基础。

第3章

旅游产业区域集聚动力机制

旅游产业区域集聚的过程，往往是从时间、空间以及内容等维度出发，借助于旅游产业要素（劳动和资本等）进行定向流动，同时，在创新理念引领和驱动下，分别从市场（品牌知名度引发的需求）、政府（区域产业政策给旅游产业带来的活力）以及社区（社区居民参与旅游产业）等方向获得动力，形成相互协同的动力机制，反过来，动力机制犹如"万有引力场"的作用，可以进一步促进旅游产业区域集聚。由此可见，旅游产业区域集聚的动力机制具有循环累积的特征，既是旅游产业区域集聚的原因，又是结果，即在动力机制的作用下，旅游产业区域集聚无终点。

3.1　概念的提出

2018年12月，文化和旅游部部长雒树刚在旅游集团发展论坛上表示，旅游是综合性产业，是拉动经济发展的重要动力，也为整个经济结构调整注入活力。因此，可以理解为，旅游产业对区域经济发展产生重要的动力机制。事实上，动力机制是一个区域、社会以及业态赖以发展、变化和演进过程中的不同阶段（层次）之间的关系，包括动力产生、传递、发生作用并导致结果的过程及其机理等。产业集聚动力机制研究是学术界关注的重要命题，作为推动产业区域集聚的力量，其构成和作用规律是相对稳定的。针对旅游产业而言，根据现有的研究对其区域集聚动力机制展开分析和探讨之后，绝大多数观点都认同旅游产业区域集聚是由内部因素和外部因素共同驱动形成的。

孙钰霞等（2008）将旅游产业集聚动力概括为内部生产要素、外部市场因素及制度因素；李文秀（2008）指出资源禀赋差异、基础设施建设等因素会对旅游产业的集聚产生一定的影响，同时追求规模经济、塑造区域旅游品牌形象等也是旅游产业集聚的重要动力；冯卫红（2009）认为旅游产业的特性、政府规划和外部经济效应三者之间相互作用导致了产业集聚的形成。实证分析方面，马丽君等（2009）以国内旅游为例，指出旅游资源丰度和区位交通指数是影响空间聚集性的主要因子；孙金龙等（2010）以上海为研究对象，提出旅游产业集聚产生的原因是专业化分工协作和旅游目的地商业集聚的需要。此外，刘少和等（2014）基于产业集聚理论的视角，对旅游产业区域集聚动力研究进行总结，认为旅游产业区域集聚除受到成本效益机制约束之外，还受到区域核心旅游品牌溢出效应的驱动，形成品牌形象吸引集聚机制与品牌价值链延伸拓展机制。

对于区域旅游产业来说，其集聚的动力机制较为复杂，需要遵循时间、空间和内容等多维度拓展路径，并需要结合创新思维，以政府、市场和社区等多元主体参与，进而分析探讨其动力机制。因此，本书结合以往学者的研究，从动力结构即集聚动力因素、各动力因素之间的关联和动力原理即各因素之间如何相互作用三个方面进行具体分析。

3.2　动力结构

3.2.1　内在动力因素

旅游产业区域集聚的内在动力机制产生于旅游产业或旅游企业本身，是一种内在元素吸引旅游产业聚拢在某一特定区域的力量。本书认为，旅游产业区域集聚内在动力机制因素主要涉及外部经济性、产业价值链（品牌溢出效应和价值链延伸拓展）以及旅游资源禀赋。

（1）外部经济性

马歇尔（1961）较早系统分析了产业集聚的外部经济性，之后的学者都以此为起点，展开集聚动力机制研究。本书后续章节将以外部经济性理论为基础，具体分析外部经济性对旅游产业区域集聚的促进作用。

①外部规模经济：推动旅游产业区域集聚

通过外部规模经济来实现要素资源的共享是旅游产业区域集聚的主要原因，具体表现为三个方面。第一，共享中间投入品。旅游产业的发展离不开道路、交通、通信等基础配套设施以及目的地营销等，这些中间投入品成本较高，旅游企业通过集聚来实现资源和要素的集约利用，形成生产的规模经济。第二，共享劳动力市场。马歇尔（1961）认为雇主们经常选址于拥有专门技能的工人的地方，而找工作的人也会到有很多雇主需要他们的地方去。因此，对于旅游产业而言，作为劳动密集型产业，劳动力市场的共享推动了旅游企业的区域集聚，有利于旅游企业节约劳动力这一重要的要素成本，并可以有效降低从业人员培训成本。第三，信息、技术的流动（交流）对区域旅游产业而言形成无成本的外溢。生产要素流动通常按照距离衰减的规律，在旅游产业集聚区域内，信息、技术等在旅游企业之间进行传播与应用，有利于旅游企业更好地发现旅游市场需求和精准预测产业发展趋势，从而准确地掌握旅游相关行业的经营动态，继而迅速发现市场机会并抢占市场先机。因此，旅游产业的区域集聚增强旅游产业的区域竞争力。因为当旅游产业在某个区域集聚后，由于旅游产业自身的强化机制（区域内的竞合与学习），当其规模达到某一临界点时，将以更快的速度进行聚集和扩张（杨勇，2010）。

此外，旅游产业具有较强的产业综合性和关联性。在旅游产业区域集聚内部，旅游企业通过竞争合作而形成的总体生产力大于单个企业的生产力之和，因此，这些旅游产业可以提供更系统更全面的旅游产品（服务），旅游企业的产品（服务）的定制化程度提高，旅游者的可选择性也随之提高，旅游者获得更高的满足程度和更好的旅游体验。并且，旅游产业的区域集聚竞合关系衍生到区域产业的上下游企业（包括旅游企业和其他相关企业），促进区域经济的竞争优势提高和区域旅游产业的绩效提升，形成旅游产品（服务）价值上的规模经济，从而共同推动区域旅游经济的发展。

②外部范围经济：缓解旅游产业区域集聚障碍

外部范围经济理论主要源于交易费用的研究，斯考特（Scot，1983）提出了新制度经济学，根据该研究，可以将企业间的交易成本赋予"空间"的意义，因而其生产过程往往受到空间因素的影响，可能会导致交易费用（成本）的增加，企业在空间上集聚有效降低交易费用（成本），因此集聚可以享受范围经济带来的福利。旅游产业作为关联性很高的产业，需要其他相关产业（部门）进行分工与合作，而在产业协作的各个环节中都存在一定的交易费用（成本），区域产业集聚的形成和发展有利于旅游企业（产业）交易费用（成本）的减少。而且，随着旅游企业在某一区域的大量集聚，会逐渐形成区域产业多元化经营模式，有利于单个企业长期平均成本的降低，从而使得旅游产业区域集聚获得范围经济福利。此外，由于旅游产业价值链较长，其核心层面没有建立明确的投入产出关系，所以外部范围经济还表现在内部企业相互依赖合作所产生的品牌效应或连锁效应。

通常情况下，在初始阶段，旅游企业会在旅游资源禀赋较高、基础设施较好、市场需求较大的区域进行集聚，并展开相互竞争与合作，客观上提高旅游目的地对旅游者的整体吸引力。随着滤除集聚的不断发展，旅游企业开始充分利用外部经济性来实现内部规模扩大和外部经济扩张。在此基础上出现两种情况。一方面，同一区域的旅游企业可以吸引相关支撑机构（比如猎头公司对旅游领域人力资源的帮助）和政府制度政策的倾斜，当一个旅游产业区域集聚形成规模，甚至成为区域经济的新增长点时，往往会倒逼政府出台相关产业政策进行扶持和保护，因为，此时区域产业发展不仅是经济问题，还是社会问题和民生问题。此时，区域旅游企业借助于外部经济效应的福利，提高自身竞争优势，扩大自身规模，形成竞争力和规模经济。另一方面，同一产业链上的不同旅游企业相互联合，降低交易费用（成本），逐渐形成区域旅游品牌，通过资产重组等方式实现外部扩张。特定区域内旅游企业为了获取竞争优势，不断进行博弈，其结果表现为区域旅游目的地整体形象不断提升和改进，旅游企业管理体制不断创新和完善，旅游产品和服务不断推陈出新，提升个性化和定制化程度。而且，旅游产业区域集聚的外部经济效应的有效发挥还能够吸引更多的旅游企业（相关企业或经营单位）进入，提供更多的就业岗位和激发经济增长点，使旅游产业区域集聚规模不断增大，同时也提升了区域 GDP 总量。（如图 3－1所示）

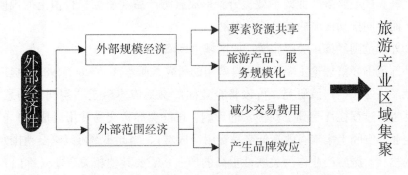

图3－1　基于外部经济性的旅游产业区域集聚

（2）产业价值链

波特（1985）认为每一个企业都是某一空间（区域）的集合体，都在进行着产品（服务）设计、生产、销售等活动，而这些活动都形成区域产业价值链。旅游产业价值链从价值角度分析旅游企业之间的经济活动及其相互作用的关系，在集聚区域内，每个旅游企业都是旅游产业价值链中的重要组成部分，通过内部价值链以及与上下游企业、旁侧企业和顾客（旅游者）之间的外部价值链来获得竞争优势（图3-2）。

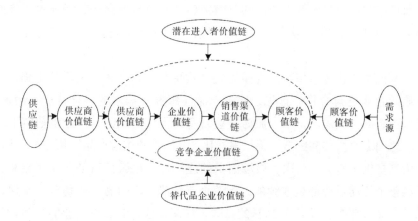

图3-2 产业价值链体系

可见，旅游产业的价值链，主要存在于旅游企业内部各单元、上下游旅游企业以及旁侧企业之间，继而通过旅游者的消费得以实现。由于旅游产业的综合性，严格地说，旅游产业是一簇产业群体，区域集聚则是其自身的内在属性的客观要求，因此，在传统的旅游产业基本内容（食、住、行、游、购、娱）之外，与其直接相关的辅助产业，以及由于经济、社会、历史、文化、生态和技术等联系而间接相关的关联产业，这三者进行有机组合、相互渗透并且融合发展的产业共同构成综合性产业体系，该体系具有开放性和互动性等特征，向外拓展形成产业价值链，具有较强的区域集聚效应，使集聚区域内旅游企业在长期形成的合作关系中，拥有着独特的综合竞争优势。

在专业化分工的条件下，即使早期的旅游企业生产方式较为简单（劳动密集型产业的特征），生产效率也会因为分工和专业化合作而提高。由于旅游产业的融合性和关联性特征，其产业价值链较长，旅游产品（服务）需求差异也较大，单个旅游企业很难提供充足的旅游产品（服务）来满足区域内所有旅游者的需求，因此，为了满足旅游者的多元化需求，客观上需要大量旅游企业（差异化、协同性、竞合性和互补性）在区域内集中，谋求区域旅游产业整体效益最大化和整个社会—经济—生态协调发展和合作共享，客观上要求形成高度深化的产业分工与协作，从而形成一个较大的旅游市场满足不同的个性需求。专业化分工主要有产品（服务）分工和地域分工两大类，前者是提供不同的旅游产品（服务），从而满足消费终端对旅游产品（服务）需求；后者强调发挥地域资源禀赋的优势，强化区域自身特色（比较优势）。旅游产业集聚区域内部生产要素的空间邻近性，通过社会化的劳动分工（资源优化配置），降低交易成本，保证旅游产业在集聚区域内的价值链各个环节有效运作，增强对市场的应变能力，同时也加强了集聚区域内各经济利益主体彼此间联系，提升区域凝聚力。

与其他产业相比，旅游产业价值链结构更复杂，其旁侧关联性更强，这就要求旅游企业进行合作。首先，旅游产品（服务）需求的多样性。一般来说，对于旅游者的各类需求，单个旅游企业自身是无法满足的，产业价值链上的旅游企业之间需要协作和配合来提供多样化、多层次的旅游产品（服务），而产业集聚为其提供了机会。其次，旅游消费的连续性。从旅游活动开始到结束，旅游者的整个活动过程都是连续的，旅游企业、部门之间需要密切合作来保证整个旅游产品（服务）生产和交易的高效、快速，这就对旅游企业的空间集聚程度提出了客观的要求。最后，旅游消费评价的整体性。对旅游者而言，如果在旅游活动过程中任何环节遇到问题，若不能及时得到解决，就会大大降低旅游体验满意度，最终导致旅游经济效益下降，而区域集聚化发展有利于旅游企业之间建立有效的信任机制，保证整个旅游活动过程的质量。分工协作是旅游产业区域集聚驱动力的重要表现形式。根据作者团队的调研，近年来，由于旅游企业各类分工机制的建立和健全，旅游产业中的企业分工正在不断深化，合作方式也不断丰富，旅游产业区域集聚的趋势越来越显著。

旅游产业区域集聚的价值链拓展方式包括旅游产品创意和旅游活动创新，前者指产品生产技术创新、组织创新、产品设计以及管理创新等，后者包括提供个性化、定制化的旅游服务以及旅游营销等方面的创新。无论哪种创新创意形式，在旅游资源给定的情况下，通过创新创意的驱动而进一步深化、拓宽区域旅游产业价值链。具体可以从供给和需求两个方面分析：

供给方面。由于旅游资源（旅游吸引物）具有强大的吸引力，尤其当旅游资源开发成为旅游产品后，随着游客的定向流动，经济活动产生，如果基础设施有保障，就会出现很多旅游相关企业在其周边集聚，形成区域旅游集聚；并且，在创新驱动的作用下，能够直接或间接帮助旅游企业高效快速地获取创新创意带来的高额利润，适应并引领市场需求（以供给创造需求），通过旅游产品（服务）和旅游活动创新创意策划（品牌塑造），适度超前市场定位，引领产业从资源（环境）禀赋依赖型向创新创意依赖型转变。政府出台更为优惠的产业发展政策，让更多的文化创意和科技创新融入旅游产业的发展中来，旅游资源（旅游吸引物）不断向外拓展，促进旅游产业区域集聚的价值链不断延伸。需要说明的是，旅游产业创新方式多样（方式维度），在实践中，创新创意融合渗透到旅游目的地自然生态要素、气候环境要素、历史文化要素、产业生产要素、流通消费要素中，并将这些要素激活，形成旅游新业态（如图3-3所示）。

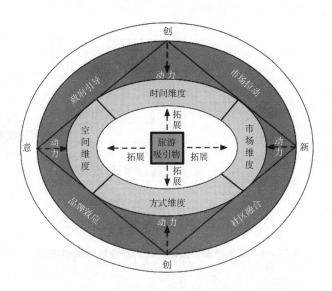

图3-3　创新创意与旅游产业区域集聚动力机制

需求方面。众所周知，旅游的本质是一种不同于寻常方式的新的体验，因此，旅游创新创意的驱动力需要满足游客的新体验，但目前很多旅游产品（服务）的共性问题，就是停留在旅游活动的简单意义上的复制，而缺乏建立在游客个性化新体验需求的创新创意。目前从我国区域旅游发展的实践上看，旅游产品（服务）差异，更多还是建立在旅游资源禀赋（自然资源优势和文化因素的独特性）和旅游企业资本实力（旅游开发项目的规模）的差异上，而非真正地对游客体验的洞察把握以及在此基础上的创新创意。由于面对相同的旅游客源市场，旅游企业可以更为准确地发现旅游市场的动态变化趋势，而产业开发创新所需要的人力资源、物力资源和财政资源都能够在集聚区域得到解决。此外，创新一般首先发生在具有一定规模和实力的大型旅游企业内部，中小旅游企业随之进行学习、模仿，从而带动整个区域旅游产业的创新发展。在集聚区域内，由于旅游产业各个区域、部门频繁地交往与合作，旅游企业产品（服务）的创新很容易被其他旅游企业发现，其他旅游企业不断消化、吸收，并在此基础上进行适应市场需求的改进，从而获取一个新的创新（当然，专利保护也是旅游企业创新的动力）。旅游产业的区域集聚也存在循环积累因果关系，在集聚区内，旅游企业之间通过知识共享、竞争与合作，充分发挥了学习能力，加快了信息的传递与交流，促进了知识技术的创新，从而推动了旅游产业区域集聚。同时，越来越多的旅游企业在区域内集聚，会出现更多信息、技术的流动和外溢，最终营造一种创新和协作的环境氛围（如图3-4所示）。

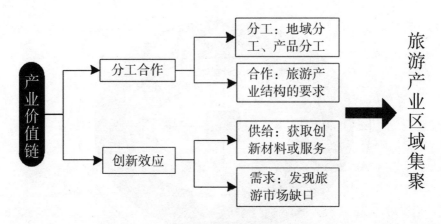

图3-4　基于产业价值链的旅游产业区域集聚模型

（3）旅游资源禀赋

旅游产业区域集聚的根本动力是资源禀赋优势。埃利松、格雷泽（1999）对美国产业集聚现象进行了实证研究，研究结果发现五分之一左右的产业集聚源于资源禀赋集聚力。同样，对旅游产业而言，资源禀赋则是其区域集聚发展的根本动力。一般来说，人们偏好资源禀赋丰度高的景观（旅游目的地吸引物）。旅游资源禀赋能够产生强大的旅游吸引力（向往著名旅游目的地），也是激发旅游者旅游消费动机的主要因素。而旅游资源具有不可复制性，属于空间黏滞性要素，旅游者只有亲自到达旅游目的地现场才能最大限度体验其魅力，因此会形成大量的客源市场。旅游资源禀赋也是旅游企业经营的基础，旅游企业在运营过程中遵循"投入—产出"原则，即低投入高产出，做到成本最小化，在这一原则驱动下，旅游企业往往集中在旅游资源丰富、客流量大、旅游经济发达的区域。

因此，在旅游资源禀赋丰富的旅游区域，凭借其绝对优势的竞争力和吸引力，通常会吸引大量旅游企业，涉及旅游活动的各个环节，最终呈现出集聚化的趋势。长三角地区、珠三角地区、环渤海地区和丝绸之路经济带（中国）这些区域呈现出的旅游产业集聚现象，在很大程度上依赖于丰富的旅游资源禀赋。因此，旅游资源禀赋是影响旅游产业集聚最基础和最重要的环节。

当然，随着旅游方式的不断丰富，旅游产业的发展趋势之一也在减少对资源的依赖。目前，随着"旅游+"和"+旅游"的出现，该方式具有较强的消费者体验和潜在消费者培育的功能，可以突破狭义的缺乏旅游资源的瓶颈，增强旅游资源的关联性以及旅游产业受众市场，"+旅游"可以通过农业、工业、亲子（DIY）、节事活动、养生以及房车（营地）等衍生旅游产品开发，会吸引很多有特殊兴趣爱好的非相关产业型人群的区域集聚。笔者2015年在美国亚特兰大可口可乐工业旅游开发模式的调研中发现，可口可乐公司工业旅游的开发形成城市经济的新增长点。并且，美国国家经济研究所（Bureau of Economic Analysis）《2016美国大城市GDP数据》（2016 *Metropolitan GDP*）显示，亚特兰大2016年GDP增长率为3.7%，在美国十大城市中排名第二，充分体现出"旅游+"和"+旅游"对旅游资源不足的突破以及对区域经济增长的贡献。由此可见，"旅游+"和"+旅游"方式可以有效突破旅游资源的限制，旅游客源的流入，使旅游产业迈向新的社交休闲时代，也为旅游产业转型升级打造一个新的增量市场。

3.2.2 外在动力因素

（1）客源市场需求

客源市场需求是旅游产业区域集聚的重要条件，旅游者出游具有距离衰减的规律，绝大多数区域的旅游客源市场呈现出非常明显的内聚特点，一般从区域中心由近到远、由密到疏分布。因此在一些缺乏传统旅游资源的经济发达地区，由于其存在丰富的客源市场需求，创新创意旅游资源的开发也有可能促进旅游产业集聚，比如深圳华侨城主题公园推动了当地旅游产业的集聚。

此外，区域旅游产业的快速发展也在一定程度上造成了旅游客源市场需求不确定性的增加，这对旅游产品和服务的供给者提出了更高的要求，同时也间接推动旅游产业的集聚发展。一方面，客源市场需求的复杂化和个性化在促进旅游产品开发的多样化和特色化的同时，推动了旅游企业经营战略、策略的转变，使其在区域内形成集聚化趋势，以更好地满足旅游者需求。实践中，是期待已久的一次独特和愉悦的探索式的旅行，也是对自己人生感悟的一次重新认识，这种旅行则是一种没有打包、说走就走以及没有模板的独特体验。另一方面，客源市场需求是不断变化的，为了吸引更多的旅游者，旅游企业会选择更加合适的区位和合作者，从而获得新的利润空间。

（2）交通区位条件

交通区位条件是从客源地到旅游目的地的空间距离（长度）及旅游目的地的可达程度。由于大多数旅游产品（服务）是不可移动的，因此，旅游者必须亲临旅游目的地进行旅游消费才能实现旅游产品（服务）的最终价值。因此，旅游目的地的可达性是非常重要的（距离是一个因素，更重要的是基础设施和环境），直接影响旅游者的消费行为。在饭店产业区域集聚发展过程中，由交通状况决定的城市可进入性就是影响因素之一。此外，交通运输的便利性也是产业集聚的动力，旅游企业易于向交通区位条件便利的区域聚集。目前，我国旅游产业呈现出在交通发达地区集聚的现象，虽然一些区域旅游生态环境良好，能给旅游者带来不同的体验，但交通阻碍、可达性差等原因在很大程度上影响了客源数量，因此也无法吸引大量旅游企业在该区域集聚。长三角地区、珠三角地区、环渤海地区交通网络完善，旅游产业区域集聚发展趋势明显。相比而言，西北内陆地区虽然有沙漠、戈壁等风格迥异的旅游资源，但受区位闭塞、交通不便等因素的影响，难以形成旅游产业集聚。因此，在任何阶段，集聚的形成都离不开便利的交通条件和良好的区位条件。

（3）政府政策保障

市场经济存在一定的弊端，比如道德风险、信息不对称等，这些都可以导致市场失灵。政府作为宏观经济政策调控的主要力量，可以通过政策保障措施来完善市场机制的不足，促进社会经济的协调发展。同样，在旅游产业区域集聚过程中，不能仅仅依靠市场（市场失灵），还需要依赖政府的政策保障。在旅游产业区域集聚形成的初期，旅游企业往往因为区域内丰富的旅游资源和客源市场需求、便利的交通优势而自发集聚（盲目性）。当旅游产业区域集聚形成一定规模时，政府政策的支持对旅游产业集聚的重要促进作用日益凸显。

旅游市场形成后其发展模式应由政府主导转向市场主导，但政府主导旅游产业发展的政策顶层设计、旅游资源中长期发展规划以及旅游目的地环境保护与治理等主要功能仍需不同程度发挥。此时，政府主导型的区域发展模式发生转变，从初始的直接干预经济模式逐渐转变为提供良好的产业发展环境（硬环境和软环境）和提供旅游信息、预测需求咨询等。区域旅游集聚的动力机制仍需政府在产业发展环境营造（包括营商环境）、旅游产业投融资体制改革（政府制定各种保护旅游投资的政策）、旅游资源总体规划制订（尤其是中长期战略性的规划）、旅游交通统筹建设、旅游形象塑造与宣传促销等方面发挥基础性作用。

政府往往在规划的过程中，考虑资源禀赋、交通区位、客源市场等要素制定区域旅游产业的规章制度和文件，以此为其集聚创造良好的发展环境。一方面，政府积极进行招商引资，拓宽引资渠道，整合资金、人才、管理理念和市场需求等，以形成旅游产业集聚的浓厚氛围，并提供相应的税收减免政策、信贷优惠政策。另一方面，政府积极提供完善的基础设施和服务设施，促进集聚效应的良性循环。旅游企业共享水、电、网络、通信等设施，节约交易成本，保证旅游企业运行的经济性。

（4）外部竞争环境

一方面，随着旅游产业的不断发展，旅游产业在供给侧结构性改革中的作用日益凸显，中央与地方政府逐渐重视旅游产业在区域经济发展中的作用，其竞争已经从企业竞争逐渐演化为区域产业经济之间的竞争。单个旅游企业受自身资源的限制，可能无法与其他区域大型旅游企业集团抗衡，但如果以集聚的形式形成区域旅游产业联盟参与竞争，那么能够获得外部经济效应，从而降低成本、规避风险，并获得竞争优势。除了区域之间的竞争，经济全球化还需要区域旅游产业参与国际市场竞争，在全球旅游产业价值链中获得优势地位，获得国际竞争优势。因此，旅游产业区域集聚内部各旅游企业要积极构建竞合模式，通过对外直接投资和吸引外资、旅游产品（服务）联合开发、旅游信息共享、开拓海外旅游客源市场等方式参与外部市场竞争，保持旅游产业区域集聚的开放度，促进集聚内部与周边环境的旅游资源和旅游产品（服务）交换与互补，避免因封闭而带来的产业集聚风险。

另一方面，区域旅游品牌与旅游产业区域集聚相互影响和作用，也是其核心竞争力的体现。因此，打造良好的区域旅游品牌、形成区域旅游产业竞争力是旅游产业区域集聚和区域旅游经济协调发展的关键。我国旅游产业的集聚还处于初步发展阶段，除长三角、珠三角、环渤海和丝绸之路经济带（中国）地区的旅游产业已有了集聚的现象和趋势外，其他区域较不明显，已经形成鲜明的区域旅游品牌相对不足。旅游企业品牌（大型旅游集团公司）和旅游产业集聚品牌（诸如长三角、珠三角城市群）是相互促进、相互作用的，因此旅游企业可以借助集聚企业的整体力量，不断强化旅游营销，打造区域旅游品牌。此外，区域旅游品牌的建立还需要开拓国内外客源市场，提升整个区域的旅游形象，为未来旅游产业的发展创造有利条件。

总之，面对日益激烈的市场竞争环境，旅游产业区域集聚的发展能够让旅游企业获得一定的规模优势来参与外部市场竞争，对旅游企业自身发展及区域旅游的发展意义重大。

3.3 动力因素关联机制

事实上，最初的旅游开发往往以人文文化和自然地貌为核心和开发动力，如以黄山、黄果树瀑布等为代表的名山大川旅游资源，以及以长城、兵马俑和故宫为代表的历史文化旅游资源，随后又转向挖掘和开发以平遥、周庄为代表的乡村古镇资源。然而，这些旅游资源数量有限，可视为给定的资源禀赋，并且经过多年开发和利用，一、二流旅游资源已经基本开发完毕，剩下三、四流资源因自身吸引力不够以及同质性较强，难以达到预期效果，甚至造成资源浪费（比如近年来的古镇旅游开发）。因此，当前旅游资源开发需要注入更多创新创意理念和文化内涵。在实践中，根据笔者在深圳等珠三角地区调研后发现，不少开发者（如华侨城）选择了"旅游+地产"模式。然而，"旅游+地产"模式因仿效而导致性质变化，逐渐演变成以地产为核心，旅游（包括其背后的文化）则成了装饰物。华侨城需要重新定位，在文化内涵打造和创新创意运营上积累经验，建设具有文化氛围的旅游板块。从锦绣中华、世界之窗到欢乐谷、东部华侨城、欢乐海岸，华侨城每个项目都是在创新和理念设计方面体现出文化魅力，并加之市场化的运营方式。

通过笔者在珠三角地区调研（包括华侨城项目）和前期数据分析可知，旅游产业区域集聚的形成和发展是内在动力因素和外在动力因素共同作用的结果，其动力机制如下（图3-5）。

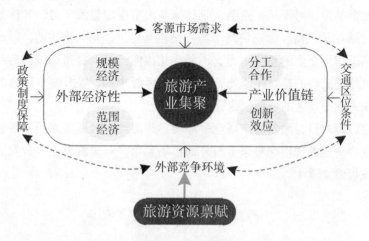

图3-5 旅游产业区域集聚动力机制

第一，旅游资源禀赋是旅游产业区域集聚产生的基础。旅游者出游一般会选择旅游资源禀赋丰富的区域，这也驱使旅游企业在其周边选址布局。旅游资源禀赋为旅游产业区域集聚提供了基础条件，餐饮业、住宿业、休闲娱乐业、旅游购物业和公共服务业等相关产业紧紧围绕旅游资源分布并不断集聚。因此，旅游资源禀赋是集聚形成的重要因素，在整个旅游产业集聚过程中发挥着重要作用。

第二，外部经济性是旅游产业区域集聚的内源和结果。旅游相关企业追求外部经济性促进了旅游产业区域集聚的发展，同时集聚效应的产生又进一步增加了集聚企业的外部经济性。此外，保护自然生态的外部环境，以及营造良好的公共文化空间，也是旅游产业区域集聚的外部经济性原因，因为环境是对游客产生可重复旅游吸引力所在，所以也是旅游企业不可推卸的社会责任。

第三，产业价值链是旅游产业区域集聚的主要内容。旅游企业上下游的延伸、地理位置的接近促进了产业价值链上的企业进行专业化分工、合作及创新，而这些相互作用大多数经过产业价值链产生。

第四，客源市场需求、交通区位条件、政府政策保障是旅游产业区域集聚的外部支撑条件。仅仅依靠内部动力来形成集聚是远远不够的，良好的可达性、便利的交通、政府政策的保障以及对多元化市场需求的满足等都是提高集聚竞争力的必要条件。

第五，外部市场竞争是旅游产业区域集聚的竞争条件。随着目前产业竞争、区域竞争的日益激烈，集聚区域需要不断参与外部市场的竞争中，并树立自身品牌，以提高集聚竞争优势。

第六，旅游企业成本降低是旅游产业区域集聚的动力。产业集聚的动力之一在于特定区域内的集聚可以降低成本、提升效益，体现了资本（旅游产业也不例外）寻利增值的动机。在降低成本方面，旅游产业区域集聚不仅有利于区域内旅游及相关企业因共享服务平台——公共基础设施、信息公益服务、行业支持平台而降低经营管理成本，因行业互相关联和信息共享——旅游产业的区域一体化而降低交易成本，因空间距离缩短——集中在集聚区域内的旅游基本服务企业（六大要素相关企业）而降低交通成本，并且，也有利于政府公共治理的便利性和公共服务成本大幅降低。

内在动力因素是旅游产业集聚的内生性动力，外在动力因素是集聚的外部环境，在外部经济性、产业价值链的作用下，政府等相关部门采取相应措施进行协调，推动集聚的形成。动力因素在集聚中扮演不同的角色，其中旅游资源禀赋是基础，外部经济性和产业价值链之间相互耦合，加之政府、交通区位及客源市场需求、外部市场竞争等外部支撑条件，使得旅游产业区域集聚能力不断提升。总之，旅游产业集聚的有效成长、发展，并形成竞争力，有其自身内部的运行机制，另外，健全的外部环境也是重要的保障。

3.4 动力原理

旅游产业区域集聚的动力原理一般可用来解释各动力要素是如何成为集聚的动力且发生相互作用，共同促进集聚形成的。根据上文可以发现，内在动力因素和外在动力因素相互作用，不断推动集聚的演化和完善，而且两种动力因素在发挥作用的过程中都离不开市场和政府的操作，因此本研究认为旅游产业集聚的动力原理主要分为竞合机制、创新机制和保障机制。

3.4.1 竞合机制

竞合机制是指集聚主体进行一定的分工、合作与竞争，从而提高经济效益，学者斯密（Adam Smith）和马克思（Karl Max）提出的劳动分工、协作效益理论为其奠定了基础。旅游产业区域集聚的竞合机制主要分为以下三个层次：一是集聚内部同类旅游企业之间进行合作竞争，其对同种资源进行共享，从而充分实现集聚带来的外部经济性；二是区域内部集聚网络之间的合作竞争，主要是旅游景区（景点）、旅行社、酒店等旅游产业价值链上的企业之间的分工合作和竞争，还包括与教育科研、金融财务、中介机构等相关部门之间的合作发展等，从而更好地为旅游者提供旅游产品和服务；三是与外部环境的合作竞争，处在市场的大环境下，旅游产业集聚还会和其他产业、区域之间发生一系列的竞争与合作。因此，外部经济性、产业价值链效应、竞合效应三者之间的相互作用形成了旅游产业区域集聚的竞合机制（图 3 - 6）。

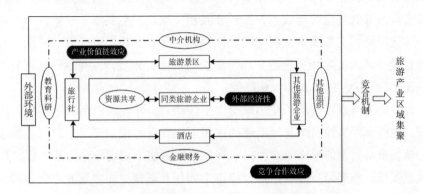

图 3 - 6 基于竞合机制的旅游产业区域集聚动力原理

3.4.2　创新机制

熊彼特的技术创新理论从创新角度研究了产业集聚，对区域旅游产业而言，不断地创新能让集聚内部旅游企业进行信息的交流与传递，发现区域旅游市场的缺口，不断开发新的旅游产品，满足旅游者的个性化需求，实现区域旅游产业结构的优化升级。根据本书的前期研究和中期的调研发现，产业与旅游融合发展可以满足消费者（游客）的体验需求，回归到人（不仅仅是游客）的需求来做创意发展定位。以葡萄酒庄园的文化旅游为例，从本质上讲，葡萄酒的本质是一种体验，包含浪漫格调、健康养生以及社交礼仪等，其旅游文化的体验需求提出对产业（葡萄酒庄园）的诉求——葡萄酒文化塑造、体验模式的创新、营销创新和社会公共关系的互动。可见，创新创意是旅游产品的核心竞争力所在，在一个特定区域将旅游产品、服务和游客体验做到极致，通过创新创意促进旅游产品转型升级，是旅游旅游产业区域集聚绩效提升的关键。

竞合机制是创新机制的基础，由于旅游企业间的分工合作，构建起区域内部的集聚网络，旅游企业不断进行信息资源的共享，产生创新效应。同时集聚内部旅游企业之间及外部环境的竞争也给旅游企业带来一定的压力，其通过持续的创新来塑造品牌。最终，在内部和外部环境的影响下，旅游企业不断强化创新能力，促进区域旅游产业的集聚发展（图3-7）。随着旅游企业在某一区域内的聚集，其资源共享、专业化分工水平、合作与竞争能力日益得到强化和完善。一方面，旅游企业集中在一定区域有利于实现知识和信息的共享；另一

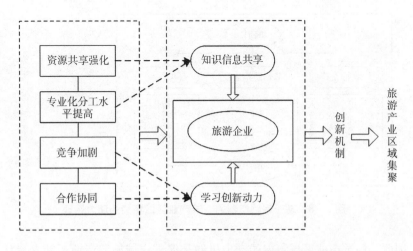

图3-7　基于创新机制的旅游产业区域集聚动力原理

方面，竞合关系的确立也为旅游企业带来学习创新的动力。在知识共享和学习创新动力的双重作用下，集聚内部旅游企业逐渐建立、完善创新机制，最终不断促进旅游产业区域集聚的高效、持续发展。

3.4.3　保障机制

随着区域旅游产业的蓬勃发展，加强和完善公共服务设施成为政府管理部门的一项任务。公共物品是社会共有产权，具有福利性而非获利性的特征，主要靠政府提供。根据有无具体的形态，旅游公共物品可以分为实物形态的公共产品与无形态的公共服务。政府在整个集聚发展中扮演着较为重要的角色，其提供的旅游公共物品主要包括基础服务设施、旅游法律法规与制度，这些公共物品在区域旅游产业的集聚中起到有力的保障和支持作用。

具体来说，政府保障机制主要有以下几个方面。第一，政策支持。政府可根据实际情况，制定并落实相应的规章制度和政策措施，从财政投入、金融支持、税费优惠、人才支撑等方面入手，进一步加强旅游企业之间的合作、竞争与创新，为旅游产业区域集聚提供必要的保障。第二，基础设施建设。政府通过不断完善基础设施建设，融入旅游元素，为旅游产业区域集聚的发展创造条件。第三，环境优化。利用政府职能，加大公共物品的供应能力和质量，在社会环境、市场环境和生态环境方面更加完善，为旅游者提供舒适满意的旅游环境。最终，政府通过政策支持等手段给予全方位的保障，不断优化集聚环境。（图3-8）

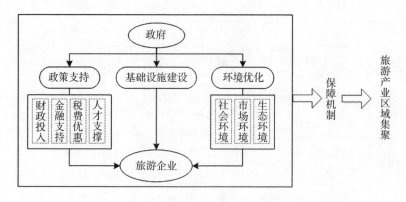

图3-8　基于保障机制的旅游产业区域集聚的动力原理

因此，旅游产业区域集聚的动力机制是促进区域旅游产业不断发展壮大的根本动力。根据本书的分析探讨，不难发现，中国旅游产业区域集聚的动力机制包括内在和外在动力因素及其关系，还包括竞合机制、创新机制和保障机制这三大作用机制。其中，内在动力因素主要是外部经济效应、产业价值链、旅游资源禀赋等；外在动力因素则包括旅游客源市场供求关系、交通区位条件（旅游目的地可达性）、政府政策保障和外部市场竞争情况等。这两种动力机制相互联系、相互作用，在竞合机制、创新机制和保障机制三大机制的共同作用下，不断提升旅游产业区域集聚发展的质量，同时也为本书即将进行的旅游产业区域集聚水平测度及集聚绩效评价奠定了理论基础。

第4章

旅游产业区域集聚水平测度

现实中，在旅游产业区域集聚动力机制的影响和作用下，我国部分地区旅游产业集聚现象越来越明显，集聚水平和质量（集聚效率或绩效）也不断提升。区域经济发展水平直接影响当地生产要素（人流、物流、资金流、信息流等）的聚集程度，反过来亦受其影响。发达的经济水平是发展区域旅游产业的物质基础与客源保障，便于将当地旅游资源的内在禀赋转换为核心吸引力（旅游资源开发），促进区域旅游产业的转型升级；而旅游产业的区域集聚与发展，可以发挥区域经济乘数效应，有效拉动区域 GDP 增长。因此，为了更好地研究旅游产业区域集聚效应，增加旅游产业集聚区基础设施和配套服务，培育旅游产业形成区域经济增长引擎，有必要对旅游产业区域集聚水平进行测度和评价。本章将从定量角度出发，将长三角地区、珠江三角洲地区、环渤海地区以及"一带一路"地区（考虑到数据的可得性和对我国区域旅游产业影响力和集聚程度等因素，本书选择丝绸之路经济带范围内的中国主要旅游城市为研究对象，海上丝绸之路旅游产业集聚问题暂不研究）作为实证研究对象，选择相关指标测算旅游产业区域集聚水平并加以评价，继而为后续研究做铺垫。

4.1 常用测度方法

随着旅游产业区域集聚理论和实践研究的深入，区域集聚水平的定量测度和精准研究逐渐为人们所重视。由于统计数据、统计口径以及旅游产业界定问题，旅游产业没有很明确的投入产出关系，旅游产业区域集聚水平的测度与制造业集聚水平的测度存在一定的差异。本书拟选取反映旅游产业在区域内集聚水平的产业基尼系数、区位商和行业集中度对旅游产业区域集聚度进行测算。首先，通过计算旅游产业各行业集中度指数了解各区域旅游产业的优势；其次，通过区位商指数和产业基尼系数分别测算区域旅游产业专业化水平；再次，通过动态基尼系数分析区域旅游产业的集聚水平的变化趋势；最后，结合指标计算结果给旅游产业区域集聚水平做出评价。因此，本章回顾、归纳和梳理国内外学者在研究旅游产业区域集聚水平时常用的一些测度方法，并对这些方法进行了简要的评价和优化（如表4-1）。

表4-1 旅游产业区域集聚水平测度方法分析与比较

测度方法	公式和内涵	优点和局限
资源分布密度	$D = n/A$，n 为旅游资源个数，A 为区域面积或人口；测算资源相对量，对比分析区域资源丰富程度	简单直观，操作性、实用性强；只反映旅游产业集聚的条件，不能体现区域旅游产业发展的其他要素是否集聚
产业集中度	$CR_n = \sum_{i=1}^{n} x_i / \sum_{i=1}^{N} x_i$，$x_i$ 表示某产业中第 i 家企业的销售量、资产总额、员工人数等，N 为产业内的企业总数，n 根据需要确定，一般为4或8；可以测算某一特定市场中少数几个最大厂商占整个产业的份额比重	最简单、最常用，衡量某一产业的市场集中水平和竞争程度；值易受 n 的影响，n 越大，CR_n 就越大；对市场占有率大的企业份额变化敏感，计算结果可比性较差
区位商	$LQ_i = \dfrac{e_{ij}/e_i}{E_{kj}/E_k}$，$e_{ij}$ 表示 i 区域产业 j 的某项指标数，e_i 表示 i 区域某项总指标；E_{kj} 是整个国家或 k 地区产业的某项指标数，E_k 是整个国家或 k 地区的某项总指标；测算产业集聚程度的综合指标	计算简单，易于理解，便于操作，反映某个地区的主导产业和产业集聚水平；没有考虑地区间经济发展水平差异，区位商最大的地区产业集聚度不一定最高
空间基尼系数	$G = \sum_{i=1}^{M} (s_i - x_i)^2$，$s_i$ 是 i 地区某产业总收入占区域该产业总收入的比重，x_i 是 i 地区产值占区域总产值的比重；反映产业发展的空间不均衡程度	易于计算，可采用多种指标，对中观和宏观两个层次的产业集聚做出很好解释；未考虑企业规模的影响作用，有时难以客观评价产业集聚的真实性
赫芬达尔指数	$H = \sum_{j=1}^{n} s_j^2$，s_j 为产业在第 j 个地区的比重；测算某特定市场上所有企业的市场份额平方和	计算相对容易，考虑企业总数和企业规模，对产业内企业的合并与分解反应灵敏；直观性较差，在产业空间分布研究中使用较少；对数据要求较高，可操作性不强

续表

测度方法	公式和内涵	优点和局限
动态集聚指数	$A_{ijt} = \dfrac{S_{ijt}}{\sum_{j=1}^{N} S_{ijt}}$ ，S_{ijt} 表示时间 t 内 j 地区 i 产业的增长速度，$\sum_{j=1}^{N} S_{ijt}$ 表示时间 t 内全国 i 产业的增长速度；反映集聚水平的动态变化	克服各类静态指标的缺陷；未考虑到基数的不同，评价时比较适合产业规模较小的地区

资料来源：根据文献资料整理所得

　　从表 4 - 1 中可以看出，旅游产业区域集聚水平的测度方法较多，且每种方法都存在优劣，若仅采用一种方法则不能准确地衡量旅游产业区域集聚水平。而且，如果产业集聚的判定过于严格，会影响潜在或初期的产业集聚的辨认。为了对区域旅游产业的集聚水平有一个全面准确的了解，本书在考虑数据可得性的基础上，分别对长三角地区、珠三角地区、环渤海地区以及丝绸之路经济带（中国）旅游产业区域集聚问题进行实证分析，并采用产业集中度、区位商、空间基尼系数和动态集聚指数四类指标来分析与评价上述区域旅游产业的集聚水平和集聚程度。

4.2　测度方法选取

4.2.1　产业集中度

　　从发达国家旅游产业发展的历史看，发达国家大多经历了从旅游产业集中度非常低到逐步提升产业集中度，进而引领整个行业发展的过程。产业集中度源于产业组织学，在旅游产业区域集聚的测度与评价中，表现为旅游产业中仅占很小比例的旅游企业或数量很少的企业，支配或控制着占很大比例的生产要素。旅游产业集中度是最简单常用的测算指标，其计算如式 4 - 1：

$$CR_n = \sum_{i=1}^{n} x_i \Big/ \sum_{i=1}^{N} x_i \qquad (4-1)$$

　　$CR_n \in (0, 1)$，集中度与其值成正相关。产业集中度原先主要用来衡量制造业（工业）的集中度，与制造业相比，旅游产业竞争激烈，旅游市场进入壁垒低，在一定的区域内很难形成具有绝对优势的旅游企业。因此，CR_n 指标无法真实反映旅游产业区域集聚水平（和制造业不同），还需要测度其他指标来进一步分析。

4.2.2 区位商

区位商作为集聚水平测度的综合性指标,将产业空间集聚的特征考虑在内,是评价区域优势产业或者专业性产业的基本分析方法。其计算如式4-2:

$$LQ_i = \frac{e_{ij}/e_i}{E_{kj}/E_k} \qquad (4-2)$$

区位商不仅能够反映出某一产业的空间集聚水平,还能表明该产业在区域经济中的地位(表4-2)。

表4-2 区位商分析

$LQ_i > 1$	$LQ_i = 1$	$LQ_i < 1$
区域内该产业集聚水平较高,具有较强的竞争力和比较优势,是优势产业	该产业在区域内处于平均水平,优势和竞争力与其他产业相比不明显	区域内该产业集聚水平较低,还未形成优势产业,竞争力较弱

计算区域旅游产业区位商,可以选择旅游总收入、旅游景区(点)数量、旅游企业数量(产值及相关指标)、旅游从业人数等数据,由于各项数据存在高度的相关性,本书为了简化分析过程,选择旅游总收入来计算,近似代表区域旅游产业区位商,来具体分析旅游产业的集聚程度。

4.2.3 空间基尼系数

空间基尼系数最初用来分析收入的不均衡程度,后来成为测度产业集聚水平的方法之一,在实际中得到了广泛运用。洛伦兹(Lorenz,1905)在研究居民收入分配问题时,发现可以用曲线描述居民人数累计百分比和居民收入累计百分比的关系,能够揭示收入分配的公平程度。在这之后,赫希曼(Hirschman,1943)根据洛伦兹曲线提出了基尼系数这一指标,用来判断收入分配是否公平,并把0.4作为贫富差距的警戒线。克鲁格曼(1991)依据洛伦兹曲线和基尼系数的原理和方法,提出了空间基尼系数概念,用来测度某一产业在空间(区域)分布的不均匀程度。计算如式4-3所示:

$$G = \sum_{i=1}^{M} (s_i - x_i)^2 \qquad (4-3)$$

$0 < G < 1$,系数值越接近1,那么产业空间分布不均匀程度越大,直观体现在地理分布上集中,集聚水平高。空间基尼系数也存在缺陷,空间基尼系数大于0并不一定表明有产业集聚现象存在,因为它没有考虑企业规模的差异。

4.2.4 动态集聚指数

上述指标都是评价产业集聚水平的静态指标，还有一种动态指标被用于产业集聚研究中，即动态集聚指数。它用来衡量特定区域内某产业平均增长速度与全国该产业平均增长速度的差异，借此来表示区域内该产业的集聚变化趋势。其计算如式4-4所示：

$$A_{ijt} = \frac{S_{ijt}}{\sum_{j=1}^{N} S_{ijt}} \qquad (4-4)$$

A_{ijt} 表示在（0-t）时间段内，产业 i 在区域 j 的动态聚集指数。S_{ijt} 表示在（0-t）时间段内，产业 i 在区域 j 的增长速度。$\sum_{j=1}^{N} S_{ijt}$ 表示在（0-t）时间段内，全国该产业的平均增长速度。$\sum_{j=1}^{N} S_{ijt} > 0$（本研究不考虑小于0的情况），表示该产业在（0-t）时间段内，在全国的生产规模表现出的扩张性。此时，如果 $0 < A_{ijt} < 1$，表示 i 产业在（0-t）时间段内，在 j 区域内有所增长，但其增长速度小于全国平均增长速度。如果 $A_{ijt} < 0$，则表明在（0-t）时间段内，i 产业在 j 区域集聚的趋势不断萎缩，并向外扩散。如果 $S_{ijt} > 0$，$A_{ijt} > 1$ 则表明在（0-t）时间段内，i 产业在 j 区域集聚。

4.3　长三角地区旅游产业集聚

4.3.1　长三角地区概述

（1）概况与范围界定

长江三角洲地区（以下简称"长三角地区"）位于我国大陆东部沿海区域，行政辖区包括上海、江苏以及浙江（"两省一市"）。长三角地区作为我国经济最发达地区之一，率先跻身于世界级城市群行列中（上海为国际性大都市）。据统计，2014年长三角核心区16座城市GDP总量达到了10.6万亿元，占全国总量的15%。2015年，16座城市的GDP总量又向前跨了一大步，生产总值达11.3万亿元，增长8.2%，区域经济总量占全国的比重达到16.7%。根据2016年上半年数据，全国GDP增长6.7%。长三角地区上半年GDP同比增长8.56%，因此，可以预测到2016年长三角区域经济总量占全国的比重突破20%。在区域经济的带动和影响下，近年来长三角区域范围正处在泛化拓展阶段，其概念也在扩展升级。本书对长三角地区进行分析时，主要研究对象是传统经济区划上的 16 个旅游（经济）核心城市（见表 4-3）。

表4-3 长三角地区16个核心城市

省市自治区	城市
上海	上海
江苏	南京、无锡、常州、苏州、南通、扬州、镇江、泰州
浙江	杭州、宁波、嘉兴、湖州、绍兴、舟山、台州

（2）旅游产业发展现状

优越的地理位置、发达的经济文化、便利的水陆空交通网络以及较为完备的基础设施（公共服务体系）等因素都是长三角地区旅游产业发展的有利条件。同时，长三角地区旅游资源也比较丰富，开发基础条件已经具备，开发潜力较大，是我国出入境旅游和国内旅游的重要市场。长三角地区旅游产业发展迅速，处于全国领先地位，其旅游总收入也呈现快速增长的态势（图 4-1），同比增长率均在 5% 以上。2018 年旅游总收入为 27232.37 亿元，比上年增长 13.02%。旅游总收入占地区 GDP 比重均在 10% 以上，从 1998 年的 11.05% 增加到 2018 年的 18.27%，旅游产业已经成为长三角地区的重要产业之一。丰富的旅游资源禀赋、良好的区位条件、稳定的客源市场以及政府的政策保障为长三角地区旅游产业集聚化发展奠定了基础。

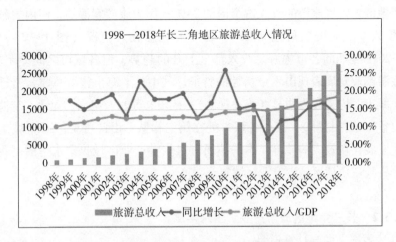

图 4-1 1998—2018 年长三角地区旅游总收入情况

数据来源：根据国家及各省市自治区统计年鉴（1999—2019）、各城市统计公报整理计算所得

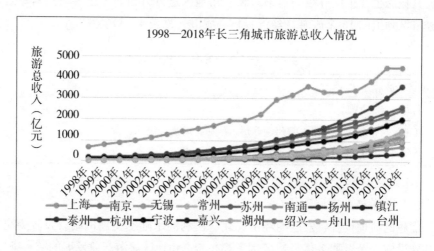

图 4 - 2　1998—2018 年长三角地区 16 个城市旅游总收入情况
数据来源：根据国家及各省市自治区统计年鉴（1999—2019）、各城市统计公报整理计算所得

长三角地区以全国 1% 的土地面积和不到 6% 的人口，创造出全国 20% 的 GDP，多年以来都是中国经济增长的一个引擎。同时也可以看到，这架区域经济增长引擎的动力长期存在，意味着长三角区域旅游产业的发展是在一个较高的平台之上（经济体量大，且经济发展和国际接轨程度高）。从国际范围来看，长三角地区属于旅游产业发达地区。从国内角度来看，长三角地区是我国旅游的重要地区，入境旅游的收入占全国的 24%；作为旅游客源地，国内旅游占了全国的 35%。从长三角地区 16 个城市旅游总收入情况（图 4 - 2）来看，1998—2018 年期间各市旅游总收入都呈上升的趋势，但各城市之间差距较大，区域旅游产业发展表现出不平衡性的特征。其中，上海市旅游总收入遥遥领先于其他城市，优势较为明显（第一梯队）；杭州、苏州、南京、无锡、宁波处在中间位置（第二梯队）；其余各城市处在第三梯队。由此可见，16 个城市的旅游产业发展存在较大的差异。本书拟通过对旅游产业区域集聚水平的测算，进一步分析长三角地区旅游产业区域集聚程度。

4.3.2　长三角地区旅游产业集聚水平测算

（1）数据来源与计算说明

根据旅游产业发展情况，选择 16 个热点旅游城市为长三角区域样本，研究数据主要来自历年的《中国统计年鉴》（1999—2019）；上海、江苏和浙江三个省（市）的统计年鉴（1999—2019）以及各城市《国民经济和社会发展统计公报》等资料和权威部门公布的数据。本书选取 1998—2018 年长三角地区旅游产业的相关数据进行分析，且以国家统计数据为标准，缺失的数据再从各省（市）统计（旅游）年鉴和统计公报中补充。在计算该区域旅游产业集中度、区位商、空间基尼系数和动态集聚指数时，旅游产业作为劳动密集型产业，由于就业人数等指标与收入存在高度的相关性，为了便于分析，本书主要用收入指标来近似代替，以评价长三角旅游产业区域集聚水平。

（2）产业集中度结果分析

计算产业集中度 CR_n 时，一般采用企业的数据，但是相关统计年鉴中并未单独列出旅游企业的数据，因此本书以长三角 16 个城市为单位，分析长三角地区旅游产业的集中度及其变化趋势。根据其计算公式，并取等于 6 来计算前六位，即前两个梯队（根据上文，长三角 16 个城市可分为三个梯队）旅游总收入占整个地区旅游总收入的比重及其变化（表 4-4）。

表 4-4 1998—2018 年长三角地区旅游产业集中度指数

年份	CR_n	旅游总收入前六位城市	年份	CR_n	旅游总收入前六位城市
1998	0.849	上海、杭州、苏州、南京、无锡、宁波	2009	0.737	上海、杭州、苏州、南京、无锡、宁波
1999	0.842	上海、杭州、苏州、南京、无锡、宁波	2010	0.741	上海、杭州、苏州、南京、无锡、宁波
2000	0.824	上海、杭州、苏州、南京、无锡、宁波	2011	0.722	上海、杭州、苏州、南京、无锡、宁波
2001	0.809	上海、杭州、苏州、南京、无锡、宁波	2012	0.716	上海、杭州、苏州、南京、无锡、宁波
2002	0.805	上海、杭州、苏州、南京、无锡、宁波	2013	0.696	上海、杭州、苏州、南京、无锡、宁波
2003	0.806	上海、杭州、苏州、南京、无锡、宁波	2014	0.681	上海、杭州、苏州、南京、无锡、宁波
2004	0.797	上海、杭州、苏州、南京、无锡、宁波	2015	0.659	上海、杭州、苏州、南京、无锡、宁波
2005	0.781	上海、杭州、苏州、南京、无锡、宁波	2016	0.648	上海、杭州、苏州、南京、无锡、宁波

续表

年份	CR_n	旅游总收入前六位城市	年份	CR_n	旅游总收入前六位城市
2006	0.773	上海、杭州、苏州、南京、无锡、宁波	2017	0.643	上海、杭州、苏州、南京、无锡、宁波
2007	0.763	上海、杭州、苏州、南京、无锡、宁波	2018	0.627	上海、杭州、苏州、南京、无锡、宁波
2008	0.745	上海、杭州、苏州、南京、无锡、宁波			

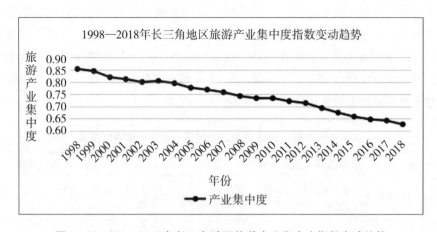

图 4 – 3　1998—2018 年长三角地区旅游产业集中度指数变动趋势

数据来源：根据国家及各省市自治区统计年鉴（1999—2019）、各城市统计公报整理计算所得

从表 4 - 4 可以发现，长三角地区旅游产业的集中度指数始终保持在 60% 以上，且 21 年来，旅游总收入最高的六个城市皆为上海、杭州、苏州、南京、无锡和宁波，这说明其旅游产业集中度较高。但是从变化趋势来分析（图 4 - 3），长三角地区旅游产业的集中度正逐年下降，从最高的 1998 年的 84.9% 下降到 2018 年的 62.72%，下降了近 10 个百分点。可见，随着长三角地区其他城市旅游经济的发展，其旅游总收入在长三角旅游总收入中的占比也在不断上升，上海、杭州、苏州、南京、无锡和宁波这六个城市旅游产业的优势地位正逐渐削弱。

（3）区位商结果分析

区位商是测度旅游产业区域集聚水平的综合性指标，在研究区域旅游产业集中方面运用非常广泛，因此本书根据公式计算长三角地区 1998—2018 年旅游产业的集聚水平（如图4-4和图4-5所示）。

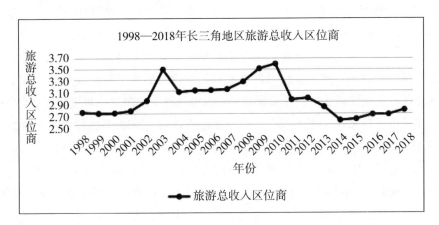

图4-4 1998—2018年长三角地区旅游总收入区位商

数据来源：根据国家及各省市自治区统计年鉴（1999—2019）、各城市统计公报整理计算所得

图4-5 1998—2018年长三角地区16个城市旅游总收入区位商均值

数据来源：根据国家及各省市自治区统计年鉴（1999—2019）、各城市统计公报整理计算所得

从图4-4可以看出，1998—2018年，长三角地区旅游总收入区位商均大于1，说明历年来长三角地区旅游产业的专业化程度都比全国平均水平高，存在集聚现象。而且历年区位商均保持在2.5以上，集聚程度已经达到相当高的水平，

在全国优势明显。在变化趋势上，长三角地区集聚化的水平呈现先上升后下降的趋势。在1998—2010年，旅游总收入区位商波动上升，而2010年以后，旅游总收入区位商则开始波动下降。由图4-5可以看出，长三角地区16个核心城市的旅游总收入区位商均值则呈现逐年上升的态势。说明长三角地区整体旅游集聚水平虽然波动，但是地区内各个城市的平均集聚水平则持续上升。为了更好地评价长三角地区旅游产业集聚情况，以下从城市视角进一步展开比较分析。

从城市视角来看（图4-6），长三角地区1998—2018年旅游总收入区位商均超过1的地区有4个，分别是上海（上海2014年和2015年分别为0.94和0.86，较为接近1，其他年份均大于1）、杭州、舟山和南京（南京2000年为0.97，接近1，其他年份均大于1）。说明这4个城市旅游产业存在集聚且集聚程度比较突出，已经形成专业化优势。其中，上海、南京、杭州作为长三角地区的中心城市，知名度很高，旅游产业的发展在区域内一直处于领先地位，具有明显的专业化优势，集聚水平相应较高。舟山旅游产业集聚现象也很明显，部分年份旅游总收入区位商居于长三角地区第一的位置，主要原因是舟山作为"海天佛国""渔都港城"，集自然资源和文化资源于一体，其他产业与旅游产业相比，发展较为落后，因此舟山旅游产业的发展具有比较优势，专业化程度高。南通、泰州两个城市旅游总收入的区位商较低，历年来均未达到0.5，旅游产业集聚水平较差。其余10个城市旅游总收入区位商总体上呈增长趋势，集聚水平不断提高。从区位商均值来看（表4-5），这16个城市21年来的旅游总收入区位商均值都处于0.7~1.0之间，表明其旅游产业也存在一定的集聚，但不是很显著。从趋势上分析，除个别地区表现出较大差异，总体上看，长三角地区旅游产业区域集聚均表现出均衡发展的趋势。

值得一提的是，在上述旅游产业集中度指数分析中，苏州旅游总收入历年来大多排在长三角地区第三的位置，但其旅游总收入区位商只处于中间位置。无锡和宁波同样面临旅游总收入靠前，但区位商优势不明显的状况。笔者进行实地调研后发现，这些城市近年来不断进行产业结构调整和优化升级，采取创新驱动的战略模式，大力引进高新技术产业和一些新兴产业，以其为主导产业进行优先发展。因此，虽然苏州、无锡和宁波旅游产业发展态势良好，但低于其他产业的发展速度，导致旅游总收入区位商不高。

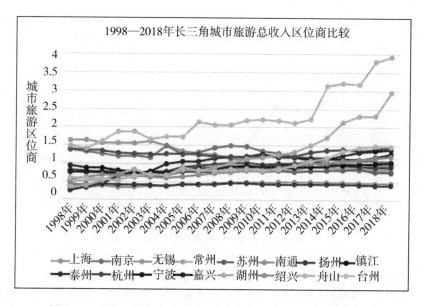

图4-6 1998—2018年长三角16个城市旅游总收入区位商比较

数据来源：根据国家及各省市自治区统计年鉴（1999—2019）、各城市统计公报整理计算所得

表4-5 1998—2018年长三角16个城市旅游总收入区位商均值

上海	1.232	苏州	0.784	泰州	0.414	湖州	1.206
南京	1.251	南通	0.432	杭州	1.285	绍兴	0.817
无锡	0.820	扬州	0.897	宁波	0.887	舟山	2.266
常州	0.755	镇江	1.028	嘉兴	0.855	台州	0.902

数据来源：根据国家及各省市自治区统计年鉴（1999—2019）、各城市统计公报整理计算所得

（4）空间基尼系数结果分析

空间基尼系数可以用来说明区域内旅游产业发展是否均衡，根据上文计算公式，得到长三角地区旅游产业空间基尼系数，结果见图4-7。根据图中数据可知，长三角地区旅游产业空间基尼系数数值较小，而且呈下降趋势。到2015年时，空间基尼系数已经接近于0。因此可以认为其旅游产业存在一定程度的集聚，但是产业的空间分布表现出均衡的态势，空间上的差异正在逐渐缩小。

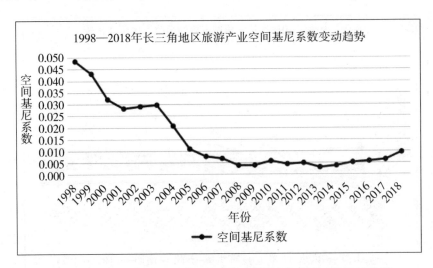

图 4 - 7　1998—2018 年长三角地区旅游产业空间基尼系数变动趋势

数据来源：根据国家及各省市自治区统计年鉴（1999—2018）、各城市统计公报整理计算所得

（5）动态集聚指数结果分析

在计算长三角地区旅游产业动态集聚指数时，首先计算 1998—2018 年全国旅游总收入增长速度为 15.75%，说明全国旅游产业处于成长阶段。然后计算出 1998—2018 年长三角地区旅游总收入增长速度为 19.49%，也表明其旅游产业在不断成长。最后计算出长三角地区旅游产业的动态集聚指数为 1.0030（见表 4 - 6），大于 1，表明从 1998 年到 2018 年长三角旅游产业增长速度略高于全国的发展平均水平，具有良好的增长速度和发展前景，未来旅游企业将有继续向长三角地区集聚的趋势。

表 4 - 6　长三角地区旅游产业动态集聚指数

长三角地区旅游产业动态集聚指数计算				
长三角地区旅游总收入增长速度	$S_{ijt} = 0.1949$	全国旅游总收入增长速度	$\sum_{j=1}^{N} S_{ijt} = 0.1575$	动态集聚指数

| | | | | $A_{ijt} = 1.0030$ |

数据来源：根据国家及各省市自治区统计年鉴（1999—2016）、各城市统计公报整理计算所得

（6）长三角地区旅游产业集聚水平评价

无论是静态指标还是动态指标分析，都证明长三角地区旅游产业存在集聚现象。从产业集中度来看，长三角地区旅游产业集中度始终保持在50%以上，旅游经济收入主要集中于经济发达的上海、杭州、苏州、南京、宁波和无锡等城市；但旅游产业集中度历年来逐渐下降，说明其他城市的旅游发展速度逐渐加快，区域内旅游产业发展水平更为均衡。区位商方面，从全国范围来看，其旅游产业专业化水平一直高于全国平均水平，具有很明显的集聚趋势；从城市视角来看，长三角地区各城市的旅游产业存在地区差距，上海、南京、杭州、舟山这4个城市的集聚水平相对较高。在空间基尼系数的分析中得出长三角地区旅游产业集聚虽然存在，但是并不太显著，可能是空间基尼系数并未考虑到旅游产业规模，因此存在一定的偏差，但是仍可以从中明显地看出其集聚呈现出越来越均衡化的发展态势。最后动态集聚指数则进一步分析得出长三角旅游产业发展速度高于全国平均水平，产业集聚趋势较为明显。

4.4　珠三角地区旅游产业集聚

4.4.1　珠三角地区概述

（1）概况与范围界定

珠江三角洲（以下简称珠三角），是西江、北江共同冲积而形成的大三角洲，以及西江与东江冲积而形成的小三角洲的总称。珠三角地区位于广东省东南部，珠江下游，毗邻港澳，与东南亚各国隔海相望，被称为中国的"南大门"。珠三角地区与国（境）内外海陆空交通都很便利。珠三角地区包括广州、深圳、佛山、东莞、中山、珠海、江门、肇庆和惠州共9个城市（表4-7）；是我国三大城市群（其他两个是长三角城市群、环渤海城市群）之一，经济具有很强的活力，城市化率也比较高。2016年，珠三角核心地区9个城市的GDP总值达6.91万亿元，占全国比重的9.28%。数据显示，2018年珠三角区域的GDP达到8.10万亿元，在全球国家和地区的GDP排行第13，占全国GDP总量的9.00%，甚至超过了澳大利亚等国家的总量。

表4-7　珠三角地区9个核心城市

省市自治区	城市
广东	广州、深圳、佛山、东莞、中山、珠海、江门、肇庆、惠州

（2）旅游产业发展现状

改革开放以来，珠三角凭借原有经济基础、人文地理优势和经济特区优势，在经济迅速发展的同时，旅游产业也迅速发展。珠三角旅游资源总体上表现出类型多样、各具特色又相对集中的特点。珠三角地区不断加强粤港澳三地的区域旅游交流与合作，因而带来了大量入境游客。此外，与长三角、环渤海和丝绸之路经济带（中国）相比，珠三角地区的所有城市同属一个省管辖，因此在资源整合协调和区域合作发展上具有明显优势。

珠三角地区旅游产业发展迅速，其旅游总收入同样呈现快速增长的态势（图4-8），同比增长率大多维持在10%以上（除2001年国际金融危机、2003年中国遭遇"非典"以及2008年世界经济衰退外）。2018年，珠三角地区旅游总收入为9127.37亿元，比上年增长11.38%。旅游总收入占地区GDP比重呈现先下降再回升的趋势，从1998年的12.42%下降到2008年的7.26%，后又缓慢回升至2018年的11.26%，总体上各年份均维持在7%以上。旅游产业是拉动珠三角地区GDP的重要产业之一。

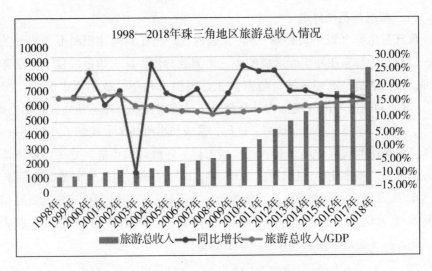

图4-8　1998—2018年珠三角地区旅游总收入情况

数据来源：根据国家及各省市自治区统计年鉴（1999—2019）、各城市统计公报整理计算所得

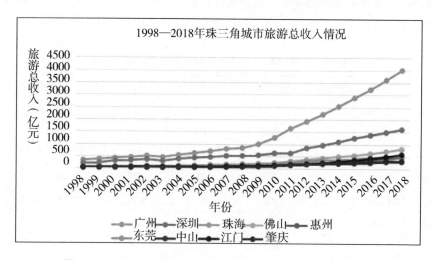

图 4 - 9 1998—2018 年珠三角地区 9 个城市旅游总收入情况

数据来源：根据国家及各省市自治区统计年鉴（1999—2019）、各城市统计公报整理计算所得

从珠三角地区 9 个城市旅游总收入情况来看（图 4 - 9），同样因 2003 年遭遇 "非典"，使得旅游产业遭受重创，旅游总收入较 2002 年有所下降。其余各年来珠三角各地区旅游总收入都呈上升的趋势。尤其自 2008 年以来，借助北京奥运会和上海世博会，珠三角区域旅游总收入的增长速度明显增快，但各城市之间差距依旧显著。其中，广州和深圳 2 个城市的旅游总收入显著高于其他城市；佛山的旅游总收入略高于其他 6 个城市。由此可见，虽然珠三角地区的旅游总收入逐年增加，但各个城市的旅游产业发展还存在较大的差异，以下通过集聚水平的测算进一步分析。

4.4.2 珠三角地区旅游产业集聚水平测算

（1）数据来源与计算说明

本书选择珠三角地区 9 个城市为研究对象，相关数据主要来自历年的《中国统计年鉴》《广东省统计年鉴》以及各城市《国民经济和社会发展统计公报》等权威部门公布的数据。本书选取 1998—2018 年珠三角地区旅游产业的相关数据进行分析，以考察其旅游产业的集聚水平。

（2）产业集中度结果分析

针对珠三角区域 9 个城市，本书分析该地区旅游产业的集中度及其变化趋势。因广州、深圳两城市作为珠三角地区旅游发展较为突出的第一梯队城市，其旅游收入显著高于其他城市。故根据计算公式，取 n = 2 来计算第一梯队城市旅游总收入占整个地区旅游总收入的比重及其历年变化（表 4 - 8）。

表 4 - 8　1998—2018 年珠三角地区旅游产业集中度指数

年份	CR_n	旅游总收入前两位城市	年份	CR_n	旅游总收入前两位城市
1998	0.691	广州、深圳	2009	0.622	广州、深圳
1999	0.690	广州、深圳	2010	0.625	广州、深圳
2000	0.714	广州、深圳	2011	0.632	广州、深圳
2001	0.706	广州、深圳	2012	0.627	广州、深圳
2002	0.698	广州、深圳	2013	0.629	广州、深圳
2003	0.669	广州、深圳	2014	0.631	广州、深圳
2004	0.670	广州、深圳	2015	0.636	广州、深圳
2005	0.667	广州、深圳	2016	0.630	广州、深圳
2006	0.659	广州、深圳	2017	0.622	广州、深圳
2007	0.646	广州、深圳	2018	0.615	广州、深圳
2008	0.623	广州、深圳			

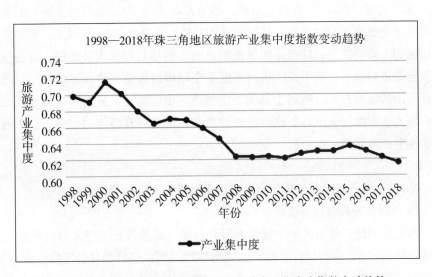

图 4 - 10　1998—2018 年珠三角地区旅游产业集中度指数变动趋势

数据来源：根据国家及各省市自治区统计年鉴（1999—2019）、各城市统计公报整理计算所得

从表 4 - 8 可以发现，珠三角地区旅游产业的集中度指数始终保持在 60% 以

上，且 1998—2018 年（21 年），旅游总收入最高的两座城市皆为广州和深圳，这说明其旅游产业集中度较高，区域中旅游产业发展处于领先地位的城市十分稳定。从变化趋势上来分析（图 4 - 10），珠三角地区旅游产业的集中度逐年波动下降，从 1998 年的 69.1% 下降到 2018 年的 61.5%，这一时期下降了 7.6 个百分点。可见，随着珠三角地区其他城市旅游经济的发展，除广州和深圳以外的其他城市旅游总收入在珠三角地区旅游总收入中的占比也在不断上升。21 年中，广州和深圳与其他珠三角城市相比显著的旅游收入差距有所缩小，但因其旅游收入占比仍达到该区域总收入的 60% 以上，说明其旅游发展的重要地位仍不可撼动。

（3）区位商结果分析

本书根据区位商计算公式，以旅游收入为测度指标，计算得到珠三角地区 1998—2018 年旅游产业的集聚水平（如图 4 - 11 所示）。

图 4 - 11　1998—2018 年珠三角地区旅游总收入区位商

数据来源：根据国家及各省市自治区统计年鉴（1999—2019）、各城市统计公报整理计算所得

从图 4 - 11 可以看出，自 1998 年至 2018 年，珠三角地区旅游总收入区位商均大于或等于 1.5，说明历年来珠三角地区的旅游产业存在明显的集聚现象，集聚水平已达到较高的程度。从变化趋势上来看，珠三角地区的集聚化水平总体上呈逐年下降的趋势，区域旅游总收入区位商由 1998 年的 3.05 下降为 2018 年的 1.70。由图 4 - 12 可以看出，珠三角地区 9 个城市的旅游总收入区位商均值变动则分为两个阶段，1998—2009 年为上升阶段，各城市区位商均值由 1998 年

的 0.87 上升为 2009 年的 1.07，而 2010 年及此后，区位商均值开始缓慢下降，到 2015 年已下降为 1.02。说明地区内各个城市的平均集聚水平在 2009 年以前持续上升，而 2010 年及此后开始缓慢下降。为了更好地评价旅游产业区域集聚情况，以下从城市视角进一步展开比较分析。

图 4 - 12　1998—2018 年珠三角地区 9 个城市旅游总收入区位商均值
数据来源：根据国家及各省市自治区统计年鉴（1999—2019）、各城市统计公报整理计算所得

　　从城市视角来看（图 4 - 13），珠三角地区各城市旅游总收入区位商的变动趋势差异较大。从 1998 年到 2018 年，总收入区位商均超过 1 的地区有 2 个，分别是广州和珠海。但不同的是，广州的区位商到 2018 年为止还在呈缓慢上升的趋势，从 1998 年的 1.37 上升至 2018 年的 1.57。珠海的旅游收入区位商曾一度遥遥领先于其他城市，在 1998—2010 年间始终名列珠三角地区第一的位置，但其经历了这段上升期后，自 2011 年开始步入了快速下降的阶段。到 2015 年时，珠海的旅游收入区位商已降至 1.32，落后于广州和江门而名列第三。
　　深圳的旅游总收入区位商呈下降的趋势。在 1998 年，其区位商为 1.22，位列珠三角地区第三的位置。但到 2015 年时已降至 0.68，并在此之后持续下降，2018 年已降至 0.59，排至珠三角地区第八的位置。主要原因是，虽然深圳历年来的旅游总收入不断增加，且增速并不落后于广州以外的其他城市，但其 GDP 的增长速度更快。深圳作为中国改革开放以来建立的第一个经济特区，经济总量长期位列中国大陆城市第四，且主要依靠于高新技术、金融服务、外贸出口等产业。所以，虽然旅游产业的发展态势良好，但其发展速度要落后于其他产业的发展速度，因此总收入区位商呈下降的趋势。

肇庆、江门和惠州三座城市的旅游总收入区位商呈上升趋势。在1998年，三座城市的区位商均为0.5左右，但到2015年，已全部上升至1.0以上，且一直呈上升趋势。尤其是江门，在1998年还位列珠三角地区第七的位置，到2015年已跃居第二位，仅次于广州。说明这几座城市旅游产业的发展速度要明显优于其他产业的发展。佛山的旅游区位商在此期间也呈上升的趋势，但对比其他城市，其上升速度十分缓慢，仅从1998年的0.46上升至2018年的0.72，在2015年位列珠三角地区倒数第二的位置，但还是有所上升，在2018年排到了第六的位置。

东莞和中山两个城市的旅游总收入区位商历年来基本没有太大的涨幅或降幅，但是东莞的波动幅度要更大一些。

总体来讲，虽然珠三角区域内各个城市的旅游区位商变动趋势和幅度差异较大（图4-13和表4-9），但总体上，各城市的旅游产业集聚态势越来越趋于均衡。

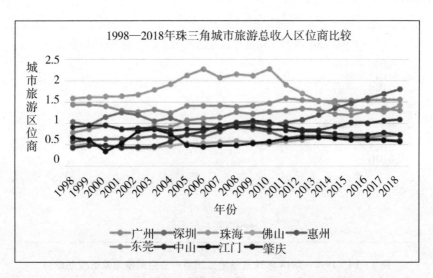

图4-13 1998—2018年珠三角城市旅游总收入区位商比较

数据来源：根据国家及各省市自治区统计年鉴（1999—2019）、各城市统计公报整理计算所得

表 4 - 9　1998—2018 年珠三角 9 个城市旅游总收入区位商均值

广州	1.442	深圳	0.882	珠海	1.750	佛山	0.558
江门	0.991	肇庆	1.120	惠州	0.789	东莞	0.596
中山	0.840						

数据来源：根据国家及各省市自治区统计年鉴（1999—2019）、各城市统计公报整理计算所得

（4）空间基尼系数结果分析

根据上文计算公式，得到珠三角地区旅游产业空间基尼系数，结果见图 4 - 14。根据图中数据可知，珠三角地区旅游产业空间基尼系数数值较小。与其他区域不同的是，珠三角区域的空间基尼系数并没有始终呈下降趋势。虽然在 2004 年及之前经历过一段下降的趋势，但此后便开始了上升的趋势。因此，可以认为其旅游产业存在一定程度的聚集，并且这种聚集态势还在加剧。

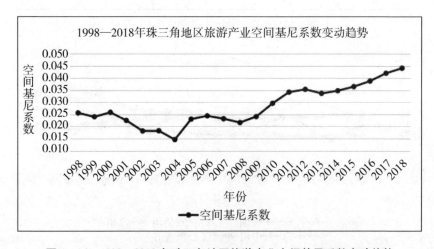

图 4 - 14　1998—2018 年珠三角地区旅游产业空间基尼系数变动趋势

数据来源：根据国家及各省市自治区统计年鉴（1999—2019）、各城市统计公报整理计算所得

（5）动态集聚指数结果

在考察珠三角地区旅游产业动态集聚指数时，首先计算出 1998—2018 年全国旅游总收入增长速度（15.75%），说明全国旅游产业总体处于快速成长阶段。然后计算出 1998—2018 年珠三角地区旅游总收入增长速度（13.53%），也表明

该区域旅游产业处于高速增长阶段。最后计算出珠三角地区旅游产业的动态集聚指数为 0.8588，小于 1，表明从 1998 年到 2018 年，珠三角区域旅游产业增长速度略低于全国的发展速度（公式见表 4 - 10）。这主要是因为珠三角一些城市的旅游资源及旅游用地有限，开发已达到极限（根据前期调研结果显示，珠三角大部分城市旅游产业开发用地相对紧张，即土地资源有限，规划用地难以得到相关部门的批复），因此发展速度难以再维持高速增长。

表 4 - 10　珠三角地区旅游产业动态集聚指数计算

珠三角地区旅游总收入增长速度				
珠三角地区旅游总收入增长速度	$S_{ijt} = 0.1353$	全国旅游总收入增长速度	$\sum_{j=1}^{N} S_{ijt} = 0.1575$	动态集聚指数	$A_{ijt} = 0.8588$

数据来源：根据国家及各省市自治区统计年鉴（1999—2016）、各城市统计公报整理计算所得

　　根据静态指标和动态指标的分析，珠三角地区旅游产业存在集聚现象。从产业集中度来看，珠三角地区旅游产业集中度始终保持在 60% 以上，旅游经济收入主要集中于经济发达的广州和深圳 2 个城市。但其旅游产业集中度历年来逐渐下降，说明这 2 个城市传统的旅游产业和其他新兴产业相比的相对优势地位逐渐受到削弱。除广州和深圳以外，珠三角其他城市的旅游产业集中度提升，表明其发展水平逐渐提高。区位商方面，基于同区域比较的视角，珠三角地区旅游产业专业化水平历年来一直高于全国平均水平，具有很明显的产业集聚趋势；从区域内部角度看，珠三角地区各城市的旅游产业变动趋势和变动幅度存在一定差异，但在总体态势上呈现出区域均衡现象。在空间基尼系数的分析中得出珠三角地区旅游产业集聚现象虽然存在，但是并不太显著。因此，本书认为，由于空间基尼系数计算并未考虑旅游产业规模发展情况，所以存在一定的偏差。最后，动态集聚指数则进一步分析得出珠三角旅游产业发展速度略低于全国平均水平。主要原因是珠三角旅游产业相对全国而言相对成熟，进一步发展空间有限，因而要考虑旅游产业发展的创新机制。

4.5 环渤海地区旅游产业集聚

4.5.1 环渤海地区概述

（1）概况与范围界定

环渤海地区，主要包括环绕着渤海全部及黄海的部分沿岸地区所组成的城市群及其广大经济贸易区域（开发区、保税区等）。位于我国范围内的太平洋西岸的北部，也是我国北部沿海的黄金海岸。在我国实施对外开放战略的沿海发展部署以及供给侧结构性改革的实施中，占重要地位。从行政区划上看，环渤海地区主要包括北京、天津两大直辖市及辽宁、河北、山西、山东和内蒙古中部地区，即"五省（区）二市"。环渤海地区逐渐成为中国北方经济发展的重要"引擎"，由于经济的带动性和引领性，被誉为继珠江三角洲、长江三角洲之后的中国经济发展第三个"增长极"。本书对环渤海地区旅游产业区域集聚进行分析时，考虑旅游产业所在区域（城市）的重要性，主要选取了各省（自治区）省会城市和主要旅游城市，包括：北京、天津、石家庄、太原、呼和浩特、沈阳、大连、济南、青岛、烟台、威海，共11个城市（表4-11）。

表4-11 环渤海地区16个核心城市

省市自治区	城市
北京	北京
天津	天津
河北	石家庄
山西	太原
内蒙古	呼和浩特
辽宁	沈阳、大连
山东	济南、青岛、烟台、威海

（2）旅游产业发展现状

环渤海地区旅游资源丰富，是我国三大城市群中唯一兼具各类地形的地区，因此，独特的旅游资源优势构成区域内相互补充的旅游线路和旅游产品，可以丰富旅游者体验的内容。此外，在交通方面，环渤海地区无论是铁路、公路，抑或港口、航空方面都比较便利,为该区域旅游发展创造了优越的基础条件,使之成为我国重要的旅游目的地。

环渤海地区旅游产业发展迅速,其旅游总收入同样呈现快速增长的态势(图4-15),同比增长率大多维持在10%以上(除1999年全球金融危机和2003年遭遇"非典"冲击外)。2018年旅游总收入为19963.52亿元,比上年增长13.53%。旅游总收入占地区GDP比重均在10%以上,从1998年的13.12%波动增加到2018年的18.61%,旅游产业已经成为环渤海地区的重要产业之一。

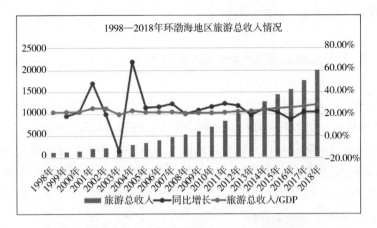

图4-15 1998—2018年环渤海地区旅游总收入情况

数据来源:根据国家及各省市自治区统计年鉴(1999—2019)、各城市统计公报整理计算所得

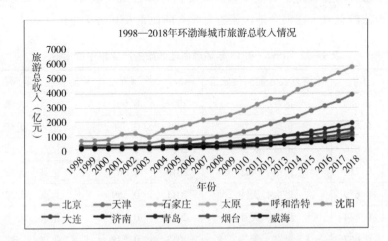

图4-16 1998—2018年环渤海地区11个城市旅游总收入情况

数据来源:根据国家及各省市自治区统计年鉴(1999—2019)、各城市统计公报整理计算所得

从环渤海地区 11 个城市旅游总收入情况来看（图 4 - 16），除 2003 年遭遇"非典"事件，使得旅游产业遭受重创，旅游总收入较 2002 年有所下降外，其余各年来环渤海各市旅游总收入都呈上升的趋势，但各地区之间存在一定差距，发展较为不平衡。其中，北京、天津 2 个直辖市的旅游总收入相对于环渤海地区其他城市遥遥领先，优势明显（第一梯度）；沈阳、大连、青岛 3 个城市处于中间位置（第二梯度）；其余各城市则处在第三梯队。由此可见，环渤海地区旅游产业综合实力不断提升，但 11 个城市的旅游产业发展存在较大的差异，以下通过集聚水平的测算进一步分析。

4.5.2　环渤海地区旅游产业集聚水平测算

（1）数据来源与计算说明

本部分内容研究区域为环渤海地区 11 个城市，研究数据主要来自历年的《中国统计年鉴》（1999—2019），北京、天津、河北、山西、内蒙古、辽宁和山东的统计年鉴（1999—2019）以及各城市《国民经济和社会发展统计公报》等权威机构公布的数据。本书选取 1998—2018 年数据考察环渤海地区旅游产业的集聚水平。

（2）产业集中度结果分析

本研究以环渤海 11 个城市为单位，分析环渤海地区旅游产业的集中度及其变化。因北京、天津 2 个直辖市是环渤海地区旅游发展较为突出的第一梯队城市，其旅游收入显著高于其他城市。故根据计算公式，取 n 等于 2 来计算第一梯队城市旅游总收入占整个地区旅游总收入的比重及其历年变化（表 4 - 12）。

表 4 - 12　1998—2018 年环渤海地区旅游产业集中度指数

年份	CR_n	旅游总收入前两位城市	年份	CR_n	旅游总收入前两位城市
1998	0.688	北京、天津	2007	0.602	北京、天津
1999	0.680	北京、天津	2008	0.586	北京、天津
2000	0.676	北京、天津	2009	0.574	北京、天津
2001	0.716	北京、天津	2010	0.567	北京、天津
2002	0.679	北京、天津	2011	0.559	北京、天津
2003	0.644	北京、天津	2012	0.546	北京、天津
2004	0.667	北京、天津	2013	0.538	北京、天津
2005	0.641	北京、天津	2014	0.525	北京、天津
2006	0.618	北京、天津	2015	0.511	北京、天津

续表

年份	CR_n	旅游总收入前两位城市	年份	CR_n	旅游总收入前两位城市
2016	0.523	北京、天津	2018	0.493	北京、天津
2017	0.507	北京、天津			

数据来源：根据国家及各省市自治区统计年鉴（1999—2019）、各城市统计公报整理计算所得

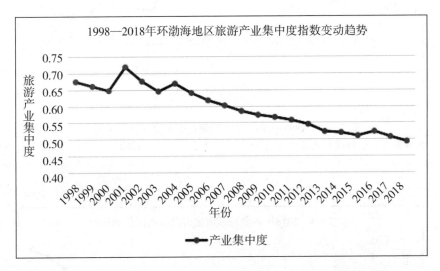

图 4-17　1998—2018 年环渤海地区旅游产业集中度指数变动趋势

数据来源：根据国家及各省市自治区统计年鉴（1999—2019）、各城市统计公报整理计算所得

由表 4-12 可以发现，环渤海地区旅游产业的集中度指数始终保持在 45%以上，且 21 年来，旅游总收入最高的 2 个城市皆为北京和天津，这说明其旅游产业集中度较高，该区域旅游产业发展处于领先地位的城市也很稳定。但是从变化趋势来分析（图 4-17），环渤海地区各主要城市旅游产业的集中度具有逐年下降的趋势，近 21 年来，从 1998 年的 68.8%下降到 2018 年的 49.3%，下降了近 19 个百分点。可见，随着环渤海地区其他城市（除北京和天津以外的其他9 个城市）旅游产业经济的发展，其旅游总收入在环渤海地区旅游总收入中的占比也在不断上升。北京和天津 2 个直辖市旅游产业在环渤海地区的相对优势地位虽然逐渐受到削弱，其重要地位依然可以保持。

（3）区位商结果分析

本书根据区位商计算公式，得出环渤海地区 1998—2018 年旅游产业的集聚

水平（如图4－18和4－19所示）。

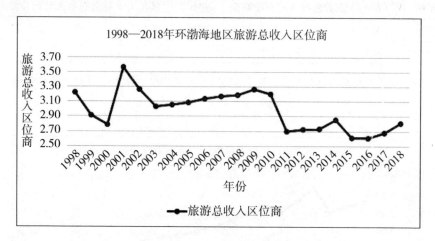

图4－18　1998—2018年环渤海地区旅游总收入区位商

数据来源：根据国家及各省市自治区统计年鉴（1999—2019）、各城市统计公报整理计算所得

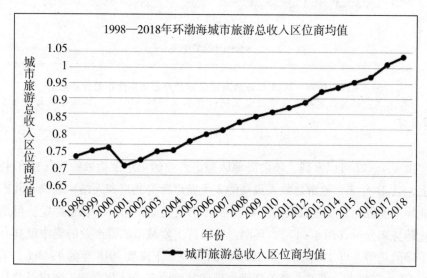

图4－19　1998—2018年环渤海地区11个城市旅游总收入区位商均值

数据来源：根据国家及各省市自治区统计年鉴（1999—2019）、各城市统计公报整理计算所得

从图4－18可以看出，自1998年至2018年，环渤海地区旅游总收入区位商均大于2.5，说明历年来环渤海地区的旅游产业存在明显的集聚现象，集聚水平

已达到相当高的程度，在全国具有较强的竞争力和比较优势。在变化趋势上来看，环渤海地区的集聚化水平变动较为波动，总体上呈下降的趋势，区域旅游总收入区位商由1998年的3.22下降为2015年的2.62，但在2015年后又开始上升，2018年回升至2.82。由图4-19可以看出，环渤海地区11个城市的旅游总收入区位商均值则呈现逐年上升的态势。说明环渤海地区整体旅游集聚水平虽然波动，但是地区内各个城市的平均集聚水平则持续上升。为了更好地评价旅游产业区域集聚情况，以下从不同城市差异的视角进一步展开比较分析（如图4-20所示）。

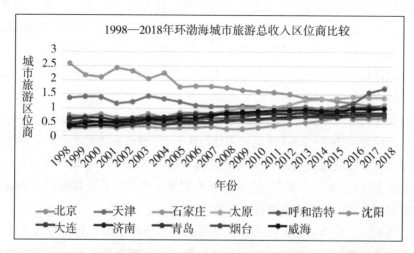

图4-20 1998—2018年环渤海11个城市旅游总收入区位商比较

数据来源：根据国家及各省市自治区统计年鉴（1999—2019）、各城市统计公报整理计算所得

表4-13 1998—2018年环渤海11个城市旅游总收入区位商均值

北京	1.737	天津	1.155	石家庄	0.444	太原	0.892
呼和浩特	0.670	沈阳	0.798	大连	0.785	济南	0.576
青岛	0.757	烟台	0.572	威海	0.753		

数据来源：根据国家及各省市自治区统计年鉴（1999—2019）、各城市统计公报整理计算所得

从城市视角来看（图4-20），环渤海地区从1998年到2018年旅游总收入区位商均超过1的地区有2个，分别是北京和天津。说明这2个城市旅游产业存在集聚且集聚程度比较突出，已经形成专业化优势。北京和天津作为环渤海区

域内的 2 个直辖市城市,一直以来都是区域内的核心城市。北京作为我国首都,具有悠久的历史文化沉淀和丰富的旅游资源,一直有稳定的客源基础,由于天津毗邻北京,且可达性较强,根据对带团的导游的咨询,天津往往是以北京为主要目的地游客的次要目的地首选城市,故而这 2 个城市旅游产业的发展在区域内一直处于领先地位,集聚水平相应较高。

太原的旅游总收入区位商在 1998—2004 年间还处于较低的水平上,徘徊在区域后五名,旅游产业集聚水平较差。但自 2004 年开始,其区位商开始逐年提高,到 2015 年时已超越北京和天津,跃居环渤海地区第一的位置。主要原因是太原拥有晋祠、龙山石窟等多处旅游吸引物。作为山西省省会以及通往晋北、晋南、晋东、晋西的枢纽,其全省旅游中心城市的地位得到加强。2000 年,太原又被评选为第二批中国优秀旅游城市,且太原其他产业与旅游产业相比发展较为落后,其 GDP 总值较低。因此,太原旅游产业的发展速度要明显优于该区域其他产业的发展,具有区域产业比较优势。

石家庄是河北的省会,以旅游总收入计算出的区位商却常年处于环渤海地区最后的位置,1998—2013 年间均未达到 0.5,旅游产业集聚水平相对较低。主要是因为石家庄的旅游资源相对周边区域而言名气较小(京津地区"灯下黑"现象表现突出)。由于石家庄制造业发展受到北京产业转移及其辐射的影响,地方政府对制造业的重视程度要高于旅游产业。

总体来讲,除北京和天津外,环渤海地区其余 9 个城市旅游总收入区位商总体上呈增长趋势,表现出旅游产业的集聚水平不断提高。从区位商均值来看(表 4 - 13),除石家庄旅游总收入区位商均值较低,为 0.444 外,其余 8 个城市21 年来的旅游总收入区位商均值都处于 0.4 ~ 0.8 之间。从趋势上分析,除个别地区表现出较大差异,总体上看,旅游产业集聚的态势具有区域收敛性特征。

(4) 空间基尼系数结果分析

根据空间基尼系数计算公式,得到环渤海地区旅游产业空间基尼系数,结果如图 4 - 21 所示。环渤海地区旅游产业空间基尼系数数值较小,而且呈下降趋势。除 2000—2004 年有所波动外(国际金融危机和中国"非典"事件冲击),其余年份空间基尼系数的下降速度相似。到 2018 年时,环渤海地区旅游产业空间基尼系数已经近乎 0。因此可以认为其旅游产业存在一定程度的集聚,但是旅游产业的空间分布表现出均衡的态势,空间上的差异正在逐渐缩小。

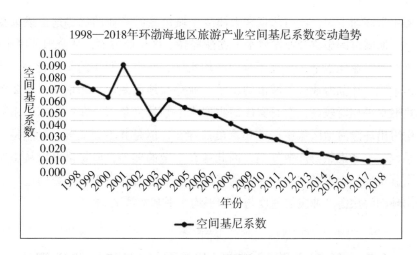

图4-21 1998—2018年环渤海地区旅游产业空间基尼系数变动趋势

数据来源：根据国家及各省市自治区统计年鉴（1999—2019）、各城市统计公报整理计算所得

（5）动态集聚指数结果分析

在计算环渤海地区旅游产业动态集聚指数时，首先计算1998—2018年全国旅游总收入增长速度为15.75%，说明全国旅游产业处于成长阶段。然后计算1998—2018年环渤海地区旅游总收入增长速度为15.26%，也表明其旅游产业在不断成长。最后计算出环渤海地区旅游产业的动态集聚指数为0.9692（表4-14），接近于1，表明从1998年到2018年其旅游产业增长速度基本与全国的发展速度持平。

表4-14 环渤海地区旅游产业动态集聚指数

环渤海地区旅游产业动态集聚指数的计算				
环渤海地区旅游总收入增长速度	$S_{ijt} = 0.1526$	全国旅游总收入增长速度	$\sum_{j=1}^{N} S_{ijt} = 0.157$	动态集聚指数	$A_{ijt} = 0.9692$

数据来源：根据国家及各省市自治区统计年鉴（1999—2019）、各城市统计公报整理计算所得

根据静态指标和动态指标的分析（表4-14），环渤海地区旅游产业存在集聚现象。从产业集中度来看，环渤海地区旅游产业集中度始终保持在50%以上，旅游经济收入主要集中于经济发达的北京和天津2个直辖市。但其旅游产业集

中度历年来逐渐下降，说明北京和天津 2 个城市旅游产业的优势地位逐渐受到削弱，其他城市的旅游产业发展水平逐渐提高。区位商方面，从全国范围来看，其旅游产业专业化水平一直高于全国平均水平，具有很明显的集聚趋势；从城市视角来看，环渤海地区各城市的旅游产业存在地区差距，北京和天津 2 个城市的集聚水平相对较高，而石家庄的集聚水平则较为落后。在空间基尼系数的分析中得出环渤海地区旅游产业集聚虽然存在，但是并不太显著，可能是空间基尼系数并未考虑旅游产业规模，因此存在一定的偏差，但是仍可以从中明显地看出其集聚呈现出越来越均衡化的发展态势。最后动态集聚指数则进一步分析得出环渤海旅游产业发展速度与全国平均水平基本持平。

4.6　丝绸之路经济带（中国）旅游产业集聚

4.6.1　丝绸之路经济带（中国）概述

（1）概况与范围界定

2013 年 9 月和 10 月，习近平主席在出访中亚和东南亚国家期间，先后提出共同建设"丝绸之路经济带"和"21 世纪海上丝绸之路"的重大倡议，该倡议得到国际社会高度关注。目前，经济全球化背景下，亚欧国家都处于经济转型升级的关键阶段，需要进一步激发区域发展活力与区域经济合作潜力。因此，旅游产业区域集聚也要抓住这一大好机遇。

本书所研究的丝绸之路经济带，是在古丝绸之路概念与大致范围的基础上，中国与西亚各国之间形成的一个新的经济发展区域。考虑该区域旅游产业发展情况，本书重点研究丝绸之路经济带在中国境内主要包括西北五省（区），即陕西、甘肃、青海、宁夏和新疆。古丝绸之路是西汉张骞出使西域时开辟的，以长安（今陕西西安）为丝绸之路起点，依次穿越关中平原、河西走廊以及塔里木盆地，然后到达伊朗，出亚洲并联结地中海各国的陆上通道。2015 年，推进"一带一路"建设工作会议正式召开，我国政府制定的《愿景与行动》颁布。本书以丝绸之路历史线路范围为基础进行参照，根据国家最新提出的"一带一路"发展倡议，选取了新丝绸之路在我国境内具有旅游资源禀赋的热点旅游城市，包括三省二区的共 16 个重点城市为实证研究对象（如表 4 - 15 所示）。

表 4 - 15　丝绸之路地区 16 个核心城市

省市自治区	城市
陕西	西安、宝鸡
甘肃	天水、兰州、武威、张掖、嘉峪关、酒泉
青海	西宁
宁夏	银川
新疆	哈密、吐鲁番、乌鲁木齐、克拉玛依、喀什、库尔勒

（注：根据统计数据情况，本书研究的酒泉包含了玉门和敦煌 2 个地级市）

（2）旅游产业发展现状

丝绸之路历史文化旅游资源较为丰富，由于空间跨度较大，自然景观也具有多样性，发展旅游产业具有得天独厚的优势。丝绸之路沿线不仅有天山、青藏高原、塔克拉玛干沙漠等著名天然旅游资源，更有以西安兵马俑、敦煌莫高窟等为代表的世界级人文旅游资源。加上西部大开发战略实施以后，旅游资源基础设施、公共服务设施以及产业体系不断完善，产业功能不断拓展，旅游产业逐步成为西部地区的重要产业（有些省市自治区已经明确把旅游产业列为主导产业或支柱产业）。而且，实践也证明，丝绸之路经济带（中国）旅游资源开发成熟的城市（区域），其经济带动作用亦有突出的表现。

在国家政策的大力扶持下，丝绸之路经济带（中国）旅游产业发展迅速，其旅游总收入同样呈现快速增长的态势（图 4 - 22），同比增长率大都维持在 10% 以上（除 2003 年和 2008 年以外），部分年份的增长率甚至超过 40% 接近 50% 的水平。历年来平均增长率突破 20%，是四大城市群中增长速度最快的区域。2018 年，丝绸之路经济带（中国）旅游总收入为 6362.04 亿元，比上年增长 42.11%。旅游总收入占地区 GDP 比重从 2011 年以来开始显著提升。统计数据显示：1998—2010 年期间，丝绸之路经济带（中国）旅游总收入占 GDP 的比重在 7% 的水平左右，而在 2012—2018 年期间，旅游总收入占比全部在 10% 以上，2018 年达到了 25.13%。可见，旅游产业在丝绸之路地区经济发展中的重要程度正在逐渐提升，旅游产业也在该区域形成初步集聚。

图 4 - 22   1998—2018 年丝绸之路地区旅游总收入情况

数据来源：根据国家及各省市自治区统计年鉴（1999—2019）、各城市统计公报整理
计算所得

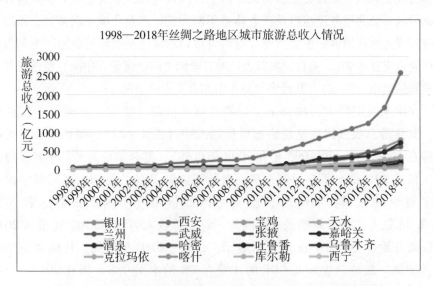

图 4 - 23   1998—2018 年丝绸之路地区 16 个城市旅游总收入情况

数据来源：根据各城市统计年鉴（1999—2019）、各城市统计公报整理计算所得

从丝绸之路经济带（中国）16 个城市旅游总收入情况来看（图 4 - 22 和图
4 - 23），同样因 2003 年遭遇"非典"事件，使得旅游产业遭受重创，旅游总收入
较 2002 年有所下降。其余各年来丝绸之路各市旅游总收入都呈上升的趋势，尤其
自 2010 年以来，旅游总收入的增长速度明显加快，但各城市之间差距依旧非常显

著。其中，西安市旅游总收入显著高于其他城市，领跑于丝绸之路经济带（中国），记作第一梯队城市；宝鸡、兰州和乌鲁木齐的旅游收入虽然落后于西安，但要高于其他城市，记作第二梯队；其余12个城市旅游总收入差异不大，一并归为第三梯队。由此可见，虽然丝绸之路地区的旅游总收入逐年增加，但各个城市的旅游产业发展还存在较大的差异，以下通过产业集聚水平的测算进一步分析。

4.6.2 丝绸之路经济带（中国）旅游产业集聚水平测算

（1）数据来源与计算说明

2014年，由中哈吉三国联合申报的丝绸之路"长安—天山廊道路网"成功申报世界文化遗产，成为首例跨国合作、成功申遗的项目。丝绸之路申遗成功及其经济带建设的提出，为其所经地区旅游产业和文化产业的发展及其国际交流与合作带来了广阔前景，更为区域产业与其他产业关联融合创造了巨大空间。西安作为丝绸之路的起点，在区域旅游产业发展与融合中有着重要作用。研究区域为丝绸之路地区16个城市，研究数据主要来自历年的《中国统计年鉴》（1999—2019），陕西省、甘肃省、青海省、宁夏回族自治区和新疆维吾尔自治区统计年鉴（1999—2019）以及各城市国民经济和社会发展统计公报等权威部门公布的数据。本书选取1998—2015年丝绸之路地区旅游产业的相关数据进行分析，以考察其旅游产业的集聚水平。需要说明的是，由于数据可获取性的问题，部分城市1998—2001年的旅游总收入数据无法在统计年鉴上找到准确数值。在这里，本书以该城市缺失值临近年份的旅游总收入占GDP比重乘以其所属年份的GDP，以此计算得出的数据来替代确实的旅游总收入数据。考虑到数据的长期趋势，该估算误差较小。

（2）产业集中度结果分析

本研究以丝绸之路16个城市为单位，分析丝绸之路地区旅游产业的集中度及其变化。根据计算公式，取 $n = 4$ 来计算前两个梯队（包括4个城市）旅游总收入占整个地区旅游总收入的比重及其历年变化（表4-16）。

表4-16 1998—2018年丝绸之路地区旅游产业集中度指数

年份	CR_n	旅游总收入前四位城市	年份	CR_n	旅游总收入前四位城市
1998	0.788	西安、乌鲁木齐、宝鸡、兰州	2009	0.734	西安、宝鸡、乌鲁木齐、西宁
1999	0.824	西安、乌鲁木齐、宝鸡、兰州	2010	0.706	西安、宝鸡、乌鲁木齐、兰州
2000	0.827	西安、乌鲁木齐、宝鸡、兰州	2011	0.716	西安、乌鲁木齐、宝鸡、兰州

续表

年份	CR_n	旅游总收入前四位城市	年份	CR_n	旅游总收入前四位城市
2001	0.820	西安、乌鲁木齐、宝鸡、兰州	2012	0.708	西安、宝鸡、乌鲁木齐、兰州
2002	0.817	西安、乌鲁木齐、宝鸡、银川	2013	0.719	西安、乌鲁木齐、宝鸡、兰州
2003	0.819	西安、乌鲁木齐、宝鸡、银川	2014	0.716	西安、宝鸡、乌鲁木齐、兰州
2004	0.774	西安、乌鲁木齐、宝鸡、兰州	2015	0.707	西安、宝鸡、兰州、乌鲁木齐
2005	0.778	西安、乌鲁木齐、宝鸡、西宁	2016	0.480	西安、兰州、宝鸡、乌鲁木齐
2006	0.765	西安、乌鲁木齐、宝鸡、西宁	2017	0.494	西安、宝鸡、兰州、乌鲁木齐
2007	0.749	西安、乌鲁木齐、宝鸡、西宁	2018	0.522	西安、宝鸡、兰州、乌鲁木齐
2008	0.742	西安、乌鲁木齐、宝鸡、西宁			

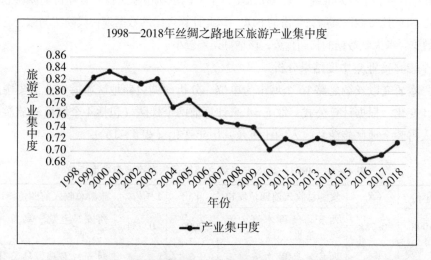

图4-24　1998—2018年丝绸之路地区旅游产业集中度指数变动趋势
　　数据来源：国家及各省市自治区统计年鉴（1999—2019）、各城市统计公报整理计算所得

从表4-16可以发现，丝绸之路地区旅游产业的集中度指数1998—2015年始终保持在70%以上，但在2016年下降到68%，总体来看旅游产业集中度较高。但21年来，丝绸之路地区旅游总收入最高的前四名城市有所变动。大部分年份里，西安、乌鲁木齐、宝鸡和兰州4个城市分别占据旅游总收入的前四名，部分年份里，银川和西宁曾经超越兰州位居第四。而随着时间的推进，宝鸡逐渐赶超乌鲁木齐，升至总收入排名第二的位置。甚至在2015年，兰州也超过了乌鲁木齐，乌鲁木齐的旅游总收入降至区域第四的位置。从变化趋势上来分析（图4-24），丝绸之路地区旅游产业的集中度总体上呈下降的趋势。从1998年的78.8%下降到2016年的68.7%，下降了约10个百分点，在此之后开始回升，2018年达到了71.5%。可见随着丝绸之路地区其他城市旅游经济的发展，其旅游总收入在区域旅游总收入中的占比也在不断上升。

（3）区位商结果分析

本书根据区位商计算公式，得出丝绸之路地区1998—2018年旅游产业的集聚水平，以旅游收入为测度指标。

图4-25 1998—2018年丝绸之路地区旅游总收入区位商

数据来源：国家及各省市自治区统计年鉴（1999—2019）、各城市统计公报整理计算所得

从图4-25可以看出，自1998年至2018年，丝绸之路地区旅游总收入区位商均大于1.6，说明历年来丝绸之路地区的旅游产业存在明显的集聚现象，集聚水平已达到较高的程度。从变化趋势上来看，不同于其他区域，丝绸之路地区的集聚化水平总体上依然呈上升的趋势。1998—2008年间，区域集聚化水平变

动不大，但 2008 年后，旅游总收入区位商开始快速增长。区域旅游总收入区位商由 1998 年的 1.66 上升为 2018 年的 3.79。

图 4 – 26 1998—2018 年丝绸之路地区 16 个城市旅游总收入区位商均值
数据来源：国家及各省市自治区统计年鉴（1999—2019）、各城市统计公报整理计算
所得

由图 4 – 26 可以看出，丝绸之路地区 16 个城市的旅游总收入区位商均值变动呈上升的趋势，从 1998 年的 0.73 上升至 2017 年的 1.03，2018 年又降至 0.99，说明地区内各个城市的平均集聚水平同样在增长。为了更好地评价旅游产业区域集聚情况，以下从城市视角进一步展开比较分析。

从城市视角来看（图 4 – 27、表 4 – 17），丝绸之路地区各城市旅游总收入区位商的变动趋势差异较大。从 1998 年到 2018 年，总收入区位商均超过 1 的地区只有西安市。但西安的旅游总收入区位商除早年的短期上涨外，便开始走向了衰退。从 1998 年的 1.50，经历过 2000 年的最高值 1.85 后，到 2015 年已下降至 1.18。说明旅游产业的发展速度虽然较之其他产业相比仍存在优势，但差异程度在逐渐减小。

西宁和吐鲁番的旅游总收入区位商呈现先上升后下降的趋势，两者分别在 2007 年和 2010 年达到最高值。但总体来讲，2 个城市近年来的区位商水平要大于 1998 年左右的区位商水平，说明 2 个城市旅游产业集聚程度有所提高。

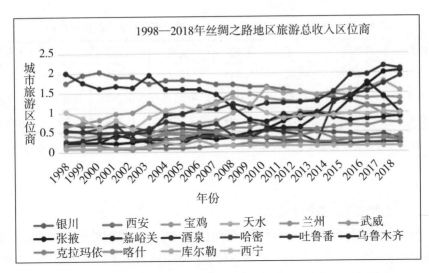

图4-27 1998—2018年丝绸之路16个城市旅游总收入区位商比较

数据来源：国家及各省市自治区统计年鉴（1999—2019）、各城市统计公报整理计算所得

天水、张掖、嘉峪关和酒泉4个城市的旅游总收入区位商呈增长趋势，而且增长速度较快。1998年时，除酒泉的区位商为0.565，其他3个城市的区位商均不足0.5。但到2015年时，4个城市的区位商均大于1.0，均值为1.44。且在此之后一直持续增长，可见，甘肃省的城市在此期间旅游产业集聚水平提升较快，旅游产业发展更为迅猛。宝鸡、兰州和克拉玛依市的旅游总收入区位商同样有着上升的趋势，但增长速度较为缓慢、涨幅较小。

乌鲁木齐、哈密和喀什三市的旅游总收入区位商呈下降趋势，尤以乌鲁木齐的下降最快，从1998年位列区域第一位置的1.92下降至2015年的0.71。而2018年又略微回升到了0.89。呈下降趋势的3个城市均为新疆维吾尔自治区所属城市，可能随着西部大开发战略的提出，新疆的经济开始多元化发展，因此旅游产业较其他产业的发展优势不再那么明显。除上述城市以外，丝绸之路地区的其他城市旅游总收入区位商历年来变动不大。

表4-17　1998—2018 年丝绸之路 16 个城市旅游总收入区位商均值

银川	0.553	西安	1.620	宝鸡	1.179	天水	1.027
兰州	0.690	武威	0.445	张掖	0.716	嘉峪关	0.606
酒泉	1.105	哈密	0.337	吐鲁番	0.762	乌鲁木齐	1.258
克拉玛依	0.164	喀什	0.294	库尔勒	0.134	西宁	0.956

数据来源：国家及各省市自治区统计年鉴（1999—2019）、各城市统计公报整理计算所得

（4）空间基尼系数结果分析

根据上文计算公式，得到丝绸之路经济带（中国）旅游产业空间基尼系数，结果见图 4-28。可见，丝绸之路地区旅游产业空间基尼系数数值较小。1998—2000 年，空间基尼系数经历了短暂的上升期，自 2000 年后便开始了持续下降的趋势。

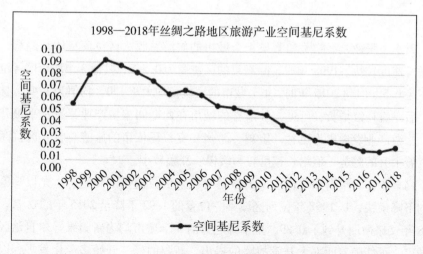

图4-28　1998—2018 年丝绸之路地区旅游产业空间基尼系数变动趋势
数据来源：国家及各省市自治区统计年鉴（1999—2019）、各城市统计公报整理计算所得

（5）动态集聚指数结果分析

在计算丝绸之路地区旅游产业动态集聚指数时，首先计算 1998—2015 年全国旅游总收入增长速度为 15.75%，说明全国旅游产业处于成长阶段。然后计算 1998—2015 年丝绸之路地区旅游总收入增长速度为 20.01%，也表明其旅游产业在不断成长。最后计算出丝绸之路地区旅游产业的动态集聚指数为 1.2707（表

4－18），大于1，表明从1998年到2018年，区域旅游产业增长速度优于全国的发展速度，且位列四个区域第一。这主要是因为丝绸之路地区原有经济收入和旅游发展较为落后，但随着国家西部大开发及"一带一路"倡议的提出，以众多优质旅游资源为依托，丝绸之路地区的旅游发展及旅游收入呈现出高速增长的态势。

表4－18　丝绸之路地区旅游产业动态集聚指数

丝绸之路地区旅游产业动态集聚指数的计算				
丝绸之路地区旅游总收入增长速度	$S_{ijt}=0.2001$	全国旅游总收入增长速度	$\sum_{j=1}^{N}S_{ijt}=0.1575$	动态集聚指数	$A_{ijt}=1.2707$

数据来源：国家及各省市自治区统计年鉴（1999—2019）、各城市统计公报整理计算所得

　　静态指标和动态指标的分析，都表明丝绸之路地区旅游产业存在集聚现象。从产业集中度来看，丝绸之路地区旅游产业集中度始终保持在70%以上，旅游经济收入主要来自西安、乌鲁木齐、宝鸡和兰州4个城市。但其旅游产业集中度历年来逐渐下降，说明这4个城市旅游产业的优势地位逐渐受到削弱，其他城市的旅游产业发展水平逐渐提高。区位商方面，其旅游产业专业化水平较高，具有明显的集聚趋势。而且2008年以后，区域旅游总收入区位商水平快速增长，说明丝绸之路地区旅游产业集聚水平还在提升。从城市视角来看，丝绸之路地区各城市的旅游产业变动趋势和变动幅度存在一定差异。在空间基尼系数的分析中得出丝绸之路地区旅游产业集聚虽然存在，但是并不太显著，可能是空间基尼系数并未考虑到旅游产业规模，因此存在一定的偏差。最后，动态集聚指数则进一步分析得出丝绸之路旅游产业发展速度优于全国平均水平，且位列本书所探讨的四大区域之首。

第5章

旅游产业区域集聚效应分析

区域产业集聚发展在一定程度上有利于旅游产业结构的优化和升级，推动区域经济的发展，同样区域经济伴随基础设施完善，也会吸引更多的旅游企业流入，从而进一步扩大集聚区域，进一步增强集聚效应，使区域经济更为活跃。根据前文对旅游产业区域集聚水平进行的分析和评价，本章试图研究其集聚效应。在区域经济学中，集聚效应主要探讨旅游产业区域集聚与经济效应之间的相关性，为下文的集聚绩效奠定基础。因此，本书旅游产业集聚效应也是指集聚的经济效应，主要分析旅游产业集聚与区域经济增长之间的相互作用关系，以推动区域旅游经济的可持续发展。本书基于区域旅游产业［长三角地区、珠三角地区、环渤海地区以及丝绸之路经济带（中国）］已存在一定的集聚现象，拟对其集聚效应展开进一步分析。运用 Eviews8.0 软件，首先通过上述四大区域人均国内生产总值（$PGDP$）和旅游产业区位商（LQ）两个时间序列 1998—2015 年的数据——本书在选择经济指标时进行测试，发现采用人均国内生产总值（$PGDP$）可以更好地解释区域产业集聚效应问题，且容易通过数理检验，故用之（以下同）——分析旅游产业区域集聚与经济增长的相关性，因为不同区域之间、同一区域不同城市之间存在着差异性。此外，本书还运用面板数据进一步研究分析旅游产业区域集聚效应，进而确定旅游产业区域集聚与区域经济增长之间的相互关系。

5.1　长三角地区旅游产业集聚效应

5.1.1　基于时间序列的集聚效应

本书分三步探讨长三角地区旅游产业集聚效应，先是对涉及的变量进行平稳性检验，检验结果若是同阶单整，那么两个变量可能具有协整关系；再运用

E-G两步法对变量进行协整检验，并对残差进行平稳性检验，若残差平稳，则不是伪回归，模型能够成立；最后，运用 Granger 检验方法展开进一步分析［珠三角地区、环渤海地区和丝绸之路经济带（中国）也用该方法］。

（1）数据选取

研究我国区域旅游产业的集聚效应，即旅游产业集聚与区域经济增长的相关性，本书采用两个变量：用长三角地区的人均国内生产总值（记作 $PGDP$）反映区域经济增长水平，用各年旅游总收入区位商 LQ 反映旅游产业集聚水平，变量数据主要从历年国家和各省市自治区统计年鉴、各城市国民经济和社会发展统计公报公布的数据中整理计算得到。并对序列 $PGDP$ 和 LQ 数据取对数，主要目的是消除异方差，将对数序列记为 $\ln(PGDP)$ 和 $\ln(LQ)$。

（2）单位根检验

借助 Eviews8.0 软件分别对 $\ln(GDP)$ 和 $\ln(LQ)$ 序列进行 ADF 检验，所得结果如表 5-1 所示。

表 5-1 单位根检验结果

检验方法	$\ln(PGDP)$	$\Delta\ln(PGDP)$	$\ln(LQ)$	$\Delta\ln(LQ)$
ADF 检验	-1.333485 (0.8428)	-4.513247 * (0.0143)	-2.538992 (0.3079)	-3.840729 * (0.0417)
结论	非平稳	平稳	非平稳	平稳

注："*"表示在5%的水平下显著；Δ 表示一阶差分形式；括号内是单位根检验的值，括号外是相对应的统计值

从表 5-1 中可以看出，$\ln(PGDP)$ 和 $\ln(LQ)$ 原序列的检验统计量比显著性水平为5%的临界值大，根据检验原理，无法拒绝原假设，说明原序列是不平稳的。对原序列进行一阶差分后，与显著性水平为5%的临界值相比，一阶差分序列的检验统计量较小，说明无单位根，序列为平稳序列，即这两个序列都是一阶单整 $I(1)$ 序列。

（3）协整检验

通过单位根检验，得到 $\ln(PGDP)$ 和 $\ln(LQ)$ 都是一阶单整序列，下面采用 E-G 两步法展开协整检验。

第一步：利用 Eviews8.0 软件选用 OLS 法对两序列进行协整回归，选择的协整方程中含有截距项，建立协整回归模型：

$$\ln(PGDP) = 8.8084 + 4.9498\ln(LQ) + \varepsilon \qquad (5-1)$$

（76.56711）（6.497181）

$R^2 = 0.7251$，调整后的 $R^2 = 0.7080$

对于式（5-1），括号中的是 t 值，即变量的显著性，t 值的绝对值越大，表明其对应的变量就越有意义。在该方程中，计算得到的 $\ln(LQ)$ 的系数是正数，符合经济意义。此外，R^2 为拟合方程的解释程度，这里的调整后 R^2 为 0.7080，其值较高，表明该回归方程拟合优度较高，具有较强的解释能力。

观察原始数据可以发现，2015 年长三角地区各城市 GDP 的增长较往年放缓。一方面，2015 年的数据皆来自各城市国民经济和社会发展统计公报，还无法得到统计年鉴上的数据，可能存在数据偏差的问题。另一方面，2015 年受全球经济危机的影响，我国经济发展也受到一定阻碍。因此，为了能更优地拟合大部分年份的数据，使用 1998—2015 年的数据建立协整回归模型如下：

$$\ln(PGDP) = 8.9424 + 5.8693\ln(LQ) + \varepsilon \tag{5-2}$$

（80.31340）（7.898107）

$R^2 = 0.8061$，调整后的 $R^2 = 0.7932$

对于式（5-2），括号中的是 t 值，即变量的显著性，t 值的绝对值越大，表明其对应的变量就越有意义。在该方程中，计算得到的 $\ln(LQ)$ 的系数是正数，符合经济意义。此外，R^2 为拟合方程的解释程度，这里的调整后 R^2 为 0.7932，较式（5-1）所代表的回归方程的调整后 R^2 提高了约 9 个百分点，表明回归方程的拟合优度提高。协整方程表达了丰富的信息和内容，定量地揭示了长三角地区旅游产业集聚与区域经济增长之间的长期均衡关系，更具体地来说，旅游总收入区位商增长 1 个百分点，GDP 增量值大约会增加 7.90 个百分点，进而可估算旅游产业发展对 $PGDP$ 的贡献。

第二步：对残差序列 ε 进行平稳性检验，若其是平稳的，那么计算得到的回归方程可以看作是协整方程，若非平稳，就不是协整方程。继续采用 ADF 单位根检验方法，得到的检验结果如表 5-2 所示。

表 5-2　序列残差的 ADF 检验

ADF 检验值	1% 临界值	5% 临界值	10% 临界值	结论
-2.3387706 * （0.0229）	-2.717511	-1.964418	-1.605603	平稳

在 5% 的临界值下，ADF 检验的统计值较大，表明其残差序列 ε 是平稳的，进一步说明 $\ln(PGDP)$ 和 $\ln(LQ)$ 之间的协整关系成立，式（5-1）即为协

整方程。

（4）Granger 因果检验

虽然长三角地区旅游产业集聚与区域经济增长存在长期稳定的均衡关系，但无法明确判断是旅游产业区域集聚推动了区域经济的增长，还是因为经济发展带动了基础设施（交通区位条件）的完善、旅游客源市场的活跃、旅游环境的优化、旅游产业政策效果改善等，从而促进旅游产业的集聚。鉴于此，需要对 $\ln(PGDP)$ 和 $\ln(LQ)$ 进行 Granger 因果检验，结果如表 5-3 所示。

表 5-3 Granger 因果检验结果

原假设	F 值	p 值
$\ln(LQ)$ 不是 $\ln(PGDP)$ 的 Granger 原因	5.57867	0.0236
$\ln(PGDP)$ 不是 $\ln(LQ)$ 的 Granger 原因	1.24159	0.3299

在表 5-3 中，第一个原假设的 p 值为 0.0236，在 5% 的置信水平下能够拒绝原假设，这也说明了旅游产业集聚是区域经济增长的 Granger 原因；对于第二个原假设，p 值为 0.3299，在 5% 的置信水平下不能拒绝原假设，说明区域经济增长不是旅游产业集聚发展的 Granger 原因。

通过检验，本书发现区域经济增长不是旅游产业集聚发展的 Granger 原因，但其无法表明前者对后者没有任何促进作用，只是说旅游产业集聚对区域经济增长的影响作用更显著。区域经济增长能够有效带动当地旅游环境的改善，提升交通等基础服务设施水平，从而进一步推动旅游产业集聚，因此 Granger 因果检验不同于一般意义上的因果关系，是时间上的"先后次序"（或前因后果）关系。

通过 Granger 因果分析说明了两者存在单向的因果关系，可以发现旅游产业集聚对区域经济增长具有明显的促进作用，而区域经济增长对旅游产业集聚的作用相对较小，这也与协整模型分析的结果一致（图 5-1）。旅游产业集聚水平的提升对区域经济发展意义重大，因此，如果旅游产业区域集聚发展进程迅速，将会刺激区域经济的增长；相反，如果旅游产业区域集聚发展进程滞后，将会在一定程度上抑制区域经济的增长。

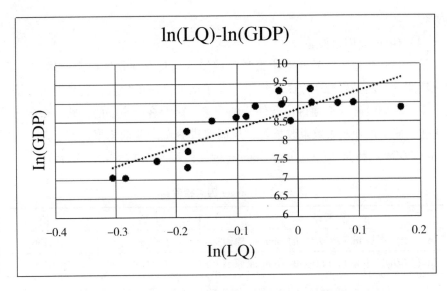

图 5-1 长三角地区旅游产业集聚与区域经济增长散点图

5.1.2 基于面板数据的集聚效应城市差异研究

（1）指标选择与数据处理

选取长三角地区 16 个城市的旅游总收入区位商（LQ）作为解释变量来反映旅游产业集聚水平，选取各城市人均生产总值（PGDP）作为被解释变量反映经济增长能力，以此分析 16 个城市的集聚效应。同样，考虑数据可比性和消除异方差，对（LQ）和（PGDP）序列取对数，用 ln（PGDP）和 ln（LQ）表示，并采用 1998—2015 年长三角地区 16 个城市的面板数据为研究样本，变量数据均从历年国家或各省市自治区统计年鉴及各城市国民经济和社会发展统计公报公布的数据中整理计算所得。

（2）单位根检验

面板数据往往会因为不平稳出现"伪回归"现象，因此需要通过单位根检验方法检验面板数据的平稳性，同时单位根检验也是进行协整关系检验的前提。面板数据的单位根检验通常有 LLC 检验、IPS 检验、ADF - Fisher 检验和 PP - Fisher 检验等，其中 LLC 检验假定各截面序列有相同的单位根，另外三种检验方法则假定各截面序列具有不同的单位根过程。本书研究的面板数据中，时间跨度为 18 年（1998—2015），为了克服单个检验方法的偏差，提高检验精度，分别用以上四种方法对 ln（LQ）（包含截距项）、ln（PGDP）（包含截距项）进行平稳性检验，如果原序列是不平稳的，那么进行一阶差分后再继续检验，具体结果见表 5-4。

表 5 - 4 序列单位根检验结果

变量	LLC 检验	IPS 检验	ADF - Fisher	PP - Fisher	结论
ln（PGDP）	- 4. 64510 * （0. 0000）	1. 38590 （0. 9171）	20. 0431 （0. 9505）	15. 1918 （0. 9948）	非 平稳
Δln（PGDP）	- 8. 28179 * （0. 0000）	- 6. 76418 * （0. 0000）	105. 471 * （0. 0000）	122. 014 * （0. 0000）	平稳
ln（LQ）	- 4. 04661 * （0. 0000）	- 0. 39151 （0. 3477）	48. 2081 * （0. 0329）	46. 5667 * （0. 0464）	平稳
Δln（LQ）	- 5. 48096 * （0. 0000）	- 6. 81890 * （0. 0008）	109. 662 * （0. 0000）	256. 288 * （0. 0000）	平稳

注：零假设为存在单位根；括号内是单位根检验的值，括号外是相对应的统计值；"*"表示在5%的水平下显著；Δ表示一阶差分形式。

表 5 - 4 中，除了 LLC 检验外，其余对该水平序列的检验统计量均不显著，因此对于存在单位根这一原假设无法拒绝，即表明原序列不平稳；一阶差分后，每个检验统计量的 p 值都趋近于 0，因此在 5% 置信水平下均能够拒绝原假设，说明变量 Δln（PGDP）没有单位根，其一阶差分面板数据是平稳的。而对于 ln（LQ）序列，仅有 IPS 检验的统计量不显著，其余统计量和对其一阶差分后序列的检验统计量均显著，所以认为该序列及 Δln（LQ）均为平稳序列。

（3）协整检验

Pedroni 检验和 Kao 检验是面板数据进行协整检验的主要方法。两者原理类似，将自变量与因变量不存在协整关系作为原假设，并进一步运用平稳回归方程和静态面板回归，对面板数据中得到的残差统计量进行相应的检验分析，以此判断面板变量之间协整关系的存在。因此，本研究中主要通过 Pedroni 检验来分析长三角地区各城市旅游产业集聚与其经济增长之间是否存在协整关系。检验结果如表 5 - 5 所示。

表 5 – 5 Pedroni 检验结果

变量	ln（LQ）和 ln（PGDP）		
检验方法	统计量名	统计量	P
Pedroni 检验 （包含截距项）	Panel v – Statistic	5.075685	0.0000
	Panel rho – Statistic	– 2.788899	0.0026
	Panel PP – Statistic	– 4.278311	0.0000
	Panel ADF – Statistic	– 3.376480	0.0004
	Group rho – Statistic	– 0.721477	0.2353
	Group PP – Statistic	– 3.430968	0.0003
	Group ADF – Statistic	– 1.372251	0.0850

在检验的 7 个统计量中，只有 Group rho – Statistic 这一个统计量的 P 值较大，不能拒绝原假设，其余 6 个统计量均可以在 10% 的显著性水平上拒绝原假设（表 5 – 5），因此 Pedroni 检验通过，说明 ln（LQ）和 ln（PGDP）之间有协整关系。因此可以认为长三角地区 16 个城市经济增长与旅游产业集聚之间存在一定的协整关系，即长期均衡关系。

（4）模型选择

根据上文可知，面板数据模型种类众多，本部分先采用 F 检验确定模型的类型，再利用 Hausman 检验进一步分析选择。F 检验原理：假设 H_0——该模型为变截距模型；假设 H_1——该模型为混合回归模型。F 统计量：

$$F_2 = \frac{(S_3 - S_1) / [N-1)(K+1)}{S_1 / [NT - N(K+1)]} F [(N-1)(K+1), NT - N(K+1)]$$

$$(5 - 3)$$

$$F_1 = \frac{(S_2 - S_1) / [N-1)(K+1)}{S_1 / [NT - N(K+1)]} F [(N-1)K, NT - N(K+1)]$$

$$(5 - 4)$$

其中，N——截面个数；

K——解释变量个数（常数项除外）；

T——样本观测时期数；

S_1、S_2、S_3——回归残差平方和（变系数、变截距、混合回归模型）。

在给定检验水平下 F 分布临界值的情况下，模型选择检验过程是先检验假设 H_1，若统计量 F_2 的值是小于临界值的，则无法拒绝假设 H_1，而且也不需要再检验原假设 H_0，确定为混合回归模型；否则，在拒绝假设 H_1 的基础上继续检

验原假设 H_0；若统计量 F_1 的值小于临界值，则无法拒绝原假设 H_0，说明选用变截距模型是合理的；否则，应该拒绝原假设 H_0，确定选用变系数模型。

在选定面板数据模型后，采用 Hausman 检验选用哪种个体影响形式。其原假设是两种模型，即随机效应和固定效应模型，它们的系数都是相同的，如果无法拒绝原假设，那么选择前者；否则选用后者。

分别对面板数据 $\ln(LQ)$ 与 $\ln(PGDP)$ 进行 3 种类型模型的回归，得到：

$S_1 = 46.03415$，$S_2 = 76.27967$，$S_3 = 116.7786$

按公式（5-3）和（5-4）计算 F 统计量，其中 $N=16$，$K=1$，$T=18$，得到：

$F_2 = 13.113872$，$F_1 = 11.213202$

利用函数 $F(d, k_1, k_2)$ 得到 F 分布的临界值，其中 d 是临界点，k_1 和 k_2 是自由度。在给定 5% 的显著性水平下（$d=0.95$），得到相应的临界值为：

$F_{2a}(30, 256) = 1.5039$，$F_{1a}(15, 256) = 1.7056$

因为 $F_2 > F_{2a}$，可以拒绝原假设 H_1，认为模型不是混合回归模型；又因为 $F_1 > F_{1a}$，所以拒绝原假设 H_0，所以长三角地区 16 个城市构成的面板数据应采用变系数模型。对面板数据进行 Hausman 检验，得到表 5-6，在 1% 显著性水平下，卡方值大于临界值，所以可以拒绝原假设，最终确定为固定效应模型。

表 5-6　Hausman 检验结果

Hausman 检验	$\ln(LQ)$ -ln $(PGDP)$
Chi - Sq. Statistic	32.283083
Chi - Sq. d. f.	1
P	0.0000

综上，构建变系数固定效应面板模型来分析长三角地区 16 个城市旅游产业的集聚效应：

$$\ln(PGDP_{it}) = \alpha + \alpha_i^* + \beta_i(LQ_{it}) + \varepsilon_{it}, \quad i = 1, 2, 3\cdots16, \quad t = 1, 2, \cdots, 18$$

$$(5-5)$$

其中，$\ln(PGDP_{it})$ 表示第 i 个城市第 t 年的人均生产总值的对数值；(LQ_{it}) 表示第 i 个城市第 t 年的旅游总收入区位商；α 表示长三角地区 16 个城市的平均自发经济增长水平；α_i^* 表示第 i 个城市经济增长对该区域平均经济增长的偏离；β_i 表示第 i 个城市旅游产业集聚倾向（协整系数）；ε_{it} 表示残差项。

（5）变系数固定效应面板数据模型

根据前文分析，得出输出结果（如表5-7）。

表5-7　面板模型输出结果

变量	协整系数	标准误差	t-统计量	p值
C	11.43515	0.102267	111.8167	0.0000
上海	-2.169317	0.505175	-4.294185	0.0000
南京	2.407182	0.983382	2.447860	0.0150
无锡	3.856032	0.747024	5.161859	0.0000
常州	3.115315	0.505054	6.168281	0.0000
苏州	5.013729	1.424977	3.518463	0.0005
南通	4.527799	0.654087	6.922318	0.0000
扬州	4.491081	0.640286	7.014178	0.0000
镇江	2.676869	0.474762	5.638336	0.0000
泰州	7.171192	1.372863	5.223532	0.0000
杭州	3.068247	2.225834	1.378471	0.1693
宁波	4.200211	1.183687	3.548415	0.0005
嘉兴	1.227959	0.234754	5.230842	0.0000
湖州	1.038376	0.192757	5.386983	0.0000
绍兴	2.563195	0.437364	5.860551	0.0000
舟山	2.826679	0.542996	5.205705	0.0000
台州	1.456615	0.277902	5.337502	0.0000
R-squared 0.6866　　　　　F-statistic 18.09328				
Adjusted R-squared 0.6487　Prob（F-statistic）0.0000				

根据表5-7可知，该变系数固定效应模型的拟合优度为68.66%，拟合程度可以接受，面板数据模型检验总体效果良好，可以作为进一步分析的依据。

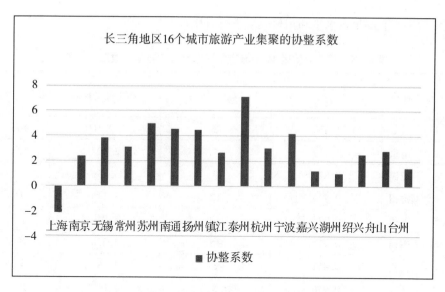

图5-2　长三角地区16个城市旅游产业集聚的协整系数

协整系数可以用来近似代替旅游产业集聚效应，通过观察协整系数不难发现，杭州协整系数检验值的 p 值为 0.1693，说明其协整系数不显著。其余城市协整系数的检验值均在 1% 的水平上大于临界值（除南京协整系数检验值的 p 值为 0.0150，在 5% 的水平上可拒绝原假设），所以可以拒绝原假设。认为除杭州外的其他城市旅游产业集聚对区域经济发展影响作用显著，而杭州的旅游产业集聚对区域经济发展的影响则不显著。

由表 5-7 和图 5-2 可知，除上海外，其余城市的旅游产业集聚对区域经济发展均起到正向作用。此外各城市的集聚效应存在很大的差异。上海的协整系数为负数，说明受到资源限制等因素的影响，集聚效应正逐渐减弱。相比其他产业，旅游产业集聚对其经济增长没有起到显著的推动效果。其他 15 个城市的集聚效应则均为正，除杭州外的其他城市旅游产业集聚水平和区域经济增长显著正相关，表明集聚对其区域经济增长有一定的推动效果。其中，泰州的旅游集聚效应非常明显，协整系数为 7.17，位居长三角地区第一位，说明泰州城市经济发展对旅游产业集聚的依赖性非常大。嘉兴、湖州和台州的旅游集聚效应则较小，协整系数均小于 2，说明这 3 个城市的旅游产业集聚在城市经济发展中起到的推动作用较小。

5.1.3　集聚水平与集聚效应对比

集聚效应与集聚水平密切相关，结合上文的内容，在此将长三角地区 16 个城市旅游产业的集聚水平和集聚效应进行对比。

表5-8　长三角地区16个城市集聚水平排名与集聚效应值排名

序号	城市	集聚水平 (LQ)	(LQ) 排名	集聚效应β值	β值排名
1	上海	1.330	2	-2.169	16
2	南京	1.212	4	2.407	12
3	无锡	0.829	9	3.856	6
4	常州	0.721	12	3.115	7
5	苏州	0.774	10	5.014	2
6	南通	0.414	15	4.528	3
7	扬州	0.851	8	4.491	4
8	镇江	0.976	5	2.677	10
9	泰州	0.408	16	7.171	1
10	杭州	1.252	3	3.068	8
11	宁波	0.852	7	4.200	5
12	嘉兴	0.717	13	1.228	14
13	湖州	0.864	6	1.038	15
14	绍兴	0.710	14	2.563	11
15	舟山	1.772	1	2.827	9
16	台州	0.721	11	1.457	13

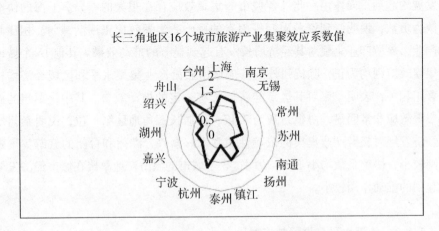

图5-3　长三角地区16个城市旅游产业集聚水平

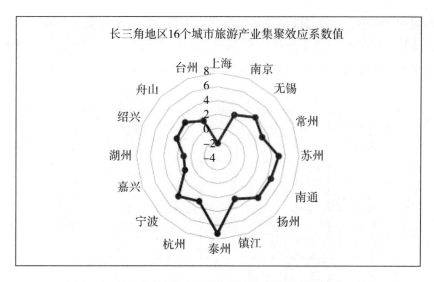

图 5 - 4　长三角地区 16 个城市旅游产业集聚效应系数 β 值

通过表 5 - 8 和图 5 - 3，图 5 - 4，不难发现，由于长三角地区 16 个城市旅游产业集聚水平不同，其集聚效应也存在很大的差异。而且，旅游产业集聚水平与集聚效应之间没有明显的正向关系，集聚水平高不一定会带来强的集聚效应。上海、杭州两个城市旅游产业集聚水平很高，但其集聚效应靠后；泰州、南通的旅游产业集聚水平是最低的，但集聚效应非常明显，其集聚效应分列长三角地区第一、第三名。这也间接说明了在集聚的不同阶段，旅游产业发挥的集聚效应有一定的差异。根据产业集聚生命周期理论，可以在一定程度上认为，上海、杭州旅游产业集聚化发展已经处于成熟期，相比其他处于集聚成长期的城市，其集聚效应正在减弱；泰州、南通的旅游产业正处于集聚初始期，因此集聚效应很大，集聚优势明显；其他 12 个城市旅游产业集聚水平较高，正处于集聚成长期，集聚效应也较为明显。

5.1.4　Ward 聚类分析

为了更好地分析和评价长三角地区 16 个城市旅游产业的集聚水平和集聚效应，本书运用聚类分析法对该区域 16 个城市进行聚类分析。根据样品或变量在性质上的相似性或亲疏程度逐步分类，能够客观反映个体或群体之间的亲疏关系。为了保证聚类结果的有效性，具体实践过程中一般采用数学模型和 SPSS22.0 软件进行运算。聚类分析方法众多，本书选择了 Ward 聚类法，其主要原理是在保证分类正确的前提下，离差平方和在类与类之间较大，在同类样品之间则明显较小，而且其能够以区域为样本进行集聚水平和效应的聚类，做出分区决策。利用SPSS22.0软件中的Ward法对长三角地区16个城市的集聚水平和集聚效应进行聚类分析，得到树状图（图5-5）。

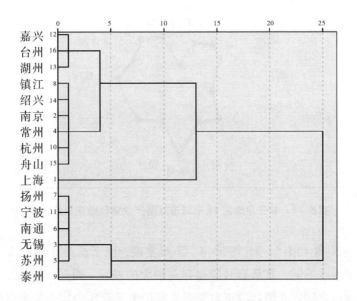

图5-5　长三角地区16个城市旅游产业集聚水平和集聚效应树状图

按照树状图可以将长三角地区16个城市划分为三个级别，形成长三角地区的三大方阵（表5-9）。

表5-9　长三角地区16个城市旅游产业集聚水平和集聚效应等级划分

等级	第一方阵	第二方阵	第三方阵
集聚水平	高	较高	低
集聚效应	弱	较强	强
城市	上海	湖州、杭州、绍兴、镇江、嘉兴、南京、舟山、台州、常州	宁波、扬州、苏州、南通、无锡、泰州

第一方阵中仅含上海这一座城市，它的集聚水平很高，位列长三角16个城市的第二，但集聚效应仅为负值，排名最后。究其原因，上海的旅游产业发展较早，故而具有较高的集聚水平。在集聚初期，集聚效应较为明显，对区域经济的影响作用较大。然而随着旅游产业集聚发展到成熟阶段，受到资源限制、

集聚扩散等多种因素的影响，其集聚优势慢慢弱化，集聚效应逐渐减弱。作为国家金融中心，上海的经济活力、城市化和基础设施水平都较高，但其旅游产业集聚效应较弱，说明与其他产业相比，旅游产业对城市经济发展的贡献不是很大。

第二方阵包括舟山、杭州、南京等9个城市，这些城市的集聚水平较高，但集聚效应相比集聚水平在整个地区内的排名较低。这几个城市的城市旅游资源丰富，具有较高的客源市场水平，集聚水平已经发展到了一个相对成熟的阶段。但集聚效应在区域内的排名较低，说明旅游产业的发展优势正在逐渐降低。这些城市应寻求旅游产业的创新发展，争取迎来新一轮增长。

第三方阵包括宁波、扬州等6个城市，集聚水平较低但集聚效应较强。与长三角地区其他城市相比，这几个城市旅游产业发展还处于产业集聚生命周期的初始期和成长期。虽然集聚水平还不具备优势，但集聚效应十分明显，旅游产业集聚的形成与发展对其区域经济的增长具有重要作用，因此，这些城市需要对旅游产业集聚的发展加以重视和引导。

5.2 珠三角地区

5.2.1 基于时间序列的集聚效应

（1）数据选取

同样采用珠三角地区人均国民生产总值（$PGDP$）反映区域经济增长水平，用各年旅游总收入区位商（LQ）反映旅游产业集聚水平，变量数据主要从历年国家、各省市自治区统计年鉴和各城市国民经济和社会发展统计公报公布的数据中整理计算得到。并对序列（$PGDP$）和（LQ）数据取对数，将对数序列记为 $\ln(LQ)$ 和 $\ln(PGDP)$。

（2）单位根检验

借助 Eviews8.0 软件分别对 $\ln(LQ)$ 和 $\ln(PGDP)$ 序列进行 ADF 检验，所得结果如表 5-10 所示。

表 5 – 10 单位根检验结果

检验方法	ln（GDP）	Δln（GDP）	ln（LQ）	Δln（LQ）
ADF 检验	– 3. 189321 （0. 1192）	– 4. 220524 * （0. 0233）	– 1. 358234 （0. 8355）	– 3. 913963 * （0. 0368）
结论	非平稳	平稳	非平稳	平稳

注："﹡"表示在 5% 的水平下显著；Δ 表示一阶差分形式；括号内是单位根检验的值，括号外是相对应的统计值。

从表 5 – 10 中可以看出，ln（LQ）和 ln（PGDP）原序列的检验统计量比显著性水平为 5% 的临界值大，根据检验原理，无法拒绝原假设，说明原序列是不平稳的。对原序列进行一阶差分后，与显著性水平为 5% 的临界值相比，一阶差分序列的检验统计量较小，说明无单位根，是平稳序列，即这两个序列都是一阶单整 I（1）序列。

（3）协整检验

通过单位根检验，得到 ln（LQ）和 ln（PGDP）都是一阶单整序列，下面采用 E – G 两步法展开协整检验。

第一步：利用 Eviews8. 0 软件选用 OLS 法对两序列进行协整回归，选择的协整方程中含有截距项，建立协整回归模型：

$$\ln（GDP）= 8.400738 + 9.092467 * \ln（LQ）+ \varepsilon \qquad (5-6)$$
$$(59.65090) \quad (6.601726)$$

$R^2 = 0.7315$，调整后的 $R^2 = 0.7147$

对于式（5 – 6），括号中的是 t 值，即变量的显著性，t 值的绝对值越大，表明其对应的变量就越有意义。在该方程中，计算得到的 In（LQ）的系数是正数，符合经济意义。此外，R^2 为拟合方程的解释程度，这里的调整后 R^2 为 0.7147，表明该回归方程具有较强的解释能力。

协整方程表达了丰富的信息和内容，定量地揭示了珠三角地区旅游产业集聚与区域经济增长之间的长期均衡关系，更具体地说，旅游总收入区位商增长 1 个百分点，（PGDP）增量值大约会增加 9.09 个百分点。

第二步：对残差序列 ε 进行平稳性检验，若其是平稳的，那么计算得到的回归方程可以看作是协整方程，若非平稳，就不是协整方程。继续采用 ADF 单位根检验方法，得到的检验结果如表 5 – 11：

表 5 – 11　序列残差的 ADF 检验

ADF 检验值	1% 临界值	5% 临界值	10% 临界值	结论
– 3. 896922 * （0. 0361）	– 4. 616209	– 3. 710482	– 3. 297799	平稳

在 5% 的临界值下，ADF 检验的统计值大于临界值，表明其残差序列是平稳的，进一步说明 ln（LQ）和 ln（PGDP）之间的协整关系成立，式（5 – 6）即为协整方程。

（4）Granger 因果检验

对 ln（LQ）和 ln（PGDP）进行 Granger 因果检验，结果见表 5 – 12。

表 5 – 12　Granger 因果检验结果

原假设	F 值	p 值
ln（LQ）不是 ln（PGDP）的 Granger 原因	5. 10813	0. 0403
ln（PGDP）不是 ln（LQ）的 Granger 原因	0. 61547	0. 4458

在表 5 – 12 中，第一个原假设的 p 值为 0.0403，在 5% 的置信水平下能够拒绝原假设，这说明了珠三角地区旅游产业集聚是区域经济增长的 Granger 原因；对于第二个原假设，p 值为 0.4458，在 5% 的置信水平下不能拒绝原假设，说明区域经济增长不是旅游产业集聚的 Granger 原因。

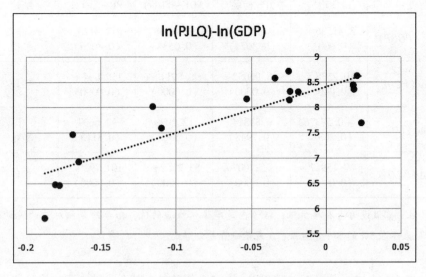

图 5 – 6　珠三角地区旅游产业集聚与区域经济增长散点图

通过 Granger 因果分析说明了在珠三角地区，两者存在单向的因果关系：旅游产业集聚对区域经济增长具有明显的促进作用。这说明旅游产业集聚水平的提升对区域经济发展意义重大（如图 5 - 6 所示）。

5.2.2 基于面板数据的集聚效应

（1）指标选择与数据处理

选取珠三角地区 9 个城市的旅游总收入区位商（LQ）作为解释变量来反映旅游产业集聚水平，选取各城市人均生产总值（$PGDP$）作为被解释变量反映经济增长能力，以此分析 9 个城市的集聚效应。同样，考虑数据可比性和消除异方差，对 LQ 和 $PGDP$ 序列取对数，用 ln（LQ）和 ln（$PGDP$）表示，并采用 1998—2015 年珠三角地区 9 个城市的面板数据为研究样本，变量数据均从历年国家或各省市自治区统计年鉴及各城市国民经济和社会发展统计公报公布的数据中整理计算所得。

（2）单位根检验

本书研究的面板数据中，时间跨度为 18 年，为了克服单个检验方法的偏差，提高检验精度，分别用四种检验方法对 ln（LQ）（包含截距项）、ln（$PGDP$）（包含截距项）进行平稳性检验，如果原序列是不平稳的，那么进行一阶差分后再继续检验，具体结果见表 5 - 13。

表 5 - 13　序列单位根检验结果

变量	LLC 检验	IPS 检验	ADF - Fisher	PP - Fisher	结论
ln（$PGDP$）	3.41586 * (0.0003)	- 0.33867 (0.3674)	28.6068 (0.0534)	12.8123 (0.8026)	非平稳
Δln（$PGDP$）	10.2538 * (0.0000)	- 8.92052 * (0.0000)	98.8911 * (0.0000)	119.664 * (0.0000)	平稳
ln（LQ）	- 0.57376 (0.2831)	0.82314 (0.7948)	12.2079 (0.8363)	12.6607 (0.8113)	非平稳
Δln（LQ）	- 7.15957 * (0.0000)	- 7.22007 * (0.0000)	83.2252 * (0.0000)	101.792 * (0.0000)	平稳

注：零假设为存在单位根；括号内是单位根检验的值，括号外是相对应的统计值；"＊"表示在 5% 的水平下显著；Δ 表示一阶差分形式。

表 5 - 13 中，除了 ln（$PGDP$）的 LLC 检验外，其余水平序列的检验统计量

均不显著，因此对于存在单位根这一原假设无法拒绝，即表明原序列不平稳；一阶差分后，所有检验统计量的 p 值都趋近于 0.0000，因此在 5% 的置信水平下均能够拒绝原假设，说明变量 $\ln(LQ)$ 和 $\ln(PGDP)$ 都没有单位根，其一阶差分面板数据是平稳的。因此满足面板协整的前提条件，两变量之间有可能存在一定的协整关系。

（3）协整检验

本研究中主要通过 Pedroni 检验来分析珠三角地区各城市旅游产业集聚与其经济增长之间是否存在协整关系。检验结果如表 5-14。

表 5-14　Pedroni 检验结果

变量	ln（LQ）和 ln（PGDP）		
检验方法	统计量名	统计量	P 值
Pedroni 检验（包含截距项）	Panel v - Statistic	3.589244	0.0002
	Panel rho - Statistic	-2.370037	0.0089
	Panel PP - Statistic	-3.255201	0.0006
	Panel ADF - Statistic	-2.401475	0.0082
	Group rho - Statistic	-0.636409	0.2623
	Group PP - Statistic	-2.591461	0.0048
	Group ADF - Statistic	-2.515989	0.0059

在表 5-14 中，检验的 7 个统计量，只有 Group rho - Statistic 这一个统计量的值较大，不能拒绝原假设，其余 6 个统计量均可以在 5% 的显著性水平上拒绝原假设，因此 Pedroni 检验通过，说明 $\ln(LQ)$ 和 $\ln(PGDP)$ 之间有协整关系。因此可以认为珠三角地区 9 个城市经济增长与旅游产业集聚之间存在一定的协整关系，即长期均衡关系。

根据前文所述公式，分别对面板数据 $\ln(LQ)$ 和 $\ln(PGDP)$ 进行 3 种类型模型的回归，得到：

$S_1 = 22.53468$，$S_2 = 42.44973$，$S_3 = 72.11032$

按公式计算 F 统计量，其中 N=9，K=1，T=18，得到：

$F_2 = 19.799738$，$F_1 = 15.907521$

利用函数 $F(d, k_1, k_2)$ 得到 F 分布的临界值，其中 d 是临界点，k_1 和 k_2 是自由度。在给定 5% 的显著性水平下（$d = 0.95$），得到相应的临界值为：

$F_{2,a}(16, 144) = 1.7142$，$F_{1,a}(8, 144) = 2.0033$

因为 $F_2 > F_{2,a}$，可以拒绝原假设 H_1，认为模型不是混合回归模型；又因为 $F_1 > F_{1,a}$，所以拒绝原假设 H_0，因此，珠三角地区9个城市构成的面板数据应采用变系数模型。对面板数据进行 Hausman 检验，得到表 5 - 15，在 5% 显著性水平下，卡方值小于临界值，所以无法拒绝原假设。Hausman 检验判定应采用随机效应模型，但因随机效应对最终结果的影响较小，而且不作为本书重点研究对象，且固定效应对数据进行拟合得到的模型解释程度同样较高，故依然采用固定效应模型进行数据的拟合分析（如表 5 - 15）。

表 5 - 15　Hausman 检验结果

Hausman 检验	$\ln(LQ) - \ln(PGDP)$
Chi - Sq. Statistic	1.678487
Chi - Sq. d. f.	1
P	0.1951

综上，构建变系数固定效应面板模型来分析珠三角地区9个城市旅游产业的集聚效应：

$$\ln(PGDG_{it}) = \alpha + \alpha_i^* + \beta_i lq_{it} + \varepsilon_{it}, i = 1, 2, 3, \cdots, 16, t = 1, 2, \cdots 18 \quad (5-7)$$

其中，$\ln(PGDP_{it})$ 表示第 i 个城市第 t 年的人均生产总值的对数值；(LQ_{it}) 表示第 i 个城市第 t 年的旅游总收入区位商；α 表示珠三角地区9个城市的平均自发经济增长水平；α_i^* 表示第 i 个城市经济增长对该区域平均经济增长的偏离；β_i 表示第 i 个城市旅游产业集聚倾向（协整系数）；ε_{it} 表示残差项。

（5）变系数固定效应面板模型

表 5 - 16　面板模型输出结果

变量	协整系数	标准误差	t - 统计量	p 值
C	10.77550	0.095120	113.2833	0.0000
广州	6.129482	1.447163	4.235516	0.0000
深圳	-2.366288	0.431644	-5.482031	0.0000
珠海	-0.929775	0.619321	-1.501280	0.1355
佛山	3.513116	0.694625	5.057569	0.0000
江门	1.321968	0.287670	4.595439	0.0000
肇庆	1.418691	0.275526	5.149037	0.0000
惠州	1.319085	0.277022	4.761654	0.0000

续表

变量	协整系数	标准误差	t - 统计量	p 值
东莞	1. 199497	0. 409762	2. 927302	0. 0040
中山	- 3. 307302	0. 832005	- 3. 975100	0. 0001
R - squared 0. 713485　　　　　　F - statistic 21. 09366　　Adjusted R - squared 0. 679661　　Prob（F - statistic）0. 0000				

珠三角地区9个城市旅游产业集聚的协整系数

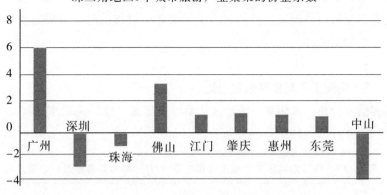

图 5 - 7　珠三角地区 9 个城市旅游产业集聚的协整系数

根据表 5 - 16 可知，该变系数固定效应模型的拟合优度为 71. 35%，拟合程度基本可以被接受，面板数据模型检验总体效果良好，因此，该结果可以作为进一步分析的依据。

通过观察协整系数发现，除珠海以外，其余各个城市协整系数的 t 检验值均在 1% 的水平上大于临界值，所以可以拒绝原假设。认为这 8 个城市旅游产业集聚对区域经济发展的影响作用均显著。而珠海的 t 检验统计量为 - 1. 501280，在 5% 的水平上无法拒绝原假设，认为珠海的旅游产业集聚对区域经济发展的影响并不显著，可能是旅游产业的发展已相对滞后于其他产业发展的缘故。

由表 5 - 16 和图 5 - 7 可知，除深圳和中山外，其余城市的旅游产业集聚对区域经济发展均起到正向作用（推动作用）。但各城市的集聚效应存在很大的差异。深圳、中山和珠海的协整系数为负数，说明其旅游产业的发展已相对滞后于其他产业的发展，因此对经济增长没有显著的推动作用。1998 - 2015 年间，深圳市旅游总收入区位商呈下降的趋势，珠海市在 2011 年以后同样步入了快速下降期。这 2 个城市旅游产业的发展速度落后于高新技术产业（信息技术产业）、金融服务产业和外贸出口等其他产业的发展，因此旅游产业对经济增长的促进作用相对有限。而中山市的旅游总收入区位商则历年来基本持平，据实地调研（笔者调研组于 2016 年 6 月赴广州、深圳、中山和珠海四地调研），中山市的旅游资源有限，旅游开发用地已基本接近极限，多个旅游开发项目因用地问题而搁置，因此，中山市旅游产业同样难以对区域经济增长再做出显著的推动。深圳、中山和珠海以外的其他 6 个城市的旅游产业集聚效应则均为正，表明旅游产业集聚对区域经济增长有一定的推动效果。其中，广州和佛山 2 个城市的旅游集聚效应位列区域前两名，说明这 2 个城市的经济发展对旅游产业集聚有着很大的依赖性。

5.2.3　集聚水平与集聚效应对比

根据前文分析，可将珠三角地区 9 个城市旅游产业的集聚水平（LQ）和集聚效应（β 值）进行对比分析（如表 5 – 17 所示）。

表 5 –17　珠三角地区 9 个城市集聚水平（LQ）排名与集聚效应 β 值排名

序号	城市	集聚水平（LQ）	（LQ）排名	集聚效应 β 值	β 值排名
1	广州	1.410	2	6.129	1
2	深圳	0.956	4	− 2.366	8
3	珠海	1.857	1	− 0.930	7
4	佛山	0.541	9	3.513	2
5	江门	0.846	6	1.322	4
6	肇庆	0.987	3	1.419	3
7	惠州	0.747	7	1.319	5
8	东莞	0.578	8	1.199	6
9	中山	0.883	5	− 3.307	9

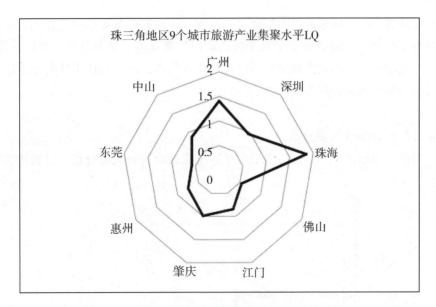

图5-8 珠三角地区9个城市旅游产业集聚水平 LQ

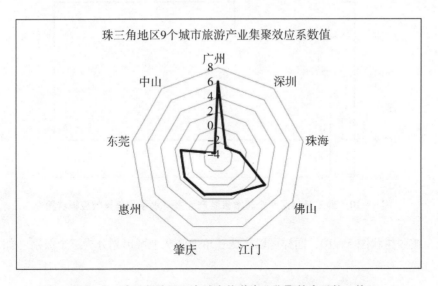

图5-9 珠三角地区9个城市旅游产业集聚效应系数 β 值

通过表5-17和图5-8,图5-9,不难发现,由于珠三角地区9个城市旅游产业集聚水平不同,其集聚效应也存在很大的差异。旅游产业集聚水平与集聚效应之间没有明显的正向关系,集聚水平高不一定会带来强的集聚效应。广州市旅游产业集聚水平和旅游产业集聚效应 β 值都很高,分别位列区域第二名和第一名,说明其旅游产业集聚化水平已经相当高,并且仍处于成长期;集聚效应同样相当高，即旅游产业集聚对经济增长依然有着显著的促进作用。深圳和珠海2个城市旅游产业集聚水平很高，但集聚效应却相对靠后。可以认为，这2个城市的旅游产业集聚化发展已经处于成熟期，因此相比于其他处于集聚成长期的城市来说，其集聚效应正在减弱。

5.2.4 Ward 聚类分析

对珠三角地区9个城市的集聚水平和集聚效应进行聚类分析，得到树状图（图5-10）。

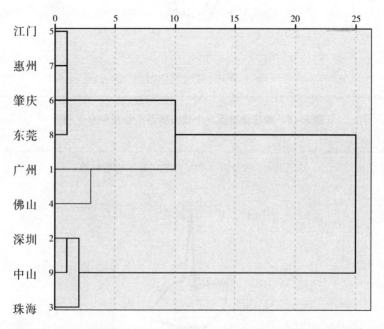

图5-10　珠三角地区9个城市旅游产业集聚水平和集聚效应树状图

按照树状图5-10，同样可以将珠三角地区9个城市划分为三个级别（如表5-18）。

表5-18　珠三角地区9个城市旅游产业集聚水平和集聚效应等级划分

等级	第一方阵	第二方阵	第三方阵
集聚水平	/	较高	较低
集聚效应	强	弱	较强
城市	广州、佛山	深圳、中山、珠海	江门、惠州、肇庆、东莞

第一方阵中包含广州和佛山这 2 个城市。这 2 个城市的集聚水平分别位列区域的第一名和最后一名，但因珠三角地区各个城市的旅游集聚水平相差幅度并不大和样本的有限性，Ward 聚类分析还是将这 2 个城市划分在了同一类。它们的共同特征是，集聚效应的指标和排名都显著高于集聚水平，说明旅游产业继续处于增长阶段，对整个经济增长具有显著的促进作用。

第二方阵包括深圳、中山和珠海 3 个城市，这些城市的集聚水平较高，但集聚效应较弱，是区域内仅有的 3 个集聚效应为负值的城市。深圳、中山和珠海在 20 世纪 90 年代处于城市快速发展期，发展至今，旅游行业的集聚水平在整个区域内处于优势地位。但随着旅游资源和旅游用地的持续开发，已经到了一个接近极限的程度，再加上其他产业的迅速发展，旅游产业对整个经济发展的贡献下降。

第三方阵包括江门、肇庆等 4 个城市，集聚水平较低但集聚效应较强。这几个城市的旅游集聚水平处于相对落后的位置，但旅游集聚效应处于相对领先的位置。虽然旅游发展相对滞后，但已经逐步被视为重要产业而进入了快速发展阶段。

5.3　环渤海地区

5.3.1　基于时间序列的集聚效应

（1）数据选取

同样采用环渤海地区人均 GDP（PGDP）反映区域经济增长水平，用各年度旅游总收入区位商（LQ）反映旅游产业集聚水平，变量数据主要从历年国家和各省市自治区统计年鉴和各城市国民经济和社会发展统计公报公布的数据中整理计算得到。并对序列（PGDP）和（LQ）数据取对数，将对序列记为 ln（PGDP）和 ln（LQ）。

（2）单位根检验

借助 Eviews8.0 软件分别对 ln（PGDP）和 ln（LQ）序列进行 ADF 检验，所得结果如表 5 - 19 所示。

表 5 - 19　单位根检验结果

检验方法	ln（PGDP）	Δln（PGDP）	ln（LQ）	Δln（LQ）
ADF 检验	- 0.669446 （0.9587）	- 4.133046 * （0.0270）	- 3.477061 （0.0765）	- 5.100916 （0.0054）
结论	非平稳	平稳	非平稳	平稳

注："＊"表示在5%的水平下显著；Δ 表示一阶差分形式；括号内是单位根检验的 P 值，括号外是相对应的统计值。

从表 5 - 19 中可以看出，ln（PGDP）和 ln（LQ）原序列的检验统计量比显著性水平为5%的临界值大，根据检验原理，无法拒绝原假设，说明原序列是不平稳的。对原序列进行一阶差分后，与显著性水平为5%的临界值相比，一阶差分序列的检验统计量较小，说明无单位根，序列是平稳序列，即这两个序列都是一阶单整 I（1）序列。

（3）协整检验

通过单位根检验，得到 ln（PGDP）和 ln（LQ）都是一阶单整序列，下面采用 E - G 两步法展开协整检验。

第一步：利用 Eviews8.0 软件选用 OLS 法对两序列进行协整回归，选择的协整方程中含有截距项，建立协整回归模型：

$$\ln（PGDP）= 9.479222 + 5.580624 * \ln（LQ）+ \varepsilon \tag{5-8}$$
（34.16872）（5.016543）

$R^2 = 0.6113$，调整后的 $R^2 = 0.5870$

对于式（5-8），括号中的是 t 值，即变量的显著性，t 值的绝对值越大，表明其对应的变量就越有意义。在该方程中，计算得到的（LQ）的系数是正数，符合经济意义。此外，R^2 为拟合方程的解释程度，这里的调整后 R^2 为0.5870，表明该回归方程具有一定的解释能力（解释力稍弱）。

观察原始数据可以发现，2015 年各城市 GDP 的增长较往年放缓。一方面，2015 年的数据皆来自各城市国民经济和社会发展统计公报，还无法得到统计年鉴上的数据，可能存在数据偏差的问题。另一方面，2015 年受全球经济危机的影响，我国经济发展也受到一定阻碍。因此，为了能更优地拟合大部分年份的数据，使用 1998—2015 年的数据建立协整回归模型如下：

$$\ln（PGDP）= 9.730808 + 6.463750 * \ln（LQ）+ \varepsilon \tag{5-9}$$
（32.78737）（5.582883）

$R^2 = 0.6751$，调整后的 $R^2 = 0.634$

对于式（5-9），括号中的是 t 值，即变量的显著性，t 值的绝对值越大，表明其对应的变量就越有意义。在该方程中，计算得到的（LQ）的系数是正数，符合经济意义。此外，R^2 为拟合方程的解释程度，这里的调整后 R^2 为 0.6534，较式（5-8）所代表的回归方程的调整后 R^2 提高了约 7 个百分点，表明回归方程的拟合优度提高。协整方程表达了丰富的信息和内容，定量地揭示了环渤海地区旅游产业集聚与区域经济增长之间的长期均衡关系，更具体地说，旅游总收入区位商增长 1 个百分点，GDP 增量值大约会增加 6.46 个百分点。

第二步：对残差序列 ε 进行平稳性检验，若其是平稳的，那么计算得到的回归方程可以看作是协整方程，若非平稳，就不是协整方程。继续采用 ADF 单位根检验方法，得到的检验结果如表 5-20 所示。

表 5-20　序列残差的 ADF 检验

ADF 检验值	1% 临界值	5% 临界值	10% 临界值	结论
-1.913777 * (0.0553)	-2.717511	-1.964418	-1.605603	平稳

在 10% 的临界值下，ADF 检验的统计值大于临界值，表明其残差序列是平稳的，进一步说明 ln（LQ）和 ln（$PGDP$）之间的协整关系成立，式（5-9）即为协整方程。

（4）Granger 因果检验

对 ln（LQ）和 ln（$PGDP$）进行 Granger 因果检验，结果见表 5-21。

表 5-21　Granger 因果检验结果

原假设	F 值	p 值
ln（LQ）不是 ln（$PGDP$）的 Granger 原因	0.81970	0.5230
ln（$PGDP$）不是 ln（LQ）的 Granger 原因	5.84079	0.0255

在表 5-21 中，第二个原假设的 p 值为 0.0255，在 5% 的置信水平下能够拒绝原假设，这说明了区域经济增长是旅游产业集聚的 Granger 原因；对于第一个原假设，p 值为 0.5230，在 5% 的置信水平下不能拒绝原假设，说明旅游产业集聚不是区域经济增长的 Granger 原因。利用 Eviews8.0 软件选用 OLS 法再次对两序列进行协整回归，以 ln（LQ）为因变量，ln（$PGDP$）为自变量建立协整回归

模型如式（5-10）所示：

$$\ln(LQ) = -1.093844 + 0.104445 * \ln(PGDP) + \varepsilon \qquad (5-10)$$

$$(7.111464)\quad(5.582883)$$

$R^2 = 0.6751$，调整后的 $R^2 = 0.6635$

协整方程说明 GDP 增量值增长 1 个百分点，会使得旅游总收入区位商增加 0.10 个百分点。通过 Granger 因果分析说明了在环渤海地区，两者存在单向的因果关系，区域经济增长对旅游产业集聚具有明显的促进作用，反之，作用相对较小。这说明环渤海地区旅游产业集聚的发展主要还是依靠区域经济的增长进行推动的（如图5-11）。

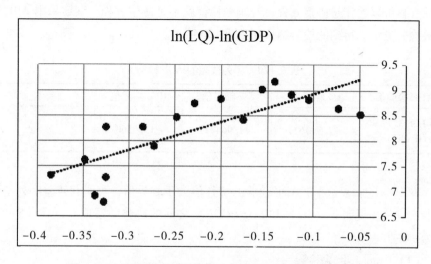

图 5-11　环渤海地区旅游产业集聚与区域经济增长散点图

5.3.2　基于面板数据的集聚效应

（1）指标选择与数据处理

选取环渤海地区 11 个城市的旅游总收入区位商（LQ）作为解释变量来反映旅游产业集聚水平，选取各城市人均生产总值（PGDP）作为被解释变量反映经济增长能力，以此分析 11 个城市的集聚效应。同样，考虑到数据可比性和消除异方差，对（LQ）和（PGDP）序列取对数，用 $\ln(LQ)$ 和 $\ln(PGDP)$ 表示，并采用 1998—2015 年环渤海地区 11 个城市的面板数据为研究样本，变量数据均从历年国家或各省市自治区统计年鉴及各城市国民经济和社会发展统计公报公布的数据中整理计算所得。

（2）单位根检验

本书研究的面板数据中，时间跨度为 18 年，为了克服单个检验方法的偏差，提高检验精度，分别用四种检验方法对 ln（LQ）（包含截距项）、ln（$PGDP$）（包含截距项）进行平稳性检验，如果原序列是不平稳的，那么进行一阶差分后再继续检验，具体结果见表 5 –22。

表 5 –22 序列单位根检验结果

变量	LLC 检验	IPS 检验	ADF – Fisher	PP – Fisher	结论
ln（$PGDP$）	– 5. 39806 * (0. 0000)	– 0. 00953 (0. 4962)	19. 8482 (0. 5925)	19. 5808 (0. 6093)	非平稳
Δln（$PGDP$）	– 3. 65021 * (0. 0001)	– 3. 13519 * (0. 0009)	44. 3494 * (0. 0032)	44. 7982 * (0. 0028)	平稳
ln（LQ）	0. 54156 (0. 7059)	3. 59964 (0. 9998)	6. 32573 (0. 9995)	5. 30623 (0. 9999)	非平稳
Δln（LQ）	– 8. 89539 * (0. 0000)	– 8. 31953 * (0. 0000)	103. 334 * (0. 0000)	333. 713 * (0. 0000)	平稳

注：零假设为存在单位根；括号内是单位根检验的 p 值，括号外是相对应的统计值；"*"表示在 5% 的水平下显著；Δ 表示一阶差分形式。

上表中，除了 ln（$PGDP$）的 LLC 检验外，其余水平序列的检验统计量均不显著，因此对于存在单位根这一原假设无法拒绝，即表明原序列不平稳；一阶差分后，所有检验统计量的 p 值都小于 0.05，因此在 5% 置信水平下均能够拒绝原假设，说明变量 Δln（$PGDP$）和 Δln（LQ）都没有单位根，其一阶差分面板数据是平稳的。

（3）协整检验

通过单位根检验，可以得到 ln（$PGDP$）和 ln（LQ）两组变量均表现为同阶单整关系，因此可以进行后续的协整检验。本研究中主要通过 Pedroni 检验来分析环渤海地区各城市旅游产业集聚与其经济增长之间是否存在协整关系。检验结果如表 5 –23 所示。

表 5 – 23   Pedroni 检验结果

变量	ln（LQ） – ln（PGDP）		
检验方法	统计量名	统计量	P
Pedroni 检验（包含截距项）	Panel v – Statistic	1.951436	0.0255
	Panel rho – Statistic	– 1.834097	0.0333
	Panel PP – Statistic	– 2.464491	0.0069
	Panel ADF – Statistic	– 1.437705	0.0753
	Group rho – Statistic	– 0.917440	0.1795
	Group PP – Statistic	– 3.509865	0.0002
	Group ADF – Statistic	– 3.037871	0.0012

在上表检验的 7 个统计量中，只有 Group rho – Statistic 这一个统计量的值较大，不能拒绝原假设，其余 6 个统计量均可以在 10% 的显著性水平上拒绝原假设，因此 Pedroni 检验通过，说明 ln（LQ）与 ln（PGDP）之间有协整关系。因此可以认为环渤海地区 11 个城市经济增长与旅游产业集聚之间存在一定的协整关系，即长期均衡关系。

（4）模型选择

根据前文所述公式，分别对面板数据 ln（LQ）和 ln（PGDP）进行 3 种类型模型的回归，得到：

$S_1 = 16.51654$，$S_2 = 49.83015$，$S_3 = 71.78897$

按公式计算 F 统计量，其中 $N = 11$，$K = 1$，$T = 18$，得到：

$F_2 = 29.449109$，$F_1 = 35.498932$

利用函数 $F(d, k_1, k_2)$ 得到 F 分布的临界值，其中 d 是临界点，k_1 和 k_2 是自由度。在给定 5% 的显著性水平下（$d = 0.95$），得到相应的临界值为：

$F_{2,a}(20, 176) = 1.6305$，$F_{1,a}(10, 176) = 1.8848$

因为 $F_2 > F_{2,a}$，可以拒绝原假设 H_1，认为模型不是混合回归模型；又因为 $F_1 > F_{1,a}$，所以拒绝原假设 H_0，所以环渤海地区 11 个城市构成的面板数据应采用变系数模型。对面板数据进行 Hausman 检验，得到表 5 – 24，在 1% 显著性水平下，卡方值大于临界值，所以可以拒绝原假设，最终确定为固定效应模型：

表5-24 Hausman 检验结果

Hausman 检验	ln（LQ）-ln（PGDP）
Chi - Sq. Statistic	48. 321209
Chi - Sq. d. f.	1
P	0. 0000

综上，构建变系数固定效应面板模型来分析环渤海地区11个城市旅游产业的集聚效应：

$$\ln（PGDG_{it}）= \alpha + \alpha_i^* + \beta_i（LQ_{it}）+ \varepsilon_{it,i} = 1，2，3，\cdots，16，t = 1，2，\cdots，18 \tag{5-11}$$

其中，$\ln（PGDP_{it}）$ 表示第 i 个城市第 t 年的人均生产总值的对数值；$（LQ_{it}）$ 表示第 i 个城市第 t 年的旅游总收入区位商；α 表示环渤海地区11个城市的平均自发经济增长水平；α_i^* 表示第 i 个城市经济增长对该区域平均经济增长的偏离；β_i 表示第 i 个城市旅游产业集聚倾向（协整系数）；ε_{it} 表示残差项。

（5）变系数固定效应面板模型

与前文分析相同，本书直接给出分析结果（如表5-25）。

表5-25 面板模型输出结果

变量	协整系数	标准误差	t-统计量	p 值
C	11. 80399	0. 060859	193. 9572	0. 0000
北京	- 3. 871364	0. 574623	- 6. 737224	0. 0000
天津	- 4. 58155	0. 521612	- 8. 783452	0. 0000
石家庄	1. 256582	0. 305779	4. 10944	0. 0001
太原	1. 616348	0. 197083	8. 201375	0. 0000
呼和浩特	2. 409168	0. 208965	11. 52903	0. 0000
沈阳	3. 417123	0. 431244	7. 923877	0. 0000
大连	4. 426333	0. 529886	8. 353362	0. 0000
济南	2. 524664	0. 315911	7. 991694	0. 0000
青岛	4. 796194	0. 548829	8. 738953	0. 0000
烟台	3. 889934	0. 441511	8. 8105	0. 0000
威海	1. 988486	0. 287729	6. 910979	0. 0000

变量	协整系数	标准误差	t–统计量	p值
R–squared 0.827679 F–statistic 40.25473 Adjusted R–squared 0.807118 Prob（F–statistic）0.0000				

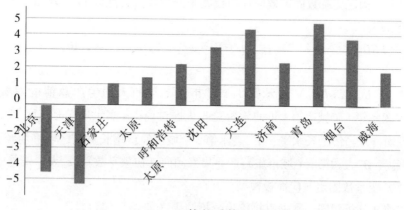

图 5 –12　环渤海地区 11 个城市旅游产业集聚的协整系数

　　根据表 5 –25 可知，该变系数固定效应模型的拟合优度为 82.77%，拟合程度可以接受，面板数据模型检验总体效果良好，可以作为进一步分析的依据。

　　协整系数可以用来近似代替旅游产业集聚效应，通过观察协整系数不难发现，各个城市协整系数的 t 检验值均在 1% 的水平上大于临界值，所以可以拒绝原假设，认为 11 座城市旅游产业集聚对区域经济发展的影响作用均显著。

　　由表 5 –25 和图 5 –12 可知，除北京和天津外，其余城市的旅游产业集聚对区域经济发展均起到正向作用。但各城市的集聚效应存在很大的差异。北京和天津的协整系数为负数，说明其旅游产业的发展已相对滞后于其他产业的发展，因此对经济增长不再有显著的推动作用。其他 9 个城市的集聚效应则均为正，表明集聚对城市经济增长有一定的推动效果。其中，青岛、大连、烟台 3 个海滨城市的旅游集聚效应位列区域前三名，说明这 3 个城市的经济发展对旅游产业集聚有着很大的依赖性。而石家庄和太原作为河北和山西省的省会城市，集聚效应却较低，说明旅游产业集聚对城市经济发展的推动作用还比较小。

5.3.3 集聚水平与集聚效应对比

在此将环渤海地区 11 个城市旅游产业的集聚水平和集聚效应进行对比。

表 5-26 环渤海地区 11 个城市集聚水平（*LQ*）排名与集聚效应 β 值排名

序号	城市	集聚水平（*LQ*）	（*LQ*）排名	集聚效应 β 值	β 值排名
1	北京	1.664	1	-3.871	10
2	天津	1.208	2	-4.582	11
3	石家庄	0.376	11	1.257	9
4	太原	0.837	3	1.616	8
5	呼和浩特	0.609	8	2.409	6
6	沈阳	0.814	4	3.417	4
7	大连	0.751	5	4.426	2
8	济南	0.554	9	2.525	5
9	青岛	0.740	6	4.796	1
10	烟台	0.542	10	3.890	3
11	威海	0.707	7	1.988	7

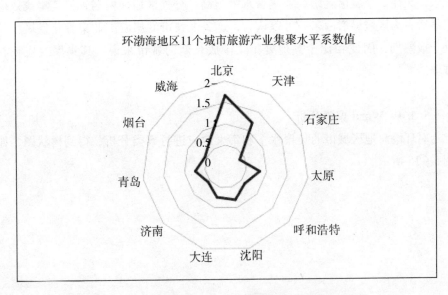

图 5-13 环渤海地区 11 个城市旅游产业集聚水平 LQ

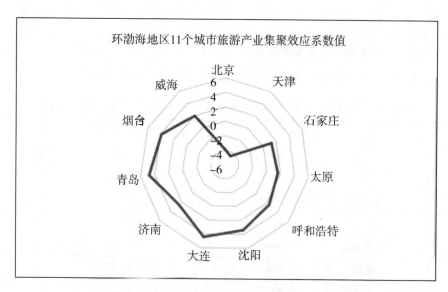

图 5 – 14　环渤海地区 11 个城市旅游产业集聚效应系数 β 值

通过表 5 – 26 和图 5 – 13，图 5 – 14，不难发现，由于环渤海地区 11 个城市旅游产业集聚水平不同，其集聚效应也存在很大的差异。旅游产业集聚水平与集聚效应之间没有明显的正向关系，集聚水平高不一定会带来强的集聚效应。北京、天津 2 个城市旅游产业集聚水平很高，分列区域前两名，但其集聚效应很靠后，为区域最后两名。可以认为，这 2 个城市的旅游产业集聚化发展已经处于成熟期，因此相比于其他处于集聚成长期的城市来说，其集聚效应正在减弱。

5.3.4　Ward 聚类分析

对环渤海地区城市的集聚水平和集聚效应进行聚类分析，得到树状图，如图 5 – 15 所示。

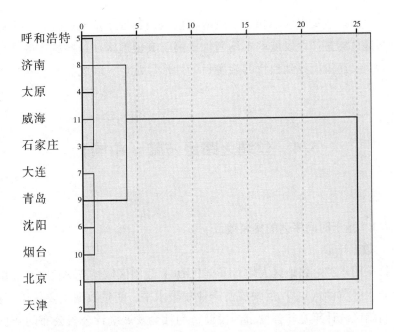

图5-15 环渤海地区11个城市旅游产业集聚水平和集聚效应树状图

按照树状图,将环渤海地区11个城市划分为三个级别(表5-27)。

表5-27 环渤海地区11个城市旅游产业集聚水平和集聚效应等级划分

等级	第一方阵	第二方阵	第三方阵
集聚水平	高	较高	较低
集聚效应	弱	较强	较弱
城市	北京、天津	大连、青岛、沈阳、烟台	呼和浩特、济南、太原、威海、石家庄

第一方阵包含北京和天津这2个直辖市。这2个城市的集聚水平位列区域前两位,集聚效应则位列区域后两位,均为负值。说明这2个城市的旅游产业集聚化发展已经处于成熟期阶段,因此相比于区域内其他城市,旅游集聚水平较高。但比起其他产业来说,旅游产业的发展水平并不具备相对优势。

第二方阵包括大连、青岛等4个城市,这几个城市大部分为沿海地区城市。这些城市的集聚水平较高,集聚效应也较强。说明凭借优越的区位优势和旅游资源优势,这些城市的旅游产业发展处于领先水平。

第三方阵包括呼和浩特、济南等5个城市,这些城市大部分均为内陆地区的城市。旅游产业集聚水平和集聚效应在区域内都处于落后的位置，由此也可见环渤海地区旅游产业发展的不均衡性要高于其他地区。这些城市的区位条件较为落后，又还没能找到独特的旅游目的形象定位，因此旅游产业发展较为落后。

5.4 丝绸之路经济带（中国）

5.4.1 基于时间序列的集聚效应

（1）数据选取

同样采用丝绸之路地区人均 GDP（PGDP）反映区域经济增长水平，用各年旅游总收入区位商（LQ）反映旅游产业集聚水平，变量数据主要从历年国家、各省市自治区统计年鉴和各城市国民经济和社会发展统计公报公布的数据中整理计算得到。并对序列（PGDP）和（LQ）数据取对数，将对数序列记为 ln（PGDP）和 ln（LQ）。

（2）单位根检验

借助 Eviews8.0 软件分别对 ln（PGDP）、ln（LQ）序列进行 ADF 检验，所得结果如表 5 - 28 所示。

表 5 - 28　单位根检验结果

检验方法	ln（PGDP）	Δln（PGDP）	ln（LQ）	Δln（LQ）
ADF 检验	- 0.935882 （0.9269）	- 5.453088 * （0.0026）	- 5.706104 * （0.0014）	- 4.807989 * （0.0078）
结论	非平稳	平稳	平稳	平稳

注："＊"表示在5%的水平下显著；Δ表示一阶差分形式；括号内是单位根检验的值，括号外是相对应的统计值。

从表 5 - 28 中可以看出，ln（PGDP）原序列的检验统计量比显著性水平为5%的临界值大，根据检验原理，无法拒绝原假设，说明其原序列是不平稳的。对原序列进行一阶差分后，与显著性水平为5%的临界值相比，一阶差分序列的检验统计量较小，说明无单位根，是平稳序列。而 ln（LQ）的原序列和一阶差分系列在5%的显著性水平下则均为平稳序列。

（3）协整检验

下面采用 E – G 两步法展开协整检验。

第一步：利用 Eviews8.0 软件选用 OLS 法对两序列进行协整回归，选择的协整方程中含有截距项，建立协整回归模型：

$$\ln(PGDP) = 8.061386 + 6.117080 * \ln(LQ) + \varepsilon \qquad (5-12)$$

(27.24714) (5.558000)

$R^2 = 0.6588$，调整后的 $R^2 = 0.6374$

对于式（5-12），括号中的是 t 值，即变量的显著性，t 值的绝对值越大，表明其对应的变量就越有意义。在该方程中，计算得到的 $\ln(LQ)$ 的系数是正数，符合经济意义。此外，R^2 为拟合方程的解释程度，这里的调整后 $R^2 = 0.6374$，表明该回归方程具有一定的解释能力（可以接受）。

观察原始数据可以发现，2015 年各城市 GDP 的增长较往年放缓。一方面，2015 年的数据皆来自各城市国民经济和社会发展统计公报，还无法得到统计年鉴上的数据，可能存在数据偏差的问题。另一方面，2015 年受全球经济危机的影响，我国经济发展也受到一定阻碍。另外，由于 1998 年部分省市自治区的旅游收入数据无法通过官方渠道找到，所以在上述的分析中通过 1998 年各市 GDP 及各市历年来旅游收入在 GDP 中的占比大致估算了其各自旅游收入的数据。在这里，为了让拟合更加精确，我们使用 1999—2015 年的数据建立协整回归模型如下：

$$\ln(PGDP) = 7.443625 + 7.012371 * \ln(LQ) + \varepsilon \qquad (5-13)$$

(49.29649) (11.21669)

$R^2 = 0.8998$，调整后的 $R^2 = 0.8927$

对于式（5-13），括号中的是 t 值，即变量的显著性，t 值的绝对值越大，表明其对应的变量就越有意义。在该方程中，计算得到的 LQ 的系数是正数，符合经济意义。此外，R^2 为拟合方程的解释程度，这里的调整后 R^2 为 0.8972，较式（5-12）所代表的回归方程的调整后 R^2 提高了约 25 个百分点，表明回归方程的拟合优度大幅度提升。协整方程表达了丰富的信息和内容，定量地揭示了丝绸之路地区旅游产业集聚与区域经济增长之间的长期均衡关系，更具体地说，旅游总收入区位商增长 1 个百分点，GDP 增量值大约会增加 7.01 个百分点。

第二步：对残差序列 ε 进行平稳性检验，若其是平稳的，那么计算得到的回归方程可以看作是协整方程，若非平稳，就不是协整方程。继续采用 ADF 单位根检方法，得到的检验结果如表 5-29 所示：

表 5 – 29   序列残差的 ADF 检验

ADF 检验值	1% 临界值	5% 临界值	10% 临界值	结论
– 5. 415302 * (0. 0033)	– 4. 728363	– 3. 759743	– 3. 324976	平稳

在 1% 的临界值下，ADF 检验的统计值大于临界值，表明其残差序列是平稳的，进一步说明 ln（PGDP）和 ln（LQ）之间的协整关系成立，式（5 – 13）即为协整方程。

（4）Granger 因果检验

对 ln（PGDP）和 ln（LQ）进行 Granger 因果检验，结果见表 5 – 30。

表 5 – 30   Granger 因果检验结果

原假设	F 值	p 值
ln（LQ）不是 ln（PGDP）的 Granger 原因	10. 4036	0. 0073
ln（PGDP）不是 ln（LQ）的 Granger 原因	0. 00546	0. 9423

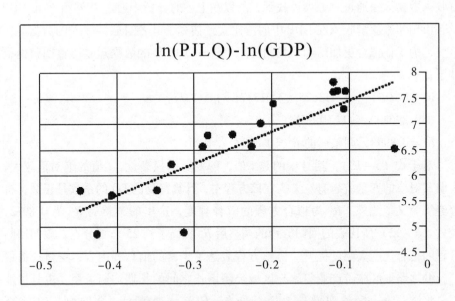

图 5 – 16   丝绸之路地区旅游产业集聚与区域经济增长散点图

在表 5 – 30 中，第一个原假设的 p 值为 0. 0073，在 1% 的置信水平下能够拒绝原假设，这说明了丝绸之路地区旅游产业集聚是区域经济增长的 Granger 原因；对于第二个原假设，p 值为 0. 9423，在 5% 的置信水平下不能拒绝原假设，说明区域经济增长不是旅游产业集聚的 Granger 原因。通过 Granger 因果分析说明了在丝绸之路地区，两者存在单向的因果关系，旅游产业集聚对区域经济增长具有明显的促进作用，这说明旅游产业集聚水平的提升对区域经济发展意义重大（图 5 – 16）。

5.4.2 基于面板数据的集聚效应

（1）指标选择与数据处理

选取丝绸之路地区 16 个城市的旅游总收入区位商（LQ）作为解释变量来反映旅游产业集聚水平，选取各城市人均生产总值（PGDP）作为被解释变量反映经济增长能力，以此分析 16 个城市的集聚效应。同样，考虑数据可比性和消除异方差，对（LQ）和（PGDP）序列取对数，用 ln（LQ）和 ln（PGDP）表示，并采用 1998—2015 年丝绸之路地区 16 个城市的面板数据为研究样本，变量数据均从历年国家或各省市自治区统计年鉴及各城市国民经济和社会发展统计公报公布的数据中整理计算所得。

（2）单位根检验

本书研究的面板数据中，时间跨度为 18 年，为了克服单个检验方法的偏差，提高检验精度，分别用四种检验方法对 ln（LQ）（包含截距项）、ln（PGDP）（包含截距项）进行平稳性检验，如果原序列是不平稳的，那么进行一阶差分后再继续检验，具体结果见表 5 – 31。

表 5 – 31 序列单位根检验结果

变量	LLC 检验	IPS 检验	ADF – Fisher	PP – Fisher	结论
ln（PGDP）	– 2.26280 * （0.0118）	3.17277 （0.9992）	23.4769 （0.8627）	5.46501 （1.0000）	非平稳
Δln（PGDP）	– 6.91129 * （0.0000）	– 7.05374 * （0.0000）	111.078 * （0.0000）	180.182 * （0.0000）	平稳
ln（LQ）	1.76414 （0.9611）	2.99211 （0.9986）	25.6852 （0.7774）	26.0337 （0.7621）	非平稳
Δln（LQ）	– 13.6878 * （0.0000）	– 12.5057 * （0.0000）	184.359 * （0.0000）	571.524 * （0.0000）	平稳

注：零假设为存在单位根；括号内是单位根检验的值，括号外是相对应的统计值；"＊"表示在 5%的水平下显著；Δ 表示一阶差分形式。

表 5 – 31 中，除了 $\ln(PGDP)$ 的 LLC 检验外，其余水平序列的检验统计量均不显著，因此对于存在单位根这一原假设无法拒绝，即表明原序列不平稳；一阶差分后，所有检验统计量的 p 值都趋近于 0.0000，因此在 5% 的置信水平下均能够拒绝原假设，$\Delta\ln(PGDP)$ 和 $\Delta\ln(LQ)$ 都没有单位根，其一阶差分面板数据是平稳的。

（3）协整检验

通过单位根检验，可以得到 $\ln(LQ)$ 和 $\ln(PGDP)$ 两组变量均表现为同阶单整关系，因此可以进行后续的协整检验。本研究中主要通过 Pedroni 检验来分析丝绸之路地区各城市旅游产业集聚与其经济增长之间是否存在协整关系。检验结果如表 5 – 32 所示。

表 5 – 32　Pedroni 检验结果

变量	$\ln(LQ)$　$-\ln(PGDP)$		
检验方法	统计量名	统计量	p 值
Pedroni 检验（包含截距项）	Panel v – Statistic	3.335052	0.0004
	Panel rho – Statistic	− 2.710136	0.0034
	Panel PP – Statistic	− 3.011642	0.0013
	Panel ADF – Statistic	− 3.413619	0.0003
	Group rho – Statistic	− 1.431212	0.0762
	Group PP – Statistic	− 4.323152	0.0000
	Group ADF – Statistic	− 2.627268	0.0043

在表 5 – 32 检验的 7 个统计量中，Group rho – Statistic 这一统计量的检验值大于 10% 显著性水平下的临界值，可以在 10% 显著性水平下拒绝原假设，而其余 6 个统计量均可以在 5% 的显著性水平上拒绝原假设，因此 Pedroni 检验通过，说明 $\ln(LQ)$ 和 $\ln(PGDP)$ 之间有协整关系。因此可以认为丝绸之路地区 16 个城市经济增长与旅游产业集聚之间存在一定的协整关系，即长期均衡关系。

（4）模型选择

根据前文所述公式，分别对面板数据 $\ln(LQ)$ 和 $\ln(PGDP)$ 进行 3 种类型模型的回归，得到：

$S_1 = 64.19653$，$S_2 = 118.5752$，$S_3 = 273.4372$

计算 F 统计量，其中 $N = 16$，$K = 1$，$T = 18$，得到：

$F_2 = 27.813347$，$F_1 = 14.456586$

利用函数 $F(d, k_1, k_2)$ 得到 F 分布的临界值，其中 d 是临界点，k_1 和 k_2 是自由度。在给定 5% 的显著性水平下（$d=0.95$），得到相应的临界值为：

$F_{2,a}(30, 256) = 1.5039$，$F_{1,a}(15, 256) = 1.7056$

因为 $F_2 > F_{2,a}$，可以拒绝原假设 H_1，认为模型不是混合回归模型；又因为 $F_1 > F_{1,a}$，所以拒绝原假设 H_0，所以丝绸之路地区 16 个城市构成的面板数据应采用变系数模型。对面板数据进行 Hausman 检验，得到表 5-33，在 5% 显著性水平下，卡方值大于临界值，所以可以拒绝原假设，认为数据符合变系数固定效应模型。

表 5-33　Hausman 检验结果

Hausman 检验	ln（LQ）－ ln（PGDP）
Chi － Sq. Statistic	13.9987
Chi － Sq. d. f.	1
P	0.0002

综上，构建变系数固定效应面板模型来分析丝绸之路地区 16 个城市旅游产业的集聚效应：

$$\ln(PGDG_{it}) = \alpha + \alpha_i^* + \beta_i(LQ_{it}) + \varepsilon_{it}, i = 1, 2, 3, \cdots, 16, t = 1, 2, \cdots, 18 \tag{5-14}$$

其中，$\ln(PGDP_{it})$ 表示第 i 个城市第 t 年的人均生产总值的对数值；(LQ_{it}) 表示第 i 个城市第 t 年的旅游总收入区位商；α 表示丝绸之路经济带（中国）16 个城市的平均自发经济增长水平；α_i^* 表示第 i 个城市经济增长对该区域平均经济增长的偏离；β_i 表示第 i 个城市旅游产业集聚倾向（协整系数）；ε_{it} 表示残差项。

（5）变系数固定效应面板模型

与前文分析相同，本书直接给出分析结果，如表 5-34。

表 5-34　面板模型输出结果

变量	协整系数	标准误差	t － 统计量	p 值
C	10.26211	0.081414	126.0481	0.0000
银川	－ 1.847656	0.976573	－ 1.891978	0.0596
西安	－ 5.081078	0.967937	－ 5.249387	0.0000
宝鸡	3.36997	0.632213	5.330431	0.0000

续表

变量	协整系数	标准误差	t - 统计量	p 值
天水	1.282091	0.227621	5.632798	0.0000
兰州	0.92095	0.195419	4.712693	0.0000
武威	2.116461	0.566274	3.737523	0.0002
张掖	0.975866	0.191118	5.106086	0.0000
嘉峪关	0.704929	0.204055	3.454602	0.0006
酒泉	1.540684	0.271242	5.680117	0.0000
哈密	-0.909209	0.252125	-3.606180	0.0004
吐鲁番	0.987591	0.314792	3.137280	0.0019
乌鲁木齐	-1.398031	0.341191	-4.097508	0.0001
克拉玛依	0.840281	0.227256	3.697516	0.0003
喀什	-1.529506	0.333070	-4.592150	0.0000
库尔勒	-0.044442	0.477814	-0.093011	0.9260
西宁	1.961004	0.535515	3.661906	0.0003
R - squared 0.768495 F - statistic 27.41314 Adjusted R - squared 0.740461 Prob（F - statistic）0.0000				

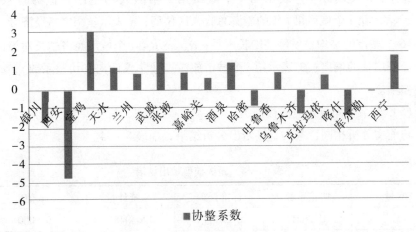

图 5 - 17 丝绸之路地区 16 个城市旅游产业集聚的协整系数

根据表 5 - 34 可知，该变系数固定效应模型的拟合优度为 76.85%，拟合程度可以接受，面板数据模型检验总体效果良好，可以作为进一步分析的依据。

通过观察协整系数发现，14个城市协整系数的检验值均在1%的水平上大于临界值，银川市的t检验值在10%的水平上大于临界值，所以可以拒绝原假设，认为这15个城市旅游产业集聚对区域经济发展的影响作用均显著。而库尔勒市的t检验统计量为 −1.891978，在10%的水平上无法拒绝原假设，认为库尔勒的旅游产业集聚对区域经济发展的影响不显著。

由表5−34和图5−17可知，除去库尔勒市旅游产业集聚对区域经济发展的影响作用不大外，其他城市的影响作用均有着很大的差异。银川、西安、哈密、乌鲁木齐和喀什这5个城市的协整系数为负，主要原因是其旅游总收入区位商历年来呈下降的趋势，而GDP仍然在增长。说明其旅游产业的发展已相对滞后其他产业的发展，因此对经济增长不再有显著的推动作用。其他城市的协整系数则均为正，表明集聚对城市经济增长有一定的推动效果。其中，宝鸡和武威的旅游集聚效应位列区域前两位，其协整系数值均在2.0以上，说明这2个城市的经济发展对旅游产业集聚有着很大的依赖性。

5.4.3 集聚水平与集聚效应对比

在此将丝绸之路地区16个城市旅游产业的集聚水平和集聚效应进行对比。

表5−35　丝绸之路地区16个城市集聚水平（LQ）排名与集聚效应 β 值排名

序号	城市	集聚水平（LQ）	（LQ）排名	集聚效应 β 值	β 值排名
1	银川	0.545	10	− 1.848	15
2	西安	1.651	1	− 5.081	16
3	宝鸡	1.153	3	3.370	1
4	天水	0.885	8	1.282	5
5	兰州	0.519	11	0.921	8
6	武威	0.500	12	2.116	2
7	张掖	0.498	13	0.976	7
8	嘉峪关	0.494	14	0.705	10
9	酒泉	0.951	6	1.541	4
10	哈密	0.969	5	− 0.909	12
11	吐鲁番	1.036	4	0.988	6
12	乌鲁木齐	1.340	2	− 1.398	13
13	克拉玛依	0.137	16	0.840	9

续表

序号	城市	集聚水平（LQ）	（LQ）排名	集聚效应β值	β值排名
14	喀什	0.765	9	−1.530	14
15	库尔勒	0.293	15	−0.044	11
16	西宁	0.887	7	1.961	3

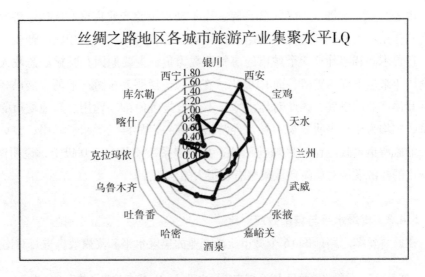

图 5−18　丝绸之路地区 16 个城市旅游产业集聚水平

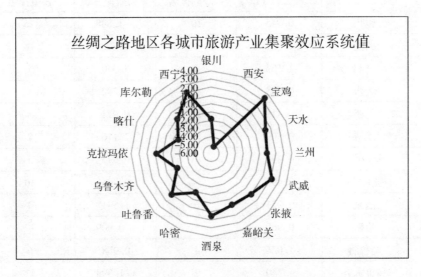

图 5−19　丝绸之路地区 16 个城市旅游产业集聚效应系数 β 值

　　通过表 5 - 35 和图 5 - 18，图 5 - 19，不难发现，由于丝绸之路地区 16 个城市旅游产业集聚水平不同，其集聚效应也存在很大的差异。旅游产业集聚水平与集聚效应之间没有明显的正向关系，集聚水平高不一定会带来强的集聚效应。

　　西安和乌鲁木齐市的旅游产业集聚水平较高，分别位列区域第一和第二的位置。但其各自的集聚效应 β 值却较低，不仅都为负数，而且位列区域最后一名和倒数第四。说明这 2 个城市的旅游发展水平领先于丝绸之路地区的其他城市，旅游产业集聚化水平在该区域已经相当高。由于旅游产业集聚已步入稳定发展成熟期，集聚程度的上升空间有限，因此相比于其他处于成长期的城市来说，其集聚效应正在减弱。宝鸡市的旅游产业集聚水平和集聚效应 β 值都很高，分别位列区域第三名和第一名，说明其旅游产业集聚化水平已经相当高，并且仍处于成长期，集聚效应同样相当高，即旅游产业集聚对经济增长依然有着显著的促进作用。

5.4.4　Ward 聚类分析

　　对丝绸之路地区城市的集聚水平和集聚效应进行聚类分析，得到图 5 - 20。

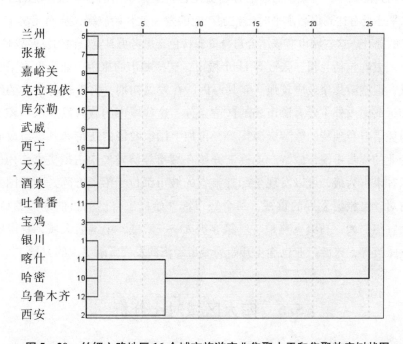

图 5 - 20　丝绸之路地区 16 个城市旅游产业集聚水平和集聚效应树状图

　　按照树状图，将丝绸之路地区 16 个城市划分为三个级别（表 5 - 36 所示）。

表 5 – 36　丝绸之路地区 16 个城市旅游产业集聚水平和集聚效应等级划分

等级	第一方阵	第二方阵	第三方阵
集聚水平	高	较高	较低
集聚效应	弱	较弱	较强
城市	西安	银川、乌鲁木齐、喀什、哈密	兰州、张掖、嘉峪关、克拉玛依、库尔勒、武威、西宁、天水、酒泉、吐鲁番、宝鸡

　　第一方阵仅包含西安这 1 个城市。西安的集聚水平位列区域第一，而集聚效应则位列区域最后。作为最靠近区域外旅游客源市场、旅游资源最为丰富的城市，西安的旅游收入从 1998 年以来一直位列区域首位，旅游产业集聚水平也长期保持区域内的最高水平。然而，西安同样是丝绸之路地区城市现代化和经济发展水平最高的城市，因而旅游产业在城市整体经济发展水平中的贡献并不突出。

　　第二方阵包括银川、乌鲁木齐等 4 个城市，这几个城市的集聚效应都显著低于区域内其他城市，且集聚效应的排名要比各自集聚水平的排名低。说明在旅游集聚水平还没有达到很高水平时，旅游产业的发展就开始放缓，从而无法带动城市经济的提升。这些城市应该结合自身资源特色，思考更具竞争性的发展战略。

　　第三方阵包括兰州、张掖等 11 个城市，这些城市的旅游产业集聚水平目前还较低，但旅游集聚效应较强。究其原因，在发展初期，由于较为落后的经济水平和远离国内外主要客源市场的区位条件，这些城市的旅游发展水平较为落后。但凭借自身独特的旅游资源优势，再加上国家政策的扶持和各城市政府对旅游产业的逐步重视，旅游产业逐渐开始在城市经济发展中占据更大作用。其中尤以甘肃省为最，可以发现全部甘肃省的城市都位于第三方阵。随着国家和省政府对丝路旅游发展的重视，每个城市都开始提出自己的目的地形象口号，并加大宣传，如：马踏飞燕地、丝路守护人——武威，中国航天城，甘肃喝酒人——张掖等，旅游产业也逐步开始为城市经济的发展贡献更大的力量。

5.5　四大区域对比分析

　　为了更好地以全局为视野了解四个地区的旅游集聚水平和集聚效应，在此，本书对四个地区的一些指标情况进行对比分析。

5.5.1 旅游收入情况

本书在对长三角（$n_1 = 16$）、珠三角（$n_2 = 9$）、环渤海（$n_3 = 11$）和丝绸之路（$n_4 = 16$）四个地区进行研究时，分别选取了区域内不同数量的城市为研究对象，用括号内的 n 所示。因为即使同一地区内，各个城市的旅游总收入情况也有着显著差异。因此，我们在此对各个地区平均每个城市的旅游收入情况测算后进行对比（图5-21）。

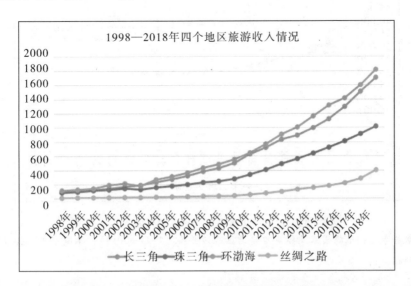

图5-21 1998—2018年四个地区旅游收入情况对比

数据来源：根据国家及各省市自治区统计年鉴（1999—2019）、各城市统计公报整理计算所得

1998—2018年间，除2003年环渤海地区旅游收入受"非典"等因素的影响更大而位列长三角之后外，其余各年份的旅游收入排名情况都没有变动，分别是：环渤海地区 > 长三角地区 > 珠三角地区 > 丝绸之路地区。四个地区的旅游总收入历年来都呈现上升的趋势，而且上升的速度也在加快。环渤海地区的城市平均旅游收入常年位列四个区域之首，在2015年时已达到1317.04亿元。丝绸之路地区则因为城市知名度、区位可达性等问题，城市平均旅游收入较其他三个区域相比落后，2015年仅达到183.02亿元。四个区域之间旅游收入的绝对差额在不断扩大，但相对占比的差额在缓慢缩小着（图5-21）。总的来说，环渤海和长三角地区历年来旅游总收入在四个地区中的占比变动不大，珠三角的收入占比在逐年减小，而丝绸之路地区的收入占比则在逐渐增加。说明丝绸之路地区旅游收入的增

长速度较快,主要原因则是其旅游产业的初始发展水平较低、基数较小。而珠三角地区旅游收入的增长速度则比其他要缓慢,这与珠三角地区旅游资源和旅游用地已基本开发到极限,可再开发空间有限有一定关系。对比 1998 年和 2015 年四个地区旅游收入的占比(图 5 – 23、5 – 24)可以看出,丝绸之路地区旅游收入的占比明显增加,而对应这一增加的是珠三角地区旅游收入占比的明显减小。

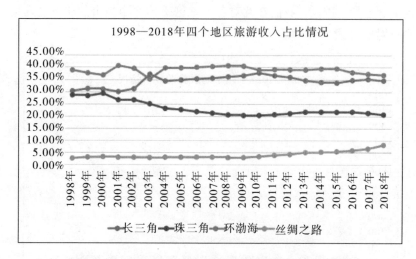

图 5 – 22　1998—2018 年四个地区旅游收入占比情况

数据来源:根据国家及各省市自治区统计年鉴(1999—2019)、各城市统计公报整理计算所得

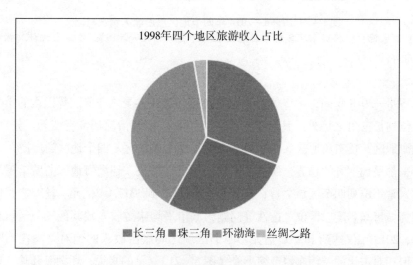

图 5 – 23　1998 年四个地区旅游收入占比情况

数据来源:根据国家及各省市自治区统计年鉴(1999—2019)、各城市统计公报整理计算所得

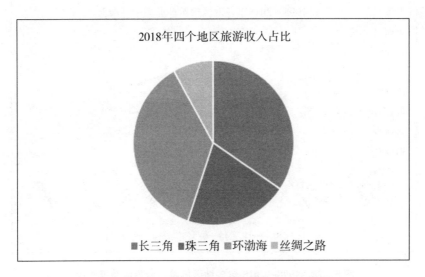

图5-24 2018年四个地区旅游收入占比情况

数据来源：根据国家及各省市自治区统计年鉴（1999—2019）、各城市统计公报整理计算所得

5.5.2 旅游产业集中度情况

由于本书在分析各个地区旅游产业集中度时，根据其各自的旅游收入情况选取了不同数量的城市测算各个地区的旅游产业集中度，所以这里在对各个地区的产业集中度进行对比时，首先对其进行了一定的处理。在此，我们用各个地区的旅游产业集中度减去在测算旅游集中度时所选取的城市数量在旅游收入均衡时所应占的比重。以长三角地区为例，我们选取了长三角16个核心城市中的前六名测算旅游产业集中度，在旅游收入均衡时，6个城市所对应的占比应为 $\frac{6}{16} = 0.375$。再用前六名城市的实际占比减去均衡时的占比，作为修正后的产业集中情况，与其他地区进行对比。

可以看出（图5-25），四个地区的产业集中情况总体上都呈现下降的趋势，说明这四个地区不同城市的旅游发展及收入都较此前更为均衡。1998年时，四个地区的旅游产业集中情况相差不多，最低的珠三角为46.93%，最高的丝绸之路地区为53.84%。然而随着时间的推进，长三角、环渤海地区产业集中度下降较快，由1998—2015的18年间分别下降了约19%和18%。珠三角、丝绸之路地区产业集中度下降则较为缓慢，18年来分别下降了约6%和8%。2015年时，四个地区旅游产业集中情况从高至低分别为：丝绸之路、珠三角、环渤海

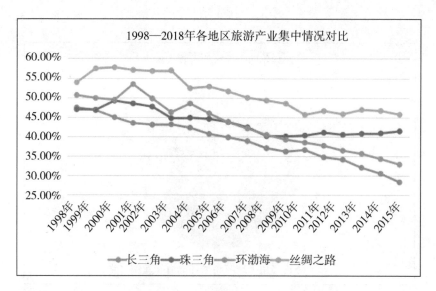

图 5 – 25　1998—2018 年各地区旅游产业集中情况对比

数据来源：根据国家及各省市自治区统计年鉴（1999—2019）、各城市统计公报整理
计算所得

和长三角地区。说明在丝绸之路地区，各个城市的旅游发展情况仍然存在显著
差异，旅游收入依然集中来源重点的几个城市。而在长三角地区，各城市的旅
游发展则更为均衡，此前旅游收入较高的几个重点城市旅游产业的优势地位正
在逐渐受到削弱。出现这种情况，主要存在如下两方面原因：一方面，长三角
和环渤海地区热点城市周边存在着大量以休闲、体验为特色的旅游城市，因此
旅游总收入不断从热点城市向周边城市扩散；另一方面，从产业特征来看，长
三角和环渤海地区多为资本密集型产业，而珠三角地区则以劳动密集型产业占
主导地位。旅游产业属于劳动密集型产业，因此，旅游产业集中度从另一个角
度也衡量了劳动力溢出效应。这就使得近些年来以资本密集型产业占主导地位，
因此吸纳劳动力能力有限的长三角和环渤海地区产业集中度下降更为迅速。

5.5.3　区位商情况

由图 5 – 26 可以看出，1998—2015 年来，四个区域的旅游总收入区位商都
大于 1，说明这四个地区的旅游产业都存在明显的集聚现象。从发展趋势来
看，丝绸之路地区的旅游产业区位商呈逐年上升的趋势，珠三角地区有着逐年
下降的趋势，长三角和环渤海地区则是先上升后下降。在 1998 年时，丝绸之路
地区的旅游总收入区位商仅为 1.66，比起另外三个城市都在 2.50 以上的区位

水平来说较低；而 2015 年时，珠三角的旅游区位商已从 1998 年的 3.05 下降到
1.70，另外三个区域的区位商则都在 2.50 左右。这说明 18 年来，丝绸之路地区
的旅游产业集聚化水平仍在提高，而珠三角地区的旅游产业集聚化水平则开始
下降。

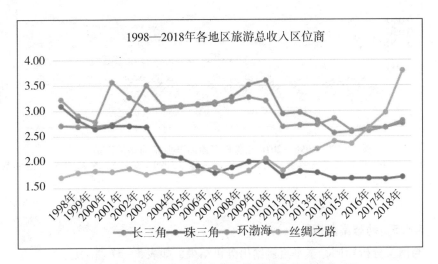

图 5 – 26　1998—2018 年各地区旅游总收入区位商对比
数据来源：根据国家及各省市自治区统计年鉴（1999—2018）、各城市统计公报整理
计算所得

5.5.4　空间基尼系数情况

由图 5 – 27 可以看出，四个地区的旅游产业空间基尼系数数值都较小，可
以认为存在一定程度的集聚现象。长三角和环渤海地区的空间基尼系数呈下降
的趋势，丝绸之路地区经历了 1998—2000 年的短暂上升后也呈下降趋势，珠三
角地区则呈上升的趋势。可以认为这四个区域的旅游产业均存在集聚现象，除
珠三角外的其他三个区域旅游产业在空间分布上已表现出趋于均衡的态势，空
间上的差异正在逐渐缩小。而珠三角地区旅游产业空间基尼系数仍然呈上升趋
势，主要是因为广州无论是在产业规模抑或产业收入方面都远远大于其他城市。
而广州的旅游产业区位商在本研究时间段内仍处于增长状态，产业集聚仍在加
剧。因此，受空间基尼系数计算原理的影响，广州这一重点城市的产业集聚效
应加剧令珠三角地区总体空间基尼系数呈上升态势。

图 5-27 1998—2018 年各地区旅游产业空间基尼系数对比

数据来源：根据国家及各省市自治区统计年鉴（1999—2019）、各城市统计公报整理计算所得

5.5.5 动态集聚指数

与前文分析相同，本书直接给出分析结果，如表 5-37 所示。

表 5-37 各地区旅游产业动态集聚指数

长三角	珠三角	环渤海	丝绸之路
$A_1 = 1.0030$	$A_2 = 0.8588$	$A_3 = 0.9692$	$A_4 = 1.2707$

由表 5-37 可以看出，长三角和环渤海地区的旅游产业动态集聚指数十分接近于 1，表明其 1998 年到 2015 年旅游产业增长速度与全国的增长速度基本持平。丝绸之路地区的动态集聚指数最大，为 1.27。其旅游产业增长速度高于全国 27% 个百分点，发展较快。这主要是因为丝绸之路地区原有经济收入和旅游发展较为落后，但随着国家西部大开发及"一带一路"倡议的提出，以众多优质旅游资源为依托，丝绸之路地区的旅游发展及旅游收入呈现出高速增长的态势。珠三角的动态集聚指数则小于 1，表明其区域旅游产业增长速度低于全国的发展速度。这主要是因为珠三角一些城市的旅游资源及旅游用地有限，开发已达到极限，因此发展速度难以再维持高速增长的缘故。

5.6 四大区域总评

本部分首先通过时间序列数据研究了四大区域人均 GDP 和旅游总收入区位商两个时间序列的变化规律，从整体上来测算分析其旅游产业的集聚效应。通过分析发现，对四大区域旅游产业来说，其集聚效应总体上是明显的，与区域经济增长之间存在长期正向相关关系，而且前者对后者的影响更多。鉴于四大区域各城市旅游产业发展的差异性，本书在分析时间序列数据的基础上，又通过面板数据分析各城市旅游产业集聚与区域经济增长之间的相互作用关系，并将各城市旅游产业集聚水平与集聚效应进行对比分析，发现集聚水平高不一定会带来强的集聚效应。最后根据长三角地区、珠三角地区、环渤海地区以及丝绸之路经济带（中国）旅游产业集聚水平和集聚效应的大小，运用 Ward 聚类分析方法，将其划分为三大方阵并进行了相应分析。

5.6.1 长三角地区

长三角地区历年来的旅游总收入仅次于环渤海地区，旅游产业发展处于较高水平；其旅游产业集中度位列四个地区最后一名，说明区域内各个城市的旅游发展最为均衡；长三角地区旅游总收入区位商呈先上升后下降的趋势，旅游产业集聚水平在经历了 2010 年前的上升期后，2011—2015 年已经步入了下降期；地区动态集聚指数为 1.0030，该区域旅游产业增速与全国基本持平。因此，长三角地区旅游产业发展需要新的思路，即创新发展、泛化发展和一体化发展。

（1）创新发展

就长三角区域自身而言，旅游产业集聚水平步入下降期的新常态，需要一系列的旅游产业发展创新，根据前文分析和作者团队实地调研，主要包括三个方面：一是制度创新。继续发挥上海自贸区的政策优势，进而将优势辐射到旅游产业的可持续发展中来。二是模式创新。三是运营创新。长三角区域旅游产业之所以能够取得较大的成就，也依赖于相应经济和社会基础。这个基础可以归纳为几个"缘"字，即地缘邻，文缘同，人缘亲，商缘通，市缘远，外缘大。有些"缘"因其他区域难以具备，是长三角区域旅游发展的天然基础。所以下一步应该把这几个"缘"字进一步发挥出来，在创新方面多下功夫。在总体发展方面，在创新的要求上，制度重于技术，长三角地区旅游产业的这种制度化培育已经具备很好的开端，在未来发展过程中会进一步得到完善。

（2）泛化发展

首先要形成区域的扩大。目前这一步正在逐步实施，但是，"泛长三角"的区域需要界定，而且还要得到被"泛化"的区域响应。比如，泛珠三角提出"9＋2"，"泛长三角"将包括哪些区域，很可能是整个华东地区。在泛化过程中，区域旅游合作的优势会越来越强，相邻区域自然希望加入。长三角地区作为一个客源产出地，具有经济优势（较强的旅游购买力）；但是作为一个旅游目的地，也需要进一步实现旅游资源开发优化、旅游产品（服务）设计合理以及旅游环境宜人。这就需要旅游客源和旅游资源的有机结合，需要绿色产品（服务）和旅游市场的有机结合，就会逐步形成泛市场的概念。此外，就是要把"长三角"乃至未来的"泛长三角"作为一个优质旅游品牌形象进行塑造。可以依托旅游博览会和旅游交易会的形式，推出具有区域特色的旅游产品（服务），逐步向全国乃至全球旅游大市场的方向起步。随着从国内向国际的进一步发展，未来的"泛长三角"区域旅游博览会可以办成国际性的旅游博览会，还可以办成区域品牌性的博览会。随着国际旅游博览会的举办及其影响的发挥，第一个方面，大量的外商进入，形成旅游产业国际竞争国内化、国内市场国际化的局面；第二个方面，"泛长三角"地区大批的旅游人才到海外去学习、培训甚至经商，旅游产业发展态势迅猛，较为自然地形成长三角的泛国际化概念。

（3）一体化发展

从"泛长三角"的视角上看，苏、浙、沪两省一市的旅游产业和经济发展水平最高，但也伴随着弱势因素。其他地方在经济总量方面可能相对较弱，但可能存在旅游资源禀赋。例如，安徽算不上一个经济大省，但从旅游资源角度看，无论是自然资源（黄山）还是人文资源（历史文化），又具备发展成为旅游强省的可能性。同时，也存在一些地区虽然经济发达，但是在旅游资源方面并不占优势，因此，"泛长三角"是强中有弱、弱中有强。从旅游客源市场角度来说，江、浙两省很多人会利用周末和节假日到上海和黄山等地度假，上海人可以在周边进行旅游消费或到外地消费。

现实中，长三角发展也孕育着"一体化"的理念，长三角地区目前已经形成了以上海为核心，以杭州、苏州、南京、无锡、宁波为第二批次城市，常州、南通、扬州、镇江、泰州、嘉兴、湖州、绍兴、舟山和台州为第三批次城市的旅游空间结构网络。各城市旅游产业发展较为均衡，因此应基于各自的旅游资源禀赋与特定地域文化，如上海——东方之珠、南京——六朝古都、苏州——古典园林等，发展各具特色的主题旅游产业集聚区，进而形成错位竞争，增强互补性的区域整体发展态势。针对发展水平相对滞后的泰州和南通2个城市，加强对这 2 个城市的培育和带动。此外，因长三角地区旅游产业集聚水平已发展到了一个较高的水平，当前，应借助于区域的智力资源和良好环境，积极建设区域旅游产业信息化平台。在长三角地区，旅游电子商务运营商模式如上海春秋散客网络、携程网、途牛网、驴妈妈等已创造了极佳的技术环境。长三角区域亟需构建一个旅游产业信息网络平台，为旅游企业在网络上自由交流信息和共享技术，从而提高旅游产业效率，并为进行旅游产品结构调整提供便利。

5.6.2 珠三角地区

珠三角地区的旅游总收入水平落后于长三角和环渤海地区，与这两个地区有一定的差距；旅游产业集中度位列第二的位置，仅次于丝绸之路地区，说明区域内各城市的发展并不均衡，还存在一定差异；旅游总收入区位商历年来始终呈下降的趋势，到 2015 年已成为四个区域的最后一名；地区动态集聚指数仅为 0.8588，位列四个区域最后，旅游产业增速落后于全国平均增速。

珠三角地区各个城市的旅游总收入差异情况要大于长三角地区，以广州和深圳 2 个城市的收入最为领先。但地区内，除了广州市的旅游产业区位商还以大于 1 的值每年递增外，以深圳为首的部分城市及区域总区位商已呈下降的态势，说明旅游产业区域集聚水平已开始减弱。珠三角地区一直以来都以思想的开放著称，这种创新精神也体现在了旅游产业集聚的形成中。如：深圳是我国第一个主题公园的诞生地，并引发了我国其他城市大举兴建主题公园的浪潮。在自然景观相对单调匮乏的珠三角地区，各地市政府应把握城市资源基础，适时发展会展旅游、工业旅游、休闲旅游等各具特色的旅游城市。

珠三角地区旅游产业集聚水平已步入下降的态势，但其旅游总收入较长三角和环渤海地区却还有一定差异。可能的原因是，区域内部分城市的土地资源已开发到极限，有限的新增旅游用地投入使旅游产业难以再维持高速的增长，较之其他产业相比也难以再对经济发展做出显著的推动作用。这就要求地方政府在有限的资源投入下争取最大效率地收取回报，对资源配置进行合理优化，通过提高技术水平、改善效率等方式实现产业转型，实现经济增长。

对比其他区域，珠三角地区的优势在于，区域内的各个城市均同属于广东省管辖，因此在资源整合协调和区域合作发展上具有明显优势。广东省可通过促进区域内旅游产业链上下游的企业进行联合生产，争取降低交易费用、获取联合生产优势和范围经济效益并消除多重加价的外部性，打造更具竞争力的旅游产品。并通过区域间合作的方式，以广州、深圳 2 个热点旅游城市带动周边其他城市，形成地区旅游产业的均衡发展。

5.6.3 环渤海地区

环渤海地区的旅游总收入水平位列四个地区第一的位置,城市平均旅游收入在 2015 年时已达到 1317.04 亿元;旅游产业集中度低于丝绸之路和珠三角地区,说明各城市的旅游发展水平较为均衡;旅游总收入区位商同样经历了先上升后下降的阶段,但总体上各年均大于 2.5,产业集聚明显;地区动态集聚指数为 0.9692,旅游产业增速与全国平均旅游产业增速相差不大。

凭借着优良的区位优势和众多优质的自然及人文景观,环渤海地区的旅游发展水平总体较高,城市平均旅游收入位列四个区域之首。然而地区内旅游产业集聚水平并不十分均衡,北京市、天津市、辽宁省、山东省的旅游产业整体集聚水平较高,而河北省、山西省和内蒙古自治区的旅游产业集聚水平较低。因此,河北省应加强与京津旅游产业的对接,而山西和内蒙古也应依各自的资源基础进一步开拓旅游市场,争取赶超区域内其他省市自治区。

与长三角和珠三角地区相比,环渤海地区的行政区域层次较多,分割过细。环渤海地区共包含五省(市、区)二市,各城市隶属关系不同,难以形成旅游产业一体化模式,这给城市之间的旅游产业协调发展带来很多限制,阻碍了区域及资源的自由流动和有机融合。因此,应建立统一的区域旅游组织协调机构,加强开放政策和政府间的协调与强力整合,有效配置优势地区与非优势地区的资金、技术、信息等旅游要素,整合旅游竞争优势。

5.6.4 丝绸之路经济带(中国)

丝绸之路地区的旅游总收入水平位列四个区域最后一名的位置,较其他三个经济发展水平较高的城市相比,该地区旅游产业发展起步较晚,旅游总收入落后较多;该地区旅游产业集中度为四个区域之首,城市间旅游发展水平参差不齐,旅游收入更多地来源有限的几个城市;与其他三个地区不同,丝绸之路地区的旅游总收入区位商始终呈上升的态势,说明虽然区域内旅游产业发展起步较晚,但已开始逐步形成产业集聚的趋势;地区动态集聚指数为 1.2707,旅游产业增速显著地高于其他三个地区和全国平均旅游产业增速。

由于历史演进、国家政策和区位等因素,丝绸之路地区无论是经济发展抑或旅游产业发展,起步都较晚。比起东部沿海地区的三大经济区,旅游产业发展水平落后较多。但近几年来,随着"一带一路"倡议的提出,国家开始大力协助和支持西部丝绸之路地区的经济发展。丝绸之路地区拥有众多自然旅游资源和人文旅游资源,该地区各级政府应加大对区域内旅游资源的宣传力度,打造突出地方特色的旅游品牌和旅游形象，扩大知名度，从而吸引更多旅游消费者。

该地区旅游产业区位商在研究时间段内呈上升态势，说明产业集聚水平仍然在提高。该地区的经济基础较为薄弱，一些旅游产业配套设施还不够全面。随着国家政策的扶持和地区宣传力度的加大，为迎合旅游者数量的增加和旅游总收入的快速上涨，各级政府应加大对旅游产业基础设施的投入和建设力度。目前，区域内的旅游总收入和产业集聚还只是集中于西安、兰州、宝鸡和乌鲁木齐几个城市。因此，可充分依托重点旅游城市，通过资源禀赋和区位条件等要素构建旅游城市圈或带状旅游城市群，借助于"一带一路"周边国家战略合作框架，使旅游重点（热点）城市的发展辐射到该区域的其他城市，从而带动其他相对落后的城市共同发展，最终提高整个地区的旅游产业集聚水平和旅游经济效益。

第6章

旅游产业区域集聚绩效指标体系构建与评价

作为提升旅游竞争力的重要手段之一（Tian, et al, 2016），旅游集聚现已成为国家和地区旅游发展的核心（Alexandrova, 2016）。随着经济和旅游的快速发展，我国部分省市自治区旅游产业已经出现区域集聚现象。旅游产业集聚水平的测度是评价旅游产业区域集聚绩效的基础，然而旅游产业的区域集聚水平高并不意味着集聚绩效好。旅游产业的区域集聚绩效受多方面因素的共同影响，因此对集聚绩效进行深入探讨是非常有必要的。旅游产业的区域集聚绩效评价是对旅游产业区域集聚在一定时期内的经营活动过程及其结果做出的一种综合判断，这种判断为集聚的发展提供了依据。因此，本章在构建旅游产业区域集聚绩效模型的基础上，试图构建具体的集聚绩效评价指标体系，并以31个省市自治区（包括省、自治区和直辖市；香港、澳门和台湾除外，以下同）为对象，对旅游产业区域集聚绩效评价进行定量分析。正确地认识和把握集聚绩效有助于更合理地制定相应的旅游发展战略并进行旅游发展规划，进而促进区域旅游产业和区域经济的可持续发展。

6.1　研究区域概述

根据我国的行政规划，目前31个省市自治区，包括4个直辖市（北京市、天津市、上海市、重庆市）、22个省（河北省、山西省、辽宁省、吉林省、黑龙江省、江苏省、浙江省、安徽省、福建省、江西省、山东省、河南省、湖北省、湖南省、广东省、海南省、四川省、贵州省、云南省、陕西省、甘肃省、青海省）及5个自治区（广西壮族自治区、内蒙古自治区、西藏自治区、宁夏回族自治区、新疆维吾尔自治区）。另外，第七章和本章的行政规划一致，不再赘述。

6.2　集聚水平分析

6.2.1　数据来源与计算说明

本书的研究区域为 31 个省市自治区，研究数据主要来自国家统计局、《中国统计年鉴》《中国旅游年鉴》《中国旅游统计年鉴》正本及副本、各省市统计年鉴、各省国民经济和社会发展统计公报等。本书选取 1998—2018 年 31 个省市自治区旅游产业的面板数据进行分析，且以国家统计数据为标准，缺失的数据再从各省市自治区年鉴或统计公报中收集。在计算区位商、空间基尼系数时，由于就业人数与收入存在高度的相关性，本书主要采用旅游收入指标。另外，出于整体性和直观性的原则，将国际旅游收入按当年汇率折合成人民币单位，并和国内旅游收入相加，构成各省市自治区旅游总收入，以考察全国旅游产业总体的集聚水平。同时分别对华东地区、华北地区、华南地区、华中地区、西北地区、东北地区、西南地区等省市自治区旅游产业集聚水平进行测算和分析。

6.2.2　区位商测算及结果分析

根据前文论述，经济学中的区位商主要用来解决一个给定区域中，某一产业占有的份额与整个经济中该产业占有份额的比值。在经济学中众多的产业集聚度的计算与评价指标中，区位商概念在测度产业集聚水平上具有综合性和专业性的特点，并充分考虑了产业的区域（空间）集聚的特性，也是衡量某一区域产业的专业化程度和集聚水平（程度）最常用的综合指标之一。其优点在于操作方便，而且能够形象（大体上）地反映出某个地区的主导产业和产业集聚水平（主导产业选择研究），其缺点在于，当研究旅游产业区域集聚水平的差异性或区域经济分布非均衡性时，则不能全面具体地体现。考虑到区位商分析区域产业集聚水平的综合性和专业性，作者团队将区位商作为基本方法之一，来分析和评价旅游产业区域集聚的总体水平。在计算旅游产业区位商过程中，可以考虑旅游景区（点）资源禀赋、旅游企业生产要素、旅游辅助机构、旅游收入以及旅游从业人数等指标，由于各项指标存在高度的相关性（作者团队曾做过简单测试），此处选择旅游收入指标来计算区位商，根据区位商的计算公式可以测算出各省旅游产业在全国水平上的集聚程度。

$$省份旅游收入区位商 = \frac{省份旅游总收入/省份\mathit{GDP}}{全国旅游总收入/全国\mathit{GDP}} \qquad (6-1)$$

根据区位商的计算公式，可以测算出 1998—2018 年各省市自治区在全国水平上的区位商情况，如表 6-1 所示。

从 31 个省市自治区 1998—2018 年在全国水平上的区位商可以发现，除宁夏、甘肃、河北、青海、内蒙古、新疆、黑龙江、吉林外，各省历年区位商均大于 1，其中北京历年区位商均值高达 5.191，上海、贵州、天津、海南、云南均值达到 3 以上，西藏、辽宁、浙江、重庆、四川、江苏、山西、广东、广西、陕西、福建、江西、湖北、河南均值达到 2 以上。因此，可以看出，就 31 个省市自治区而言，大部分旅游产业具有较明显的区域专业化特点，集聚程度已经达到一定水平。而且，北京、上海、贵州、天津、海南、云南等地的旅游产业在全国的优势更为突出。然而宁夏、甘肃、河北、青海、内蒙古、新疆、黑龙江、吉林等地非常薄弱，旅游产业的集聚水平不高，尚未形成优势产业。

从历年区位商变动趋势来看，除 2003 年特殊时期外，2002 年全国区位商平均值均保持在 2 以上，1998—2010 年呈逐步上升趋势，2011 年稍有下降，后又开始回升，但最近两年上升趋势并不明显。这也间接表明了国家及各省市自治区对旅游产业发展的重视。然而北京、上海、天津、海南等地历年区位商逐步呈下降趋势，这说明 20 世纪 90 年代的"星星之火"已逐步发展呈现"燎原之势"，其他省市自治区对旅游产业发展的重视可见一斑，尤以贵州、西藏、四川、山西等地的发展速度最为明显。

同时根据 31 个省市自治区所处的区域位置，对各省市自治区在全国水平和区域水平的旅游收入区位商进行测算和分析。其中，华东地区包括上海、江苏、浙江、安徽、福建、山东；华北地区包括北京、天津、河北、山西、内蒙古；华南地区包括广东、广西、海南；华中地区包括湖南、湖北、河南、江西；西北地区包括陕西、甘肃、宁夏、青海、新疆；东北地区包括辽宁、吉林、黑龙江；西南地区包括云南、贵州、四川、重庆、西藏。具体测算结果如表 6-2 至表 6-8 所示。

表6-1 1998—2018年31省市自治区在全国水平上的区位商

旅游收入区位商

省市自治区	1998	1999	2000	2001	2002	2003	2004	2005	2006	2007	2008	2009	2010	2011	2012	2013	2014	2015	2016	2017	2018	各省平均值
北京	6.465	6.201	6.370	6.737	5.985	4.823	5.481	5.540	5.412	5.220	5.452	5.386	5.111	4.267	4.188	3.993	3.523	3.289	3.103	2.990	2.945	4.880
上海	4.693	4.479	4.205	4.049	4.477	5.222	4.272	4.184	3.988	3.850	3.804	3.987	4.484	3.550	3.654	3.011	2.454	2.217	2.207	2.279	2.066	3.673
贵州	1.149	1.195	1.351	1.588	1.861	2.289	2.348	3.029	4.029	4.357	5.004	5.517	6.014	5.409	5.606	5.906	5.488	5.482	6.797	8.050	9.646	4.386
天津	4.839	4.303	4.107	4.139	4.229	4.581	3.921	3.614	3.563	3.469	3.581	3.675	3.528	2.859	2.889	2.963	2.782	2.770	2.750	2.840	3.136	3.549
海南	3.742	3.429	3.291	3.349	3.226	3.664	3.181	3.293	3.242	3.365	3.398	3.431	3.252	2.770	2.739	2.720	2.433	2.535	2.636	2.787	2.965	3.116
云南	1.846	2.423	2.319	2.651	2.723	3.353	2.813	3.000	3.051	2.870	3.193	3.523	3.633	3.153	3.410	3.593	3.653	3.923	5.043	6.413	7.583	3.532
西藏	1.035	1.112	1.295	1.197	1.324	1.567	1.632	1.885	2.325	3.482	1.564	3.400	3.670	3.455	3.726	4.080	3.888	4.473	4.563	4.433	5.002	2.815
辽宁	1.170	1.136	1.208	1.371	1.765	2.074	2.008	2.209	2.541	2.866	3.483	3.922	3.795	3.237	3.281	3.424	3.245	2.124	3.042	3.033	3.199	2.578
浙江	1.746	1.694	1.699	1.878	1.930	2.212	2.259	2.488	2.507	2.642	2.866	3.083	3.115	2.723	2.860	2.940	2.754	2.729	2.762	2.758	2.685	2.492
重庆	1.391	1.469	1.831	1.983	2.138	2.231	2.011	2.098	2.158	2.315	2.648	2.886	3.014	2.727	2.987	2.764	2.457	2.348	2.390	2.598	3.217	2.365
四川	0.134	1.372	1.451	1.614	1.749	2.207	2.084	2.363	2.745	2.822	2.360	2.789	2.862	2.578	2.838	2.945	3.010	3.383	3.740	3.696	3.749	2.499
江苏	1.668	1.646	1.671	1.736	1.880	2.402	2.248	2.355	2.503	2.606	2.826	2.897	2.903	2.428	2.465	2.390	2.172	2.116	2.140	2.079	2.157	2.252
山西	0.868	0.898	0.973	1.092	1.183	0.994	1.314	1.666	2.136	2.357	2.773	3.248	3.071	2.576	3.089	3.648	3.917	4.415	5.212	5.483	6.033	2.712
广东	2.532	2.346	2.365	2.322	2.308	2.362	2.073	2.013	1.942	1.889	1.982	2.112	2.185	1.959	2.097	2.665	2.400	2.334	2.082	2.043	2.108	2.196
广西	1.804	1.758	1.828	1.976	1.988	2.052	1.744	1.865	1.887	1.873	2.078	2.422	2.596	2.352	2.629	2.854	2.903	3.175	3.645	4.19	5.646	2.536
陕西	1.601	1.565	1.838	1.842	1.806	1.734	2.226	2.169	2.150	2.143	2.268	2.520	2.537	2.283	2.444	2.654	2.525	2.712	3.157	3.366	3.699	2.344
福建	1.564	1.652	1.789	1.875	2.065	2.173	2.247	2.527	2.605	2.653	2.572	2.481	2.365	1.962	2.009	2.096	1.976	1.983	2.189	2.410	2.794	2.190

续表

旅游收入区位商

省市自治区	1998	1999	2000	2001	2002	2003	2004	2005	2006	2007	2008	2009	2010	2011	2012	2013	2014	2015	2016	2017	2018	各省平均值
江西	1.173	1.354	1.490	1.638	1.695	1.967	1.637	1.908	1.976	1.955	2.194	2.365	2.257	2.039	2.237	2.638	2.960	3.566	4.314	4.734	5.597	2.461
湖北	1.725	1.726	1.759	2.013	2.104	2.016	1.710	1.737	1.726	1.679	1.796	2.077	2.385	2.190	2.440	2.592	2.406	2.392	2.392	2.312	2.430	2.076
河南	1.472	1.538	1.560	1.538	1.589	1.413	1.739	1.828	2.048	2.201	2.415	2.730	2.628	2.245	2.347	2.404	2.195	2.223	2.277	2.298	2.548	2.059
安徽	1.033	1.085	1.199	1.249	1.317	1.383	1.291	1.375	1.617	1.893	2.260	2.404	2.427	2.667	3.141	3.154	2.889	3.070	3.244	3.449	3.639	2.180
湖南	0.816	0.844	0.925	1.213	1.288	1.765	1.549	1.662	1.864	1.893	2.015	2.257	2.320	1.957	2.082	2.183	1.981	2.096	2.390	3.176	3.459	1.892
吉林	0.466	0.518	0.642	0.871	1.067	1.489	1.384	1.531	1.566	1.620	1.918	2.139	2.205	1.897	2.038	2.268	2.300	2.659	3.088	3.513	4.213	1.876
山东	0.929	0.924	1.093	1.187	1.292	1.328	1.274	1.368	1.441	1.569	1.772	1.939	2.038	1.778	1.866	1.891	1.737	1.838	1.901	1.939	2.063	1.579
黑龙江	0.766	0.891	0.957	1.164	1.218	1.531	1.236	1.228	1.377	1.478	1.849	2.029	2.222	1.871	1.962	1.912	1.244	1.480	1.653	1.805	2.068	1.521
新疆	1.394	1.268	1.142	1.183	1.243	1.375	1.239	1.289	1.274	1.425	1.355	1.167	1.408	1.440	1.586	1.607	1.231	0.180	2.311	2.555	3.189	1.469
内蒙古	0.399	0.358	0.613	0.808	0.923	1.109	1.121	1.292	1.381	1.494	1.511	1.682	1.639	1.338	1.469	1.663	1.785	2.052	2.311	3.272	3.499	1.510
青海	0.507	0.456	0.887	0.938	0.970	1.049	0.996	1.153	1.354	1.451	1.280	1.489	1.378	1.198	1.347	1.505	1.539	1.683	1.914	2.211	2.454	1.322
河北	0.981	0.941	0.934	0.990	1.008	0.830	0.971	1.059	1.082	1.043	0.947	1.104	1.169	1.075	1.234	1.417	1.529	1.889	2.320	2.615	3.198	1.349
甘肃	0.482	0.451	0.485	0.490	0.553	0.472	0.769	0.782	0.858	1.049	1.187	1.526	1.501	1.436	1.722	1.974	2.003	2.354	2.521	3.072	3.767	1.402
宁夏	0.485	0.568	0.712	0.721	0.699	0.646	0.662	0.702	0.861	0.842	0.920	1.058	1.045	0.864	0.912	0.990	0.910	0.908	1.058	1.232	1.221	0.858
全国平均值	1.641	1.665	1.742	1.852	1.923	2.075	1.982	2.104	2.233	2.335	2.428	2.685	2.734	2.396	2.558	2.672	2.525	2.593	2.941	3.214	3.612	2.377

数据来源：根据国家及各省市自治区统计年鉴（1999—2019）、各城市统计公报整理计算所得

表6-2 1998—2018年华东地区各省市自治区在全国水平和区域水平上的旅游收入区位商

1998—2018年华东地区在全国水平上的旅游收入区位商

省市自治区	1998	1999	2000	2001	2002	2003	2004	2005	2006	2007	2008	2009	2010	2011	2012	2013	2014	2015	2016	2017	2018	各省平均值
上海	4.693	4.479	4.205	4.049	4.477	5.222	4.272	4.184	3.988	3.850	3.804	3.987	4.484	3.550	3.654	3.011	2.454	2.217	2.207	2.279	2.066	3.673
浙江	1.746	1.694	1.699	1.878	1.930	2.212	2.259	2.488	2.507	2.642	2.866	3.083	3.115	2.723	2.860	2.940	2.754	2.729	2.762	2.758	2.685	2.492
江苏	1.668	1.646	1.671	1.736	1.880	2.402	2.248	2.355	2.503	2.606	2.826	2.897	2.903	2.428	2.465	2.390	2.172	2.116	2.140	2.079	2.157	2.252
福建	1.564	1.652	1.789	1.875	2.065	2.173	2.247	2.527	2.605	2.653	2.572	2.481	2.365	1.962	2.009	2.096	1.976	1.983	2.189	2.410	2.794	2.190
安徽	1.033	1.085	1.199	1.249	1.317	1.383	1.291	1.375	1.617	1.893	2.260	2.404	2.427	2.667	3.141	3.154	2.889	3.070	3.244	3.449	3.639	2.180
山东	0.929	0.924	1.093	1.187	1.292	1.328	1.274	1.368	1.441	1.569	1.772	1.939	2.038	1.778	1.866	1.891	1.737	1.838	1.901	1.939	2.063	1.579
区域平均值	1.939	1.913	1.943	1.996	2.160	2.453	2.265	2.383	2.444	2.536	2.683	2.799	2.889	2.518	2.666	2.580	2.330	2.326	2.407	2.485	2.567	2.394

1998—2018年华东地区在华东区域水平上的旅游收入区位商

省市自治区	1998	1999	2000	2001	2002	2003	2004	2005	2006	2007	2008	2009	2010	2011	2012	2013	2014	2015	2016	2017	2018	各省平均值
上海	2.570	2.475	2.260	2.110	2.162	2.194	1.939	1.815	1.692	1.570	1.460	1.462	1.598	1.472	1.451	1.224	1.099	0.993	1.240	0.973	0.852	1.648
浙江	0.956	0.936	0.913	0.979	0.932	0.929	1.026	1.079	1.063	1.077	1.100	1.130	1.110	1.129	1.136	1.195	1.233	1.223	1.552	1.177	1.107	1.094
江苏	0.914	0.909	0.899	0.905	0.908	1.009	1.021	1.021	1.062	1.063	1.084	1.062	1.034	1.007	0.979	0.971	0.972	0.948	1.203	0.887	0.890	0.988
福建	0.856	0.912	0.962	0.977	0.998	0.913	1.020	1.096	1.105	1.082	0.987	0.910	0.843	0.814	0.798	0.852	0.885	0.888	1.231	1.029	1.152	0.967
安徽	0.566	0.600	0.645	0.651	0.636	0.581	0.586	0.597	0.686	0.772	0.867	0.881	0.865	1.106	1.247	1.282	1.293	1.375	1.824	1.472	1.500	0.954
山东	0.509	0.511	0.587	0.618	0.624	0.558	0.578	0.593	0.611	0.640	0.680	0.711	0.726	0.737	0.741	0.769	0.778	0.823	1.069	0.827	0.851	0.692
区域平均值	1.062	1.057	1.044	1.040	1.043	1.031	1.028	1.034	1.036	1.034	1.030	1.026	1.029	1.044	1.059	1.049	1.043	1.042	1.353	1.061	1.059	1.057

数据来源:根据国家及各省市自治区统计年鉴(1999—2019)、各城市统计公报整理计算所得

表 6 – 3　1998—2018 年华北地区各省市自治区在全国水平和区域水平上的旅游收入区位商

1998—2018 年各省市自治区在全国水平上的旅游收入区位商

省市自治区	1998	1999	2000	2001	2002	2003	2004	2005	2006	2007	2008	2009	2010	2011	2012	2013	2014	2015	2016	2017	2018	各省平均值
北京	6.465	6.201	6.370	6.737	5.985	4.823	5.481	5.540	5.412	5.220	5.452	5.386	5.111	4.267	4.188	3.993	3.523	3.289	3.103	2.990	2.945	4.880
天津	4.839	4.303	4.107	4.139	4.229	4.581	3.921	3.614	3.563	3.469	3.581	3.675	3.528	2.859	2.889	2.963	2.782	2.770	2.750	2.840	3.136	3.549
山西	0.868	0.898	0.973	1.092	1.183	0.994	1.314	1.666	2.136	2.357	2.773	3.248	3.071	2.576	3.089	3.648	3.917	4.415	5.212	5.483	6.033	2.712
内蒙古	0.399	0.358	0.613	0.808	0.923	1.109	1.121	1.292	1.381	1.494	1.511	1.682	1.639	1.338	1.469	1.663	1.785	2.052	2.311	3.272	3.499	1.510
河北	0.981	0.941	0.934	0.990	1.008	0.830	0.971	1.059	1.082	1.043	0.947	1.104	1.169	1.075	1.234	1.417	1.529	1.889	2.320	2.615	3.198	1.349
区域平均值	2.710	2.540	2.599	2.753	2.666	2.467	2.562	2.634	2.715	2.717	2.853	3.019	2.904	2.423	2.574	2.737	2.707	2.883	3.139	3.440	3.762	2.800

1998—2018 年华北地区在华北区域水平上的旅游收入区位商

省市自治区	1998	1999	2000	2001	2002	2003	2004	2005	2006	2007	2008	2009	2010	2011	2012	2013	2014	2015	2016	2017	2018	各省平均值
北京	2.504	2.484	2.449	2.389	2.202	2.019	2.156	2.132	2.048	1.996	2.036	1.909	1.877	1.881	1.738	1.557	1.392	1.215	1.060	0.930	0.826	1.848
天津	1.874	1.724	1.579	1.467	1.556	1.917	1.543	1.391	1.349	1.327	1.338	1.302	1.296	1.260	1.199	1.155	1.099	1.023	0.939	0.883	0.879	1.338
山西	0.336	0.360	0.374	0.387	0.435	0.416	0.517	0.641	0.808	0.901	1.036	1.151	1.128	1.136	1.282	1.422	1.547	1.630	1.780	1.705	1.691	0.985
内蒙古	0.155	0.144	0.235	0.286	0.340	0.464	0.441	0.497	0.523	0.571	0.564	0.596	0.602	0.590	0.609	0.648	0.705	0.758	0.789	1.018	0.981	0.548
河北	0.380	0.377	0.359	0.351	0.371	0.347	0.382	0.408	0.409	0.399	0.354	0.391	0.429	0.474	0.512	0.552	0.604	0.698	0.792	0.813	0.896	0.490
区域平均值	1.050	1.018	0.999	0.976	0.981	1.033	1.008	1.014	1.028	1.039	1.066	1.070	1.066	1.068	1.068	1.067	1.069	1.065	1.072	1.070	1.055	1.042

数据来源：根据国家及各省市自治区统计年鉴（1999—2019）、各城市统计公报整理计算所得。

表6-4 1998—2018年华南地区各省市自治区在全国水平和区域水平上的旅游收入区位商

1998—2018年华南地区各省市自治区在全国水平上的旅游收入区位商

省市自治区	1998	1999	2000	2001	2002	2003	2004	2005	2006	2007	2008	2009	2010	2011	2012	2013	2014	2015	2016	2017	2018	各省平均值
海南	3.742	3.429	3.291	3.349	3.226	3.664	3.181	3.293	3.242	3.365	3.398	3.431	3.252	2.770	2.739	2.720	2.433	2.535	2.636	2.787	2.965	3.116
广东	2.532	2.346	2.365	2.322	2.308	2.362	2.073	2.013	1.942	1.889	1.982	2.112	2.185	1.959	2.097	2.665	2.400	2.334	2.082	2.043	2.108	2.196
广西	1.804	1.758	1.828	1.976	1.988	2.052	1.744	1.865	1.887	1.873	2.078	2.422	2.596	2.352	2.629	2.854	2.903	3.175	3.645	4.19	5.646	2.536
区域平均值	2.693	2.511	2.495	2.549	2.507	2.693	2.333	2.390	2.357	2.376	2.486	2.655	2.678	2.360	2.488	2.746	2.579	2.681	2.788	3.007	3.573	2.616

1998—2018年华南地区在华南区域水平上的旅游收入区位商

省市自治区	1998	1999	2000	2001	2002	2003	2004	2005	2006	2007	2008	2009	2010	2011	2012	2013	2014	2015	2016	2017	2018	各省平均值
海南	1.525	1.497	1.420	1.451	1.406	1.549	1.542	1.618	1.640	1.740	1.663	1.555	1.419	1.346	1.236	1.007	0.976	1.017	1.106	1.136	1.086	1.423
广东	1.032	1.024	1.020	1.006	1.006	0.999	1.005	0.990	0.982	0.977	0.970	0.958	0.954	0.952	0.946	0.987	0.963	0.936	0.873	0.833	0.772	0.984
广西	0.735	0.768	0.789	0.856	0.866	0.868	0.846	0.917	0.955	0.968	1.017	1.098	1.133	1.143	1.186	1.057	1.165	1.273	1.529	1.707	2.068	0.980
区域平均值	1.098	1.096	1.076	1.104	1.092	1.138	1.131	1.175	1.192	1.228	1.216	1.204	1.169	1.147	1.122	1.017	1.035	1.075	1.169	1.225	1.309	1.144

数据来源:根据国家及各省市自治区统计年鉴(1999—2019)、各城市统计公报整理计算所得

表6-5 1998—2018年华中地区各省市自治区在全国水平和区域水平上的旅游收入区位商

1998—2018年华中地区各省市自治区在全国水平上的旅游收入区位商

省市自治区	1998	1999	2000	2001	2002	2003	2004	2005	2006	2007	2008	2009	2010	2011	2012	2013	2014	2015	2016	2017	2018	各省平均值
江西	1.173	1.354	1.490	1.638	1.695	1.967	1.637	1.908	1.976	1.955	2.194	2.365	2.257	2.039	2.237	2.638	2.960	3.566	4.314	4.734	5.597	2.461
湖北	1.725	1.726	1.759	2.013	2.104	2.016	1.710	1.737	1.726	1.679	1.796	2.077	2.385	2.190	2.440	2.592	2.406	2.392	2.392	2.312	2.430	2.076
河南	1.472	1.538	1.560	1.538	1.589	1.413	1.739	1.828	2.048	2.201	2.415	2.730	2.628	2.245	2.347	2.404	2.195	2.223	2.277	2.298	2.548	2.059

1998—2018年华中地区在全国水平上的旅游收入区位商

省市自治区	1998	1999	2000	2001	2002	2003	2004	2005	2006	2007	2008	2009	2010	2011	2012	2013	2014	2015	2016	2017	2018	各省平均值
湖南	0.816	0.844	0.925	1.213	1.288	1.765	1.549	1.662	1.864	1.893	2.015	2.257	2.320	1.957	2.082	2.183	1.981	2.096	2.390	3.176	3.459	1.892
区域平均值	1.297	1.366	1.434	1.601	1.669	1.790	1.659	1.784	1.904	1.932	2.105	2.357	2.398	2.108	2.277	2.454	2.386	2.569	2.843	3.130	3.509	2.122

1998—2018年华中区域水平上的旅游收入区位商

省市自治区	1998	1999	2000	2001	2002	2003	2004	2005	2006	2007	2008	2009	2010	2011	2012	2013	2014	2015	2016	2017	2018	各省平均值
湖北	1.296	1.247	1.221	1.265	1.268	1.165	1.024	0.977	0.900	0.853	0.839	0.865	0.978	1.029	1.067	1.066	1.042	0.982	1.632	1.636	1.747	1.148
江西	0.881	0.978	1.034	1.029	1.022	1.137	0.980	1.073	1.030	0.993	1.025	0.984	0.926	0.958	0.978	1.085	1.282	1.465	0.905	0.799	0.759	1.015
河南	1.106	1.111	1.083	0.967	0.958	0.817	1.041	1.028	1.068	1.118	1.129	1.137	1.078	1.055	1.026	0.989	0.950	0.913	0.862	0.794	0.795	1.001
湖南	0.613	0.610	0.642	0.762	0.776	1.020	0.927	0.934	0.972	0.962	0.942	0.940	0.952	0.920	0.911	0.898	0.858	0.861	0.904	1.097	1.080	0.885
区域平均值	0.974	0.986	0.995	1.006	1.006	1.034	0.993	1.003	0.992	0.982	0.984	0.981	0.984	0.991	0.995	1.010	1.033	1.055	1.076	1.082	1.095	1.012

数据来源：根据国家及各省市自治区统计年鉴（1999—2019）、各城市统计公报整理计算所得

表6-6　1998—2018年西北地区各省市自治区在全国水平和区域水平上的旅游收入区位商

1998—2018年西北地区各省市自治区在全国水平上的旅游收入区位商

省市自治区	1998	1999	2000	2001	2002	2003	2004	2005	2006	2007	2008	2009	2010	2011	2012	2013	2014	2015	2016	2017	2018	各省平均值
陕西	1.601	1.565	1.838	1.842	1.806	1.734	2.226	2.169	2.150	2.143	2.268	2.520	2.537	2.283	2.444	2.654	2.525	2.712	3.157	3.366	3.699	2.344
新疆	1.394	1.268	1.142	1.183	1.243	1.375	1.239	1.289	1.274	1.425	1.355	1.167	1.408	1.440	1.586	1.607	1.231	0.180	2.311	2.555	3.189	1.469
青海	0.507	0.456	0.887	0.938	0.970	1.049	0.996	1.153	1.354	1.451	1.280	1.489	1.378	1.198	1.347	1.505	1.539	1.683	1.914	2.211	2.454	1.322

续表

1998—2018 年西北地区在全国水平上的旅游收入区位商

省市自治区	1998	1999	2000	2001	2002	2003	2004	2005	2006	2007	2008	2009	2010	2011	2012	2013	2014	2015	2016	2017	2018	各省平均值
甘肃	0.482	0.451	0.485	0.490	0.553	0.472	0.769	0.782	0.858	1.049	1.187	1.526	1.501	1.436	1.722	1.974	2.003	2.354	2.521	3.072	3.767	1.402
宁夏	0.485	0.568	0.712	0.721	0.699	0.646	0.662	0.702	0.861	0.842	0.920	1.058	1.045	0.864	0.912	0.990	0.910	0.908	1.058	1.232	1.221	0.858
区域平均值	0.894	0.862	1.013	1.035	1.054	1.055	1.178	1.219	1.299	1.382	1.402	1.552	1.574	1.444	1.602	1.746	1.642	1.567	2.192	2.487	2.866	1.479

1998—2018 年西北地区在西北区域水平上的旅游收入区位商

省市自治区	1998	1999	2000	2001	2002	2003	2004	2005	2006	2007	2008	2009	2010	2011	2012	2013	2014	2015	2016	2017	2018	各省平值
陕西	1.383	1.417	1.508	1.482	1.429	1.379	1.508	1.445	1.403	1.327	1.347	1.362	1.336	1.298	1.263	1.266	1.294	1.459	1.207	1.159	1.107	1.351
新疆	1.205	1.148	0.937	0.952	0.984	1.093	0.839	0.858	0.831	0.882	0.805	0.631	0.742	0.818	0.819	0.767	0.631	0.097	0.884	0.880	0.954	0.846
青海	0.438	0.413	0.728	0.754	0.768	0.834	0.674	0.768	0.883	0.899	0.760	0.805	0.726	0.681	0.696	0.718	0.788	0.905	0.732	0.761	0.735	0.736
甘肃	0.417	0.408	0.397	0.394	0.438	0.376	0.521	0.520	0.560	0.650	0.705	0.825	0.790	0.816	0.889	0.941	1.027	1.266	0.964	1.058	1.127	0.719
宁夏	0.419	0.514	0.584	0.580	0.554	0.513	0.449	0.468	0.562	0.521	0.547	0.572	0.550	0.491	0.471	0.472	0.467	0.489	0.404	0.424	0.365	0.496
区域平均值	0.772	0.780	0.831	0.833	0.834	0.839	0.798	0.812	0.848	0.856	0.833	0.839	0.829	0.821	0.828	0.833	0.841	0.843	0.838	0.856	0.858	0.830

数据来源：根据国家及各省市自治区统计年鉴(1999—2019)、各城市统计公报整理计算所得

表6-7 1998—2018 年东北地区各省市自治区在全国水平和区域水平上的旅游收入区位商

1998—2018 年东北地区各省市自治区在全国水平上的旅游收入区位商

省市自治区	1998	1999	2000	2001	2002	2003	2004	2005	2006	2007	2008	2009	2010	2011	2012	2013	2014	2015	2016	2017	2018	各省平均值
辽宁	1.170	1.136	1.208	1.371	1.765	2.074	2.008	2.209	2.541	2.866	3.483	3.922	3.795	3.237	3.281	3.424	3.245	2.124	3.042	3.033	3.199	2.578

续表

1998—2018 年东北地区在全国水平上的旅游收入区位商

省市自治区	1998	1999	2000	2001	2002	2003	2004	2005	2006	2007	2008	2009	2010	2011	2012	2013	2014	2015	2016	2017	2018	各省平均值
吉林	0.466	0.518	0.642	0.871	1.067	1.489	1.384	1.531	1.566	1.620	1.918	2.139	2.205	1.897	2.038	2.268	2.300	2.659	3.088	3.513	4.213	1.876
黑龙江	0.766	0.891	0.957	1.164	1.218	1.531	1.236	1.228	1.377	1.478	1.849	2.029	2.222	1.871	1.962	1.912	1.244	1.480	1.653	1.805	2.068	1.521
区域平均值	0.801	0.848	0.936	1.135	1.350	1.698	1.543	1.656	1.828	1.988	2.417	2.697	2.741	2.335	2.427	2.535	2.263	2.088	2.594	2.784	3.160	1.992

1998—2018 年东北地区在东北区域水平上的旅游收入区位商

省市自治区	1998	1999	2000	2001	2002	2003	2004	2005	2006	2007	2008	2009	2010	2011	2012	2013	2014	2015	2016	2017	2018	各省平均值
辽宁	1.301	1.214	1.191	1.139	1.219	1.166	1.238	1.262	1.293	1.322	1.314	1.316	1.268	1.271	1.248	1.246	1.301	1.017	1.149	1.081	0.748	1.944
吉林	0.518	0.553	0.633	0.724	0.737	0.837	0.853	0.874	0.797	0.747	0.723	0.717	0.737	0.745	0.775	0.825	0.922	1.274	1.167	1.252	0.985	0.828
黑龙江	0.852	0.952	0.944	0.967	0.841	0.861	0.762	0.701	0.701	0.682	0.698	0.680	0.743	0.735	0.746	0.696	0.499	0.709	0.625	0.643	0.483	0.739
区域平均值	0.891	0.906	0.923	0.943	0.932	0.955	0.951	0.946	0.930	0.917	0.912	0.904	0.916	0.917	0.923	0.922	0.907	1.000	0.980	0.992	0.739	0.924

数据来源：根据国家及各省市自治区统计年鉴(1999—2019)、各城市统计公报整理计算所得

表6-8　1998—2018 年西南地区各省市自治区在全国水平和区域水平上的旅游收入区位商

1998—2018 年西南地区各省市自治区在全国水平上的旅游收入区位商

省市自治区	1998	1999	2000	2001	2002	2003	2004	2005	2006	2007	2008	2009	2010	2011	2012	2013	2014	2015	2016	2017	2018	各省平均值
贵州	1.149	1.195	1.351	1.588	1.861	2.289	2.348	3.029	4.029	4.357	5.004	5.517	6.014	5.409	5.606	5.906	5.488	5.482	6.797	8.050	9.646	4.386

续表

1998—2018年西南地区在全国水平上的旅游收入区位商

省市自治区	1998	1999	2000	2001	2002	2003	2004	2005	2006	2007	2008	2009	2010	2011	2012	2013	2014	2015	2016	2017	2018	各省平均值
云南	1.846	2.423	2.319	2.651	2.723	3.353	2.813	3.000	3.051	2.870	3.193	3.523	3.633	3.153	3.410	3.593	3.653	3.923	5.043	6.413	7.583	3.532
西藏	1.035	1.112	1.295	1.197	1.324	1.567	1.632	1.885	2.325	3.482	1.564	3.400	3.670	3.455	3.726	4.080	3.888	4.473	4.563	4.433	5.002	2.815
重庆	1.391	1.469	1.831	1.983	2.138	2.231	2.011	2.098	2.158	2.315	2.648	2.886	3.014	2.727	2.987	2.764	2.457	2.348	2.390	2.598	3.217	2.365
四川	0.134	1.372	1.451	1.614	1.749	2.207	2.084	2.363	2.745	2.822	2.360	2.789	2.862	2.578	2.838	2.945	3.010	3.383	3.740	3.696	3.749	2.499
区域平均值	1.111	1.514	1.649	1.807	1.959	2.329	2.178	2.475	2.862	3.169	2.954	3.623	3.839	3.464	3.713	3.858	3.699	3.922	4.507	5.038	5.839	3.119

1998—2018年西南地区在西南区域水平上的旅游收入区位商

省市自治区	1998	1999	2000	2001	2002	2003	2004	2005	2006	2007	2008	2009	2010	2011	2012	2013	2014	2015	2016	2017	2018	各省平均值
贵州	1.262	0.742	0.790	0.831	0.909	0.933	1.044	1.205	1.419	1.487	1.718	1.669	1.748	1.755	1.674	1.713	1.625	1.530	1.635	1.733	1.823	1.393
云南	2.028	1.504	1.356	1.388	1.330	1.366	1.251	1.193	1.075	0.980	1.096	1.066	1.056	1.023	1.018	1.042	1.082	1.094	1.213	1.381	1.433	1.237
西藏	1.138	0.690	0.757	0.627	0.646	0.638	0.726	0.750	0.819	1.188	0.537	1.029	1.066	1.121	1.112	1.184	1.152	1.248	1.098	0.954	0.945	0.925
重庆	1.528	0.911	1.070	1.039	1.044	0.909	0.894	0.835	0.760	0.790	0.909	0.873	0.876	0.885	0.892	0.802	0.728	0.655	0.575	0.559	0.608	0.864
四川	0.147	0.852	0.848	0.845	0.854	0.899	0.927	0.940	0.967	0.963	0.810	0.844	0.832	0.836	0.847	0.854	0.891	0.944	0.900	0.796	0.708	0.834
区域平均值	1.221	0.940	0.964	0.946	0.957	0.949	0.969	0.984	1.008	1.082	1.014	1.096	1.115	1.124	1.109	1.119	1.096	1.094	1.084	1.085	1.103	1.050

数据来源：国家及各省自治区统计年鉴（1999—2019）、各城市统计公报整理计算所得

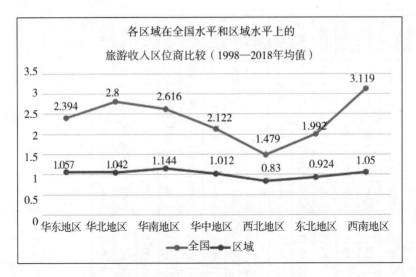

图 6-1　全国水平和各区域的旅游收入区位商（1998-2018 年均值）
数据来源：根据国家及各省市自治区统计年鉴（1999—2019）、各城市统计公报整理计算所得

西南地区、华北地区、华南地区及华东地区旅游产业发展均高于全国同期平均水平，在我国旅游产业中占据着重要地位。尤其是西南地区、华北地区和华南地区具有很明显的集聚优势。各省市自治区在区域水平上的旅游收入区位商结果显示，上海、北京、天津、海南、陕西、辽宁、贵州和云南等省市自治区分别对华东区域、华北区域、华南区域、西北区域、东北区域、西南区域的旅游发展起着举足轻重的作用；而华中区域四省市自治区发展较为均衡（图 6-1）。

6.2.3　空间基尼系数测算及结果分析

空间基尼系数也是衡量产业集聚程度的系数之一，其最初用来研究收入的不均衡程度。洛伦兹在研究居民收入分配时，提出了解释社会分配平均程度的洛伦兹曲线。基尼根据洛伦兹曲线，提出了计算收入分配公平程度的统计指标——基尼系数。克鲁格曼等利用洛伦兹曲线和基尼系数的原理和方法，构造了测定行业在空间分布均衡程度的空间基尼系数。空间基尼系数反映的是产业区域分布的不均程度。计算公式为：

$$G = \sum_{i=1}^{m} (S_i - x_i)^2 \qquad (6-2)$$

其中 S_i 是 i 省市自治区旅游产业产值（或就业人数）占区域旅游产业总产值（或总就业人数）的比重；x_i 是 i 省市自治区产值（或就业人数）占区域总产值（或

总就业人数）的比重。基尼系数在0~1之间变动，基尼系数越大则表示产业空间分布越不均衡，产业的集聚水平也就越高。该类计算方法是从面到点、从宏观到中观表明整个产业中本土产业所占的比例。系数越高（最大值为1），表明集聚程度越大，产业在地理上愈加集中。这种方法简便直观，但没有考虑到企业的规模差异。

需要说明的是，空间基尼系数开始主要用于测定制造业的区域集聚程度。近年来，有学者对服务业的集聚状况进行了研究并证实了空间基尼系数在旅游产业内的适用性，如王凯、易静（2013）运用空间基尼系数对我国旅游产业空间集聚程度进行了测度。鉴于此，作者团队用空间基尼系数来对旅游产业区域集聚水平进行测度是可行的。旅游产业空间基尼系数反映了区域旅游总收入在区域内各省市自治区分布的总体平均程度，说明了区域内旅游产业发展是否均衡。根据空间基尼系数计算公式，代入相关的数据，计算得到全国旅游产业空间基尼系数，结果见表6-9。

表6-9　31个省市自治区1998—2018年旅游产业空间基尼系数

年份	1998	1990	2000	2001	2002	2003	2004	2005	2006
G	0.0880	0.0810	0.0868	0.0954	0.1026	0.1298	0.1082	0.1198	0.1237
年份	2007	2008	2009	2010	2011	2012	2013	2014	2015
G	0.1226	0.1462	0.1766	0.1855	0.1135	0.1312	0.1500	0.1154	0.1185
年份	2016	2017	2018						
G	0.1342	0.1593	0.2009						

数据来源：根据国家及各省市自治区统计年鉴（1999—2019）、各城市统计公报整理计算所得

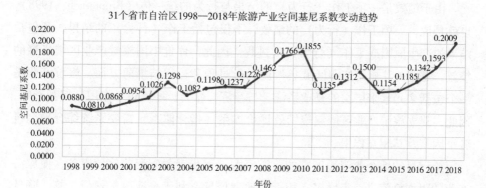

图6-2　1998—2018年31个省市自治区旅游产业空间基尼系数变动趋势
数据来源：根据国家及各省市自治区统计年鉴（1999—2019）、各城市统计公报整理计算所得

根据图 6 - 2 及表 6 - 9 中数据可知，从变动趋势来看，1998—2010 年全国空间基尼系数呈逐年上升的趋势，之后稍有下降，并逐步趋于缓和。2010 年以后由于多种因素（经济衰退、其他高新技术产业等），空间基尼系数下降。这说明 20 世纪 90 年代至 21 世纪 10 年代是旅游产业逐步兴起并快速发展的阶段，首先在旅游资源比较好、易于发展旅游产业的省市自治区呈现快速发展趋势，但是随着旅游产业地位的提高和各省市自治区政府对旅游产业重视程度的加大，各省市自治区旅游产业异军突起，争相发展，全国大部分地区的旅游产业发展趋于均匀化，差距呈现逐步缩小的趋势，整体上发展更加均衡。

运用区位商、空间基尼系数对 31 个省市自治区旅游产业集聚水平进行了测度分析，可以得到以下结论：就全国而言，北京、上海、贵州、天津、海南、云南等地旅游产业具有明显的专业化优势，旅游产业集聚程度较高；大部分省市自治区正逐步推进区域旅游发展，产业基础和优势不断明显，但随着各省（市）旅游产业地位的逐步提高，差距正在逐渐缩小。通过分析 31 个省市自治区旅游产业的集聚水平，为下文评价集聚绩效奠定了一定的基础，同时有利于借鉴成功经验与解决现存问题，有利于进一步促进旅游产业集聚区的建设，发挥产业集聚效应，推动旅游产业的优化升级和协调发展。

6.3 集聚绩效模型

6.3.1 模型构建

由于绩效是一项工作（行为）的结果与行为的统一体（Brumbrach，1998），也就是说，一项工作（行为）的绩效，不仅包括工作（行为）的结果，还包括结果的产生原因或工作（行为）的过程。因此，评价中国旅游产业区域集聚的绩效，需要关注旅游产业区域集聚的运行过程和运行结果两方面。旅游产业是一个包括多元素多层次的复杂系统，与经济、社会、环境相互作用、相互影响，因此，建立旅游产业区域集聚绩效评价体系（指标体系）需要系统综合地剖析各个因素及其相互作用。

旅游目的地企业依托丰富的旅游资源，逐步完善配套的旅游服务，使旅游产业的附加价值进一步增多。相近的地理位置有利于企业改善通信设施，降低交易成本，继而增加知识和信息的交流，最终会出现周边相邻企业，产生集聚现象。旅游产业区域集聚的运行机理，是旅游产业从周围环境中吸收人力、物力、财力、信息等资源输入集聚内部，通过集聚组织的专业化分工、竞争合作、创新等过程发挥集聚效应，输出产品、服务、知识、技术、人才等，并通过旅游产业集聚对区域经济的促进作用，包括对区域经济的带动效应、辐射效应与示范效应等，推动区域经济的发展。

绩效包括行为和结果两个方面，因此评价旅游产业区域集聚的绩效，需要关注旅游产业区域集聚的运行过程和运行结果，即至少包括两方面的内容：其一，旅游产业区域集聚结果的产生过程，即资源的输入，包括旅游资源禀赋、基础服务设施供给，以及产业集聚之间专业化分工、合作竞争、创新的行为；其二，产业集聚的结果，即产业集聚输出产品、服务、知识、技术、人才等，促进区域经济发展的效应，这种效应可以归纳为旅游产业集聚本身的产出，即规模经济效应，以及对区域经济的促进，即经济促进能力（图6-3）。

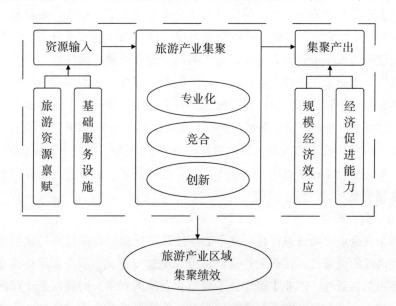

图6-3 旅游产业区域集聚绩效评价模型

6.3.2 模型解析

根据上述研究所构建的旅游产业区域集聚绩效模型可知，影响集聚绩效的因素可以分为集聚产生的过程和集聚产出两方面，即专业化程度、竞争合作、创新程度、旅游资源禀赋、基础服务设施、旅游产业规模经济效应和经济促进能力，具体分析如下。

（1）专业化程度

旅游产业集聚是旅游产业在某个特定地理区域内高度集中、产业资本要素在空间范围内不断汇聚的一个过程。旅游产业集聚过程中，专业化程度在一定意义上表明了其集聚程度，一般而言，专业化程度越高，其集聚程度越高。而旅游产业集聚是其绩效产生的根源，是集聚企业资源共享、竞争合作及创新的必然结果，因此专业化程度是集聚绩效评价的内容之一。

专业化分工是产业集聚形成的原因，也是产业集聚优势的来源。产业集聚内企业之间存在深度专业化分工，而专业化分工通过迂回生产，可以提高生产效率、降低生产成本、加速知识积累、提高学习效率、促进生产技术的更新，导致分工效应的产生。在进行专业化分工的情况下，哪怕只用一种工具生产，生产率也会高些。专业化分工使人们有更多的时间和精力去收集自己所专攻的方向的信息，更多地训练专业技能，促使知识的积累。产业集聚正是通过细腻的专业化分工，获得竞争优势。

由于旅游产业是一个整合体，其集聚是水平型关联，旅游产业链较长，旅游需求差异化较大，所以旅游产业集聚形成了高度深化的水平分工。负责不同内容和领域的旅游企业各有专长，分工明确，配合精确，这样整个产业链才能完整成熟，才能保证旅游产业链各个环节的有效运作。如饭店提供食宿、旅行社提供旅游线路和计划、景区提供游玩、商店提供购物等。上述各部门的专业化程度的高低对旅游产业集聚的发展有着重要影响（王瑶，2013）。随着市场规模的扩大和新兴技术的发展，目前旅游产业中的分工呈现出不断深化的趋势。旅游产业中的分工越来越深入，合作与联盟越来越多，旅游产业集聚发展的趋势越来越明显。

（2）竞合程度

竞争在企业之间普遍存在，竞争能够使旅游企业个体始终保持足够的发展动力和高度的灵敏性，使旅游产业内部分工更加专业化、服务质量标准化。由于地理上的接近性，产业集聚增强了旅游企业间的竞争，而旅游企业间的竞争又促进旅游产业集聚区的竞争能力的提升，使集聚成员企业之间的竞争在更高层次上展开。竞争是旅游产业集聚创新的一种无形推力，同时竞争保持了旅游产业集聚的活力与可持续发展的动力，对集聚产出和区域经济发展起着重要的作用。

分工是旅游产业集聚存在和发展的基石，是旅游产业集聚凝聚力的源泉。旅游产业的发展需要有不同企业、机构、组织和相关部门之间的分工和协作，有了分工，才有旅游产业链的延伸与扩展。因而，在分工基础上的合作或协作是必要的，也是必然的。单个企业无法提供足够多的旅游产品和旅游服务来满足区域内所有的市场需求，需要大量企业和机构在地理上集中，从而提供一个大市场。旅游产业集聚内部成员在地理上相互邻近，空间距离近，通过分工合作，不仅获取资源要素，还可以降低交易成本，同时也加强了彼此联系，凝聚的状态也越稳固。最终，其通过资源共享、专业化分工等，发挥人力资源和技术优势互补的协同效应，其创造的收益，对合作双方以及整个旅游产业集聚的创新能力都是一个极大的促进。

竞争使旅游产业内部分工更加专业化、服务质量更加标准化，合作使旅游企业间形成的产业链更加紧密。旅游产业区域集聚为区域内旅游企业的竞争与合作提供了机会，旅游产业集聚可视为一个企业共生体，将专业化分工协作性和竞争性作为一个统一的整体，使旅游产业集聚内的产业结构在竞争与合作中得到优化（林郁，2009）。竞争与合作在旅游产业集聚中几乎占据同等重要的位置，其导致旅游产业集聚具有较强的资源整合能力和社会化组织水平，从而有效地配置旅游资源和产业要素，形成旅游各相关要素间功能与优势的互补性集聚，产生超越各相关要素单体效益的协调增效，从而促使旅游产业链总体效益不断增强，从而提高旅游产业区域集聚绩效。

（3）创新程度

与制造业相比，旅游产业的创新不是很明显，但旅游产业的创新范围更广、更多元化。旅游产业集聚的创新方式包括技术创新、管理创新、组织创新等思想方面的创新，又包括产品设计、生产、营销等活动创新。这些创新方式都是以完善、深化、细化旅游产品价值链的方式为依据的。从供给角度来讲，随着旅游产业自身的不断发展壮大，会有更多的相关的生产要素在此区域聚集，使得旅游企业更加容易取得进行创新所需的要素（包括相关服务）。从需求角度来讲，强大的旅游市场需求让旅游相关企业和机构更容易发现旅游产品及旅游服务的市场缺口，进而能够产生强烈的创新需求，而创新所需要的人力资源、财政资源和物力资源都能在集聚内部得到解决。

由于地理上的邻近，面对共同的旅游者，旅游企业必然会因为竞争而产生更加强烈的创新动机。但是，单个企业进行创新的能力和提升创新力的潜力是有限的，其必须向外寻求协同创新的环境。当某区域内集聚的旅游企业越多，就越有利于知识、信息、技术的外溢和传播。旅游企业之间通过知识共享、竞争与合作，充分发挥了学习能力，加快了信息的传递与交流，促进了知识技术的创新，从而推动了旅游产业区域集聚。创新程度反映了区域旅游产业的技术创新能力和未来发展潜力，是旅游产业集聚发展的重要推动力。一般来说，区域旅游产业创新最有可能首先发生于区域内有一定实力、规模和开拓能力的企业中，这些企业通过自身的示范效应，将极大提高旅游产业区域集聚的创新能力。

（4）旅游资源禀赋

旅游资源是吸引旅游者进行旅游活动的基础，是旅游产业集聚形成的核心要素，是其存在、发展的前提。一般而言，人们往往趋向于资源禀赋丰度高、品质优越的景观。如果该旅游目的地可达性较好，基础设施完善，加上该地风土人情和社会服务优良，旅游资源禀赋则是激发人们旅游动机的最主要因素，其对旅游者具有极大的吸引力。而大部分旅游资源具有不可移动性，旅游者只有到旅游目的地才能体验其魅力，因此会形成大量的客源。旅游资源禀赋也是旅游企业经营的基础，旅游企业在运营过程中遵循"投入—产出"原则，即以最小的投入获得最大的产出效益，所以为了实现成本最小化，旅游企业趋向于旅游资源丰富、客流量大、旅游经济发达的区域。因此，在旅游资源种类多、数量大、丰度高、地域组合度好的旅游区域，凭借其绝对优势的资源竞争力和吸引力，通常会吸引大量旅游企业，涉及"食、住、行、游、购、娱"等旅游要素。当旅游企业集中到一定程度，就会呈现出旅游产业集聚发展的趋势。旅游资源禀赋是影响旅游产业集聚最基础和最重要的环节。

（5）基础服务设施

基础服务设施的有效供给是旅游产业区域集聚发展的条件之一。旅游产业集聚发展过程中，集聚内部旅游企业共享着水、电、网络、通信等基础设施，这些基础设施的供给能力和质量影响旅游企业的生产与运行。基础设施的健全，在很大程度上能节约企业的成本、保证企业运行的经济性，比如，交通的便利能降低物流成本，通信的发达能节约交易成本并提高交易的效率（陈秀琼，2007）。目前，我国旅游产业发展已经出现明显的交通区位集聚，出现旅游产业沿着交通便利的地区集聚的现象（邓冰，俞曦，吴必虎，2004）。服务设施则代表了区域旅游接待能力，是旅游活动的重要组成部分，也是影响游客旅游体验的关键因素之一。良好的旅游基础设施和服务配套设施是引发集聚效应良性循环的重要因素。

（6）规模经济效应

旅游企业在空间集聚除了能减少信息搜寻成本，降低空间交易成本外，还能共享中间投入品。旅游产业的中间投入品主要包括通信、道路、交通等基础设施和目的地营销等，这些投入巨大，而通过旅游产业集聚能实现中间投入品的集约利用，共同为旅游者服务，并通过产业内专业化的分工和不断创新降低生产成本和经营成本，形成规模经济，提高生产效率。一方面，产业集聚使得旅游企业可以获得外部规模经济效应，增强竞争优势，有助于实现内部扩张；

另一方面，集聚在同一区域的旅游企业，出于对同一产业"食物链"的依赖，容易实现旅游企业的联合，实现外部扩张。此外，由于旅游产业区域集聚中各企业之间联结而产生的总体生产力大于其各个体生产力之和，即规模经济效应，能够吸引更多的旅游企业入驻或新的旅游企业产生，提供了较多的就业岗位，使集聚规模不断增大，同时也提高了产业集聚区域总产值。

（7）经济促进能力

旅游产业作为一个地域性很强的产业，其集聚与区域经济发展是相互作用、相互促进的。在区域经济发展的条件下，旅游产业区域集聚通过资源共享、信息共享、竞争与合作等得到产出和发展。集聚效应的增加使企业的集聚水平提高，当企业集聚在某个区域，新的企业也会随之加入，促进集聚区域进一步扩大，外部经济效应进一步增强，区域经济更为活跃（郭言歌，2013）。旅游产业集聚对区域经济发展的促进作用突出表现在带动相关产业发展、优化产业结构（有助于产业结构转型升级）、增加外汇收入、拉动内需等方面，在很大程度上将成为区域经济的新的增长点。同时，旅游产业作为劳动密集型产业，可以增加就业机会（经济和社会效益）。由此可见，经济促进能力是旅游产业区域集聚绩效成果的重要表现。

从上述七方面选取具体评价指标，有助于旅游产业区域集聚绩效评价指标体系能够准确、全面地反映产业集聚绩效的含义。

6.4 集聚绩效评价指标体系

6.4.1 评价指标体系构建

指标体系是将旅游产业区域集聚绩效产生的原因、发展条件和取得的成果表现细化为指标，在揭示其成效源泉的基础上，直观、量化地体现旅游产业区域集聚绩效的外显特征。建立指标体系一般分为目标、准则和指标三个层次。为了有效地评价旅游产业区域集聚所取得的绩效，可以综合考虑旅游产业区域集聚的内涵、影响因素以及现行的统计指标体系来分析和设置评价其指标体系。旅游产业区域集聚的绩效评价是一个创造性、全方位的工作，其目的是加强集聚间的横向与纵向比较，总结成功经验，分析内部联系，通过采取有效措施来促进旅游产业区域集聚的健康发展。

根据前面章节旅游产业区域集聚绩效的评价模型分析，对集聚绩效的评价主要集中在专业化程度、竞争合作、创新程度、基础服务设施、旅游资源禀赋、规模经济效应和经济促进能力七方面，构建旅游产业区域集聚绩效评价指标就是将这些指标进行细分。结合上述评价指标体系构建的原则，参考学者的相关研究（张淑静，2006；周碧华，吴秋明，兰荣嵩，2006；左和平，杨建仁，2010；张广海，李华，2013），并结合旅游产业发展的实际情况进行修正完善，确定了评价旅游产业区域集聚的绩效评价指标体系。

本书在借鉴国内外关于产业经济和旅游产业集聚研究的基础上，并采用定性的方法征求相关领域的专家集体意见，将旅游产业区域集聚指标体系的构建分为三个层次：目标层、准则层和指标层。目标层是对旅游产业区域集聚绩效进行综合评价，也是本书研究的核心问题及迫切需要解决的重点问题；准则层包括"专业化程度""竞合程度""创新程度""基础服务设施""旅游资源禀赋""规模经济效应"和"经济促进能力"7个一级指标，这些指标与本书的研究直接相关；指标层包括"旅游总收入区位商""旅游产业从业人数区位商""旅游企业固定资产区位商"等32个二级指标，这些二级指标尽可能解释上述7个一级指标，以确保本书研究的全面性和系统性。旅游产业区域集聚绩效评价指标体系如表6-10所示。

表6-10 旅游产业区域集聚绩效评价指标体系

目标层	准则层	指标层
区域旅游产业集聚绩效评价	专业化程度	旅游产业总收入区位商 X_1
		旅游产业从业人数区位商 X_2
		旅游企业固定资产区位商 X_3
	竞合程度	旅游企业营业利润率 X_4
		旅游企业固定资产利润率 X_5
		旅游企业全员劳动生产率 X_6
		旅行社营业收入/旅游企业营业收入 X_7
		旅行社从业人数/旅游企业从业人数 X_8
	创新程度	旅游产业 R&D 经费 X_9
		旅游院校学生数 X_{10}
		旅游规划资质单位数 X_{11}
		旅游专利申请数 X_{12}

目标层	准则层	指标层
区域旅游产业集聚绩效评价	基础服务设施	旅客周转量 X_{13}
		邮电业务总量 X_{14}
		城市绿地面积 X_{15}
		星级饭店床位数 X_{16}
		城市污水日处理能力 X_{17}
	旅游资源禀赋	中国优秀旅游城市 X_{18}
		全国重点文物保护单位 X_{19}
		国家4A、5A级景区 X_{20}
		国家级自然保护区 X_{21}
		国家非物质文化遗产 X_{22}
	规模经济效应	旅游企业数 X_{23}
		旅游产业从业人数 X_{24}
		旅游总收入 X_{25}
		接待国内外游客数 X_{26}
		星级饭店客房出租率 X_{27}
	经济促进能力	旅游总收入/GDP X_{28}
		旅游总收入/第三产业 GDP X_{29}
		国际旅游收入/出口商品总额 X_{30}
		旅游企业税收/税收收入 X_{31}
		旅游企业从业人数/社会从业人数 X_{32}

6.4.2　评价指标说明

考虑指标数据的权威性和客观性，本书所采用的指标主要从各类统计年鉴（经济、旅游方面）中获得，且全部是量化数据。在旅游产业区域集聚发展过程中，还受到一些软性指标如政策支持等因素的影响，但由于其主观性太强，有失真实性，因此在评价指标体系中未涉及，这也是本章的缺陷之一，但在后文的政策建议中会提到。

（1）专业化程度

专业化程度在一定意义上表明了区域旅游产业的集聚水平，是集聚绩效评价的重要内容之一。在产业经济学中，往往用区位商来表示专业化程度，鉴于数据的可得性和可操作性，本书用旅游产业总收入区位商、旅游产业就业人数区位商和旅游企业固定资产区位商来测度区域旅游产业的专业化程度。根据《中国旅游统计年鉴》中旅游企业经济指标的统计，旅游企业包括星级饭店、旅行社和其他旅游企业，其中其他旅游企业是指旅游景区（点）、旅游车船公司等。

（2）竞合程度

竞争合作是旅游产业区域集聚得以健康发展的关键，也是集聚绩效产生的直接原因之一。竞争程度可以用旅游企业营业利润率、旅游企业固定资产利润率、全员劳动生产率来测度。利润率是反映企业一定时期利润水平的相对指标，全员劳动生产率则是企业生产技术水平、经营管理水平、职工技术熟练程度和劳动积极性的综合表现，因此利润率和全员劳动生产率的高低可以代表旅游企业竞争力的强弱。合作程度主要用旅行社营业收入占旅游企业营业收入的比重、旅行社从业人数占旅游产业从业人数的比重来表示。在旅游产业运作过程中，旅行社是各种旅游服务供应者和旅游服务消费者之间的中介（王尔康，1995），其将饭店、景区等连接起来，促进了旅游企业之间的合作互动。因此旅行社的相关指标可以在一定程度上用来测度区域旅游产业的合作程度。

（3）创新程度

创新程度反映了区域旅游产业的技术创新能力和未来发展潜力，是旅游产业集聚发展的重要推动力，可以用旅游产业 R&D 经费、旅游院校学生数、旅游规划资质单位、旅游专利申请数来衡量。

R&D 经费是企业在产品、技术、材料、工艺、标准的研究，开发过程中发生的各种费用，一般来说，R&D 经费投入越多，对创新越为重视。由于旅游产业没有统计 R&D 经费，因此本书用全社会 R&D 经费 $\times \dfrac{旅游总收入}{GDP}$ 来衡量。人才是创新的原动力，高等旅游院校学生是旅游产业创新的源泉。旅游规划资质单位也代表了旅游产业的创新水平，目前我国主要分为甲、乙、丙三级，鉴于数据的可获得性，本书统计了甲、乙级旅游规划资质单位。旅游专利申请数可以表征区域旅游技术创新水平，在中国国家知识产权局专利检索数据库平台上，根据专利申请日（：20140101 20141231 或：20130101 20131231）确定技术创新年份（2014 年或 2013 年），根据专利申请（专利权）人所在国（省）确定技术创新所属省份，以"旅游"或"酒店"为检索词，以摘要和关键词为检索项，以发明专利、实用新型和外观专利为类别，对 2014 年或 2013 年公布的中国专利信息进行检索，最后统计出各省市自治区旅游专利数和分类别专利数等数据。

（4）基础服务设施

基础服务设施是旅游产业区域集聚发展的条件之一。本书选取了旅客周转量、邮电业务总量、城市绿地面积、星级饭店床位数和城市污水日处理能力测度基础服务设施。

（5）旅游资源禀赋

旅游资源涉及类别众多，包括自然旅游资源、人文旅游资源。鉴于数据的可得性和可计算性（未选国家风景名胜区、世界遗产等类型，是由于上海数据为0，为后面计算带来不便，故舍去），本书用中国优秀旅游城市、全国重点文物保护单位、国家4A级（包括4A级）以上景区数、国家级自然保护区、国家非物质文化遗产来代表旅游资源禀赋。

（6）规模经济效应

规模经济效应是旅游产业区域集聚绩效成果的直接表现，可以用产值、增加值、利润、利税、出口、科技、人才等来表示，本书用旅游企业数、旅游产业从业人数、旅游总收入、接待国内外游客数、星级饭店客房出租率来衡量（注：统计年鉴中统计的数据均为规模以上企业）。

（7）经济促进能力

经济促进能力是旅游产业区域集聚绩效成果的最终表现，可以用旅游总收入占GDP比重（收入效应）、旅游总收入占第三产业GDP比重、旅游从业人数占社会从业人数比重（就业效应）、旅游企业税收占地区税收比重（税收效应）和国际旅游收入占出口商品总额比重（创汇效应）来测度。

6.4.3 评价指标优化

在建立多目标评价体系后，假设 m 个评价对象的最低层次由 n 个指标构成，则可在该层次建立一个 m 行 n 列的评价矩阵 $X = (x_{ij})_{m \times n}$。

（1）指标信息区分度检验

指标信息区分度指的是指标分辨信息的能力。在评价指标体系中，指标取值差异越大的指标，也就是越难以实现的指标，这样的指标更能反映被评价单位的差距。例如，在评价旅游产业区域集聚绩效时，选择旅游总收入占GDP比重为评价的标准指标之一，是因为其不仅能反映各个省市自治区旅游产业的发展水平，还能反映旅游产业对社会发展的贡献程度。如果各个省市自治区旅游总收入占GDP比重没有多大差别，则这个指标用来衡量集聚绩效就失去了意义。

由于评价指标体系中的各项指标的量纲不同，因此不宜直接比较其差别程度。为了消除各项评价指标的量纲不同的影响，需要用各项指标的变异系数来衡量各项指标取值的差异程度。各项指标的变异系数公式如下：

$$V_j = \frac{\sigma_j}{\overline{x}_j} \quad (j = 1, 2, \cdots, n) \tag{6-3}$$

式中，V_j 是第 j 项指标的变异系数；σ_j 是第 j 项指标的标准差；$\overline{x}_j$ 是第 j 项指标的平均数。

(2) 指标关联度检验

现实中，既有信息明确的白色系统，也有信息完全不明确的黑色系统，但更多的是介于两者之间的灰色系统。灰色系统理论主要用于研究信息部分清楚、部分不清楚并带有不确定性系统的工具方法。灰色关联检验的具体计算步骤如下。

第一步：确定分析数列。利用灰色关联方法进行分析时，需要设定参考数列。本研究中，评价标准选取所有方案中各项指标的最优者：当指标属于"效益型"时，选取所有方案中该项指标的最大值；当指标属于"成本型"时，选取所有方案中该项指标的最小值。

第二步：变量的无量纲化。由于系统中各因素列中的数据的量纲不同，不宜直接比较或在比较时难以得到正确的结论。因此在进行灰色关联度分析时，为排除各指标的量纲及数量级差异对结果的干扰，需要进行无量纲化处理。考虑本研究选用的指标均为单向向量指标，可采用极差标准化处理：

$$x'_{ij} = \frac{x_{ij} - \min_{1 \leqslant j \leqslant n} x_{ij}}{\max_{1 \leqslant j \leqslant n} x_{ij} - \min 1 \leqslant j \leqslant n x_{ij}} \tag{6-4}$$

其中 $\max_{1 \leqslant j \leqslant n} x_{ij}$，$\min_{1 \leqslant j \leqslant n} x_{ij}$ 分别为评价指标 j 中的最大值和最小值，$0 \leqslant x'_{ij} \leqslant 1$。

第三步：计算关联系数。

$$\varepsilon_i(j) = \frac{\min_i \min_j |x_0(j) - x_i(j)| + \rho \max_i \max_j |x_0(j) - x_i(j)|}{|x_0(j) - x_j(j)| + \rho \max_i \max_j |x_0(j) - x_i(j)|}$$

$$\tag{6-5}$$

其中，$x_0(j)$ 为参考（母）序列，$x_i(j)$ 为子序列，$\rho \in (0, \infty)$ 称为分辨系数，一般 ρ 的取值区间为 $(0, 1)$，当其越小时，辨识度越高，依据惯例，取 $\rho = 0.5$。

第四步：计算关联度并比较。

关联系数给出的信息较为分散，不便于进行整体性比较。因此通过与指标的权值进行加权对数据进行集中处理，得到各个方案的关联度。关联度公式为：

$$r_i = \frac{1}{n} \sum_{j=1}^{n} \varepsilon_i(j) \quad (j = 1,2,\cdots,n) \tag{6-6}$$

经过计算后，比较关联度大小，即可评价各个指标的优劣。

6.4.4　评价方法：信息熵权 TOPSIS 法

旅游产业集聚绩效评价采用信息熵权 TOPSIS 法，其基本步骤如下所示。

（1）评价矩阵的建立及标准化处理

在建立多目标评价体系后，假设 m 个评价对象的最低层次由 n 个指标构成，则可在该层次建立一个 m 行 n 列的评价矩阵 $X = (x_{ij})_{m \times n}$。为排除各指标的量纲及数量级差异对结果的干扰，通常对评价矩阵进行标准化处理。根据上文公式（6-4）进行极差标准化处理，得到标准化处理后的矩阵为 $X' = (x'_{ij})_{m \times n}$。

（2）利用信息熵确定指标权重

根据矩阵 $X' = (x'_{ij})_{m \times n}$ 计算信息熵：

$$H_j = -k \sum_{i=1}^{m} f_{ij} \ln f_{ij} \tag{6-7}$$

其中，$k > 0$，$k = 1/\ln(m)$，$i = 1, 2, \cdots, m$，$j = 1, 2, \cdots, n$，为避免 $\ln f_{ij}$ 无意义，规定：

$$f_{ij} = \frac{1 + x'_{ij}}{\sum_{i=1}^{m} 1 + x'_{ij}} \tag{6-8}$$

再根据数值的变异程度，计算指标 j 的差异系数，即指标的差异度 G_j：

$$G_j = 1 - H_j \quad (j = 1, 2, \cdots, n) \tag{6-9}$$

G_j 值越大，表示 H_j 越小，则指标 j 的差异度越大。一般来说，某项指标 j 的数值变异程度越大，信息熵越小，表示该指标提供的信息量越大，指标 j 的权重也应越大；反之，该指标的权重也应越小，于是定义指标 j 的信息熵权值 W_j 为：

$$W_j = \frac{G_j}{\sum_{j=1}^{n} G_j} = \frac{1 - H_j}{n - \sum_{j=1}^{n} H_j} \tag{6-10}$$

（3）用信息熵加权后的 TOPSIS 法给比较对象排序

第一步，确定理想解和负理想解，分别构成理想解向量 X^+ 和负理想解向量 X^-。即分别用标准化矩阵 $X' = (x'_{ij})_{m \times n}$ 中各指标的最大值和最小值表示理想解向量 $X^+ = (x^+_{ij})_{m \times n}$ 和负理想解向量 $X^- = (x^-_{ij})_{m \times n}$：

$$X^+ = (\max_{1 \le i \le m} x_{i1}, \max_{1 \le i \le m} x_{i2}, \cdots, \max_{1 \le i \le m} x_{in}) \tag{6-11}$$

$$X^- = (\min_{1 \le i \le m} x_{i1}, \min_{1 \le i \le m} x_{i2}, \cdots, \min_{1 \le i \le m} x_{in}) \tag{6-12}$$

第二步，考虑权重后，采用加权欧式距离公式分别计算各评价对象与理想解和负理想解的距离 D_i^+、D_i^-：

$$D_i^+ = \sqrt{\sum_{j=1}^{n} W_j (x_{ij} - x_{ij}^+)^2} \qquad (6-13)$$

$$D_i^- = \sqrt{\sum_{j=1}^{n} W_j (x_{ij} - x_{ij}^-)^2} \qquad (6-14)$$

$(i = 1, 2, \cdots, m; 0 \leq D_i^+ \leq 1, 0 \leq D_i^- \leq 1)$

其中指标权重 $W = (w_1, w_2, \cdots, w_n)^T$ 向量由信息熵法确定，D_i^+ 和 D_i^- 从不同角度表示了评价对象的状况，D_i^+ 越小表示评价对象与理想解越接近，越为人们所期望；D_i^- 越大表示评价对象越远离负理想解，其状况越好。

第三步，为综合与两个距离指标所反映的评价对象状态，采用接近度 G_i 来描述：

$$C_i = \frac{D_i^-}{D_i^+ + D_i^-}, \quad (i = 1, 2, \cdots, m; 0 \leq C_i \leq 1) \qquad (6-15)$$

C_i 越大，表示评价对象状态越优，若评价对象各指标均处于最优状态，则 $C_i = 1$；若评价对象各指标均处于最劣状态，则 $C_i = 0$。

第四步：对所有评价对象的接近度数值 C_i 进行降序排列，C_i 值越接近 1，表明对其的综合评价越好，由此得到所有评价对象在一定层次的相对排列位置，根据排序位次可以进行同一层次的比较和评价。因此，可以根据上述四个步骤，在确定旅游产业集聚现象存在性的基础上，继而确定区域旅游产业的指标权重，最后可以评价其集聚绩效。

6.5　集聚绩效评价分析——基于 2013 年数据

根据前面章节分析发现，部分省市自治区聚集区域旅游产业已经形成了一定程度的集聚，但其集聚绩效如何还需要进行探讨。通过评价旅游产业集聚的绩效，可以总结其发展经验，量化其优势和吸引能力，为各省市自治区旅游产业集聚间的比较提供科学的评判标准和依据，同时也为国家及部分旅游产业区域集聚所处的阶段以及制定相关政策提供更可靠的理论支持。在运用 2013 年数据进行计算分析过程中，评价对象为 31 个省市自治区，评价指标为 31 个，即 $m = 31$，$n = 31$。

6.5.1　数据来源

数据主要来源于《中国统计年鉴》（2014）和《中国旅游统计年鉴》

（2014）正本及副本，31 个省市自治区 2014 年统计年鉴（政府发布的权威数据）、国家旅游局网、国家知识产权局网、中国非物质文化遗产网、中国文物局网、各省市自治区 2013 年国民经济和社会发展统计公报等。各指标数据皆为 2013 年截面数据，反映的是 2013 年全国及各省市自治区的发展情况。

专业化程度方面，指标包括旅游产业总收入区位商、旅游产业就业人数区位商和旅游企业固定资产区位商三方面。其中，省份 i 旅游收入区位商 = $\dfrac{省份\ i\ 旅游总收入/省份\ iGDP}{全国旅游总收入/全国\ GDP}$，省份 i 旅游产业就业人数区位商 = $\dfrac{省份\ i\ 旅游企业从业人数/省份\ i\ 从业人数}{全国旅游企业从业人数/全国从业人数}$。

其中，旅游总收入由国内旅游收入和国际旅游收入构成，旅游企业从业人数和旅游企业固定资产原价数据从《2014 年中国旅游统计年鉴》获得，社会从业人数和社会固定资产投资数据从《2014 年中国统计年鉴》获得。

竞合程度方面，指标包括旅游企业营业利润率、旅游企业固定资产利润率、旅游企业全员劳动生产率、旅行社营业收入占旅游企业营业收入的比重、旅行社从业人数占旅游企业从业人数的比重五方面。其中，旅游企业营业利润率、旅游企业全员劳动生产率、旅行社营业收入、旅游企业营业收入、旅行社从业人数、旅游企业从业人数数据皆从《2014 年中国旅游统计年鉴》获得。

创新程度方面，指标包括旅游产业 R&D 经费、旅游院校学生数、旅游规划资质单位数、旅游专利申请数四方面。由于旅游产业没有统计 R&D 经费，因此用社会 R&D 经费 $\times \dfrac{旅游总收入}{GDP}$ 来衡量旅游产业 R&D 经费，全社会 R&D 经费数据来源于《2013 年全国科技经费投入统计公报》；旅游院校学生包括高等院校及中等职业学校，数据来源于《2014 年中国旅游统计年鉴》；旅游规划资质单位统计了甲、乙级旅游规划资质单位，其数据来源于网络，但笔者进行了多方来源数据比对，发现一致。旅游专利申请数通过中国国家知识产权局专利检索数据库平台检索获得，具体方法可见前面章节评价指标说明部分。

基础服务设施方面，指标包括旅客周转量、邮电业务总量、城市绿地面积、星级饭店床位数和城市污水日处理能力五方面。因为旅客周转量与旅游目的地交通情况（可达性）正向相关，为了避免多重共线性等问题，本书不再把交通里程作为指标。

旅游资源禀赋方面，指标包括中国优秀旅游城市数、全国重点文物保护单位数、国家 4A 级（包括 4A 级）以上景区数、国家级自然保护区数量、国家非物质文化遗产数五方面。中国优秀旅游城市数、全国重点文物保护单位数数据来源网络百度百科，但笔者进行了多方来源数据比对，保证数据的准确性；国家 4A 级（包括 4A 级）以上景区数从《2014 年中国旅游统计年鉴》获得；国家级自然保护区数量从《2014 年中国统计年鉴》获得；国家非物质文化遗产数从网络中获取的国家级非物质文化遗产名录统计所得。

规模经济效应方面，指标包括旅游企业数、旅游产业从业人数、旅游总收入、接待国内外游客数、星级饭店客房出租率（考虑到非星级酒店的数据统计难以获取问题，本书仅考虑星级饭店情况）五方面。旅游企业数、星级饭店客房出租率从《2014 年中国旅游统计年鉴》获得；接待国内外游客数通过各省市自治区 2013 年国民经济和社会发展统计公报或旅游产业统计公报加总计算获得。

经济促进能力方面，指标包括旅游总收入占 GDP 比重（收入效应）、旅游总收入占第三产业 GDP 比重、旅游从业人数占社会从业人数比重（就业效应）、旅游企业税收占地区税收比重（税收效应）和国际旅游收入占出口商品总额比重（创汇效应）。第三产业 GDP、地区税收收入数据来源于《2014 年中国统计年鉴》；旅游企业税收为《2014 年中旅游统计年检》中旅游企业营业税金及附加；出口商品总额数据从各省市自治区 2013 年国民经济和社会发展统计公报处获得。

6.5.2 指标优化及权重

（1）指标信息区分度检验

根据变异系数公式 $V_j = \dfrac{\sigma_j}{x_j}$（$j = 1, 2, \cdots, n$），进行指标区分度检验（表 6-11）。

表 6-11　指标区分度（变异系数，2013 年）

指标	区分度	指标	区分度	指标	区分度	指标	区分度
X_1	0.36	X_9	1.17	X_{17}	0.86	X_{25}	0.74
X_2	0.41	X_{10}	0.84	X_{18}	0.83	X_{26}	0.67
X_3	1.20	X_{11}	1.50	X_{19}	0.71	X_{27}	0.11
X_4	2.24	X_{12}	1.10	X_{20}	0.59	X_{28}	0.36
X_5	1.76	X_{13}	0.68	X_{21}	0.62	X_{29}	0.32
X_6	0.54	X_{14}	0.88	X_{22}	0.48	X_{30}	0.98
X_7	0.27	X_{15}	1.05	X_{23}	0.59	X_{31}	0.66
X_8	0.26	X_{16}	0.64	X_{24}	0.74	X_{32}	0.41

经过验证，所选指标变异度除 X_{27} 外，其余各项指标均大于 0.2，所以删除 X_{27}（星级饭店客房出租率）指标，再进行指标关联度检验，根据公式（6-4）、（6-5）和（6-6）计算备选指标关联度。

（2）指标关联度检验

根据变异系数公式 $V_j = \dfrac{\sigma_j}{x_j}$（$j = 1, 2, \cdots, n$），进行指标关联度检验，检验结果如表 6-12 所示。

表6-12 备选指标关联度（2013年）

指标	关联度	指标	关联度	指标	关联度	指标	关联度
X_1	0.4496	X_9	0.4165	X_{17}	0.4296	X_{25}	0.4449
X_2	0.4331	X_{10}	0.4224	X_{18}	0.4435	X_{26}	0.4678
X_3	0.3787	X_{11}	0.3764	X_{19}	0.4336	X_{28}	0.4496
X_4	0.5059	X_{12}	0.4014	X_{20}	0.4995	X_{29}	0.4724
X_5	0.4926	X_{13}	0.4836	X_{21}	0.4694	X_{30}	0.4084
X_6	0.3958	X_{14}	0.4012	X_{22}	0.4762	X_{31}	0.3900
X_7	0.5015	X_{15}	0.3965	X_{23}	0.4924	X_{32}	0.4331
X_8	0.4687	X_{16}	0.4469	X_{24}	0.4393		

经过检验，所选指标关联度在 $\rho = 0.5$ 时，各项指标均大于 0.35，与评价目标关联度比较高。所以最终使用的旅游产业区域集聚绩效指标体系如表 6-13 所示。

表6-13 旅游产业区域集聚绩效评价指标体系（2013年）

目标层	准则层	指标层
区域旅游产业集聚绩效	专业化程度	旅游产业总收入区位商 X_1
		旅游产业从业人数区位商 X_2
		旅游企业固定资产区位商 X_3
	竞合程度	旅游企业营业利润率 X_4
		旅游企业固定资产利润率 X_5
		旅游企业全员劳动生产率 X_6
		旅行社营业收入/旅游企业营业收入 X_7
		旅行社从业人数/旅游企业从业人数 X_8

目标层	准则层	指标层
区域旅游产业集聚绩效评价	创新程度	旅游产业 R&D 经费 X_9
		旅游院校学生数 X_{10}
		旅游规划资质单位数 X_{11}
		旅游专利申请数 X_{12}
	基础服务设施	旅客周转量 X_{13}
		邮电业务总量 X_{14}
		城市绿地面积 X_{15}
		星级饭店床位数 X_{16}
		城市污水日处理能力 X_{17}
	旅游资源禀赋	中国优秀旅游城市 X_{18}
		全国重点文物保护单位 X_{19}
		国家 4A、5A 级景区 X_{20}
		国家级自然保护区 X_{21}
		国家非物质文化遗产 X_{22}
	规模经济效应	旅游企业数 X_{23}
		旅游产业从业人数 X_{24}
		旅游总收入 X_{25}
		接待国内外游客数 X_{26}
		旅游总收入/GDP X_{27}
	经济促进能力	旅游总收入/第三产业 GDP X_{28}
		国际旅游收入/出口商品总额 X_{29}
		旅游企业税收/税收收入 X_{30}
		旅游企业从业人数/社会从业人数 X_{31}

（3）指标权重及分析

应用公式（6 - 7）减去（6 - 10）计算出 2013 年旅游产业区域集聚绩效各指标的权重，结果如表 6 - 14 所示。

表 6 –14　旅游产业区域集聚绩效权重值（2013 年）

目标层	准则层	权重	指标	指标层对准则层权重	指标层对目标层权重
区域旅游产业集聚绩效	专业化程度	0.0827	X_1	0.2702	0.0223
			X_2	0.3304	0.0273
			X_3	0.3995	0.0330
	竞合程度	0.1445	X_4	0.1320	0.0191
			X_5	0.2341	0.0338
			X_6	0.1882	0.0272
			X_7	0.2573	0.0372
			X_8	0.1882	0.0272
	创新程度	0.1340	X_9	0.3333	0.0447
			X_{10}	0.2522	0.0338
			X_{11}	0.1767	0.0237
			X_{12}	0.2378	0.0319
	基础服务设施	0.1660	X_{13}	0.2574	0.0427
			X_{14}	0.1516	0.0252
			X_{15}	0.1688	0.0280
			X_{16}	0.2175	0.0361
			X_{17}	0.2047	0.0340
	旅游资源禀赋	0.1886	X_{18}	0.2362	0.0446
			X_{19}	0.1828	0.0345
			X_{20}	0.2272	0.0428
			X_{21}	0.2088	0.0394
			X_{22}	0.1449	0.0273
	规模经济效应	0.1482	X_{23}	0.2752	0.0408
			X_{24}	0.2276	0.0337
			X_{25}	0.2368	0.0351
			X_{26}	0.2603	0.0386
			X_{27}	0.1642	0.0223
	经济促进能力	0.1361	X_{28}	0.1641	0.0223
			X_{29}	0.2558	0.0348
			X_{30}	0.2152	0.0293
			X_{31}	0.2007	0.0273

在准则层的一级指标"专业化程度"中，旅游企业固定资产区位商的权重赋值最大，说明相对于旅游总收入和旅游从业人数这两个宏观层面的指标来说，其作为微观指标，更能表征区域的专业化程度。而且还表明，旅游企业固定资产与旅游产业的区域专业化程度之间存在明显的正相关。在"竞合程度"中，旅行社营业收入占旅游企业营业收入比重权重最大，旅游企业固定资产利润率、旅游企业全员劳动生产率及旅行社从业人数占旅游从业人数比重的权重值也较大，说明其更能反映企业的竞争力情况，且旅行社作为中介，能较大程度反映区域的合作情况。在"创新程度"中，旅游产业 R&D 经费权重值最大，可见 R&D 是创新的重要表现之一，同时旅游院校学生数和旅游专利申请数权重值也说明了旅游理论研究和旅游专利申请对旅游产业区域创新的重要性。在"基础服务设施"中，旅客周转量权重最高，体现了游客这一旅游产业发展基础力量，也是验证旅游目的地基础设施情况的一种重要方式（游客的可达性）。同时星级饭店床位数和城市污水日处理能力的高权重也体现了住宿和旅游目的地城市发展的支撑作用。在"旅游资源禀赋"中，中国优秀旅游城市的数量及国家 4A、5A 级景区所赋权重值最大，表明其更能反映区域旅游资源情况。规模经济效应中，旅游企业数权重最高，而统计年鉴中的旅游企业都属于规模以上，可见其是旅游产业区域集聚产生规模经济效应的重要体现。其次为接待国内外游客数，结合基础服务设施中的旅客周转量权重，说明客流量是旅游协调发展的基础和保证。经济促进能力中，旅游总收入占第三产业 GDP 比重及国际旅游收入占出口商品总额比重赋权最大，表明旅游产业收入效应及创汇效应对区域经济发展的重要作用。

目标层旅游产业区域集聚绩效是七大准则层共同作用的结果，比较各准则层所赋权重，旅游资源禀赋权重最大，基础服务设施、规模经济效应、竞合程度、经济促进能力、创新程度权重值较大，说明其是衡量集聚绩效时需要考虑的重要因子。当然，也不能忽视专业化程度的重要性。另外，从 31 个指标层对目标层的权重值来看，处于 0.019 至 0.045 之间，大部分在 0.03 附近浮动，分配较为均衡，说明各指标均能反映区域旅游产业的集聚绩效。

6.5.3　集聚绩效综合评价

（1）总体评价

根据前面章节信息熵权法计算出的权重值，及公式（6-11）减去（6-15）进行相应计算。通过对 31 个省市自治区 7 项准则 31 个指标的总体评价，计算出

2013年31个省市自治区 C_i 值，找出集聚绩效的最优单元为广东省，以及其他省市自治区的最优接近程度。可见广东省旅游产业集聚绩效遥遥领先，江苏、浙江、北京、山东、上海、四川、湖南、湖北和河南紧随其后，位居第2至10位，而宁夏、青海和吉林则排名靠后，计算结果如表6-15、图6-4所示。

表6-15 旅游产业集聚绩效最优接近度（2013年）

对象	D$^+$	D$^-$	C_i	名次
广东	0.5973	0.5636	0.6041	1
江苏	0.8492	0.2239	0.5066	2
浙江	0.7472	0.3520	0.5018	3
北京	0.7643	0.3431	0.4855	4
山东	0.8150	0.3076	0.4712	5
上海	0.6980	0.3669	0.4094	6
四川	0.8518	0.2069	0.3945	7
湖南	0.8030	0.3174	0.3846	8
湖北	0.6827	0.4732	0.3844	9
河南	0.5813	0.5969	0.3727	10
云南	0.5512	0.5552	0.3655	11
安徽	0.6866	0.3894	0.3619	12
辽宁	0.7149	0.3344	0.3445	13
海南	0.7788	0.2772	0.3257	14
河北	0.6086	0.5423	0.3203	15
福建	0.7009	0.4165	0.3187	16
山西	0.6704	0.4186	0.3098	17
广西	0.6684	0.4177	0.3092	18
陕西	0.4745	0.7242	0.3070	19
贵州	0.7269	0.3254	0.3004	20
黑龙江	0.8036	0.3881	0.2833	21
内蒙古	0.7937	0.2848	0.2740	22
重庆	0.6616	0.4310	0.2641	23
江西	0.7916	0.3399	0.2625	24
西藏	0.6833	0.3935	0.2593	25

对象	D^+	D^-	C_i	名次
甘肃	0.8638	0.3024	0.2135	26
新疆	0.7373	0.3267	0.2098	27
天津	0.8370	0.2272	0.2087	28
吉林	0.8957	0.1995	0.1954	29
青海	0.9299	0.1631	0.1821	30
宁夏	0.8287	0.2200	0.1492	31

按照各省市自治区的值，可以将其划分为五个级别，并根据优、次优、良、一般、差的集聚绩效情况，形成31个省市自治区的五大方阵（表6-16）。

表6-16　旅游产业集聚绩效等级划分（2013年）

C_i值	0.50以上（包括0.50）	0.40-0.50 [0.40, 0.50)	0.30-0.40 [0.30, 0.40)	0.25-0.3 [0.25, 0.30)	0.25以下（不包括0.25）
等级	第一方阵	第二方阵	第三方阵	第四方阵	第五方阵
集聚绩效	优	次优	良	一般	差
对象	广东、江苏、浙江	北京、山东、上海	四川、湖南、湖北、河南、云南、安徽、辽宁、海南、河北、福建、山西、广西、陕西、贵州	黑龙江、内蒙古、重庆、江西、西藏	甘肃、新疆、天津、吉林、青海、宁夏

其中，第一方阵为广东、浙江、江苏三省份，其值均在0.50以上，集聚绩效在全国排名较高；第二方阵为北京、山东、上海三省市，值低于第一方阵，但在0.40以上，属于次优位置；四川、湖南、湖北、河南、云南、安徽、辽宁、海南、河北、福建、山西、广西、陕西、贵州14省市位于第三方阵，集聚绩效处于中间位置；黑龙江、内蒙古、重庆、江西、西藏五省市自治区位于第四方阵，值在0.25~0.3之间，甘肃、新疆、天津、吉林、青海、宁夏六省市自治区位于第五方阵，值在0.25以下，其旅游产业集聚绩效处于全国靠后水平。

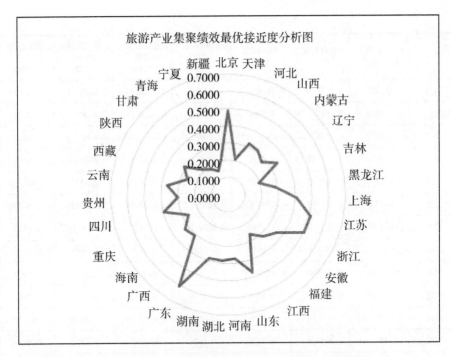

图6-4　旅游产业集聚绩效最优接近度分析图（2013年）

（2）横向评价（七大维度）

该部分主要从横向（七大维度）来具体分析31个省市自治区各准则层的C_i值及排名情况，以对各省市自治区旅游产业集聚绩效有一个全面系统的了解（见表6-17）。

表6-17　旅游产业集聚绩效七大准则层最优接近度（2013年）

对象	专业化程度C_i值	竞合程度C_i值	创新程度C_i值	基础服务设施C_i值	旅游资源禀赋C_i值	规模经济效应C_i值	经济促进能力C_i值
广东	0.2386	0.6550 (3)	0.6819 (1)	1 (1)	0.5135 (6)	0.9439 (1)	0.2225
江苏	0.1593	0.3569	0.6008 (2)	0.6817 (2)	0.5532 (5)	0.7837 (2)	0.1639
浙江	0.2987 (8)	0.4227	0.4105 (4)	0.5254 (4)	0.6297 (2)	0.7361 (3)	0.2835
北京	0.7708 (1)	0.6757 (2)	0.5813 (3)	0.3657 (10)	0.2557	0.5181 (5)	0.4527 (4)
山东	0.1787	0.3352	0.3971 (5)	0.5350 (3)	0.6126 (3)	0.7344 (4)	0.1719
上海	0.5038 (3)	0.8698 (1)	0.3857 (6)	0.2967	0.1393	0.4056 (10)	0.2574

对象	专业化程度 C_i 值	竞合程度 C_i 值	创新程度 C_i 值	基础服务设施 C_i 值	旅游资源禀赋 C_i 值	规模经济效应 C_i 值	经济促进能力 C_i 值
四川	0.2251	0.3075	0.3150 (7)	0.3502	0.6350 (1)	0.4639 (7)	0.2792
湖南	0.1785	0.5545 (5)	0.2069	0.4274 (6)	0.4626 (8)	0.3927	0.2293
湖北	0.1779	0.5878 (4)	0.2365 (10)	0.3472	0.4415 (10)	0.4406 (9)	0.2436
河南	0.1454	0.2928	0.2242	0.4441 (5)	0.5732 (4)	0.4616 (8)	0.2168
云南	0.4249 (4)	0.4412 (10)	0.1543	0.2296	0.3877	0.3527	0.5303 (1)
安徽	0.2304	0.3595	0.2739 (9)	0.3950 (7)	0.4325	0.3925	0.3329 (10)
辽宁	0.2419	0.3310	0.1999	0.3878 (8)	0.3657	0.4838 (6)	0.3120
海南	0.5590 (2)	0.5383 (6)	0.1059	0.0728	0.1279	0.0965	0.5248 (2)
河北	0.1719	0.0890	0.2794 (8)	0.3863 (9)	0.4935 (7)	0.3903	0.1590
福建	0.2407	0.4946 (8)	0.1404	0.2716	0.3557	0.3372	0.2611
山西	0.3228 (7)	0.2076	0.1279	0.1508	0.4459 (9)	0.3010	0.4106 (7)
广西	0.2459 (10)	0.3155	0.2156	0.2878	0.4021	0.2712	0.3385 (9)
陕西	0.2233	0.2928	0.1378	0.2535	0.3942	0.3068	0.4090 (8)
贵州	0.4152 (5)	0.3234	0.1045	0.1804	0.2389	0.2439	0.4484 (5)
黑龙江	0.0929	0.4444 (9)	0.1164	0.2300	0.3892	0.2543	0.1331
内蒙古	0.1414	0.1927	0.0420	0.1367	0.4140	0.2237	0.4122 (6)
重庆	0.2053	0.5251 (7)	0.2275	0.1667	0.1700	0.1817	0.2372
江西	0.1795	0.3751	0.0734	0.2841	0.2852	0.2787	0.2333
西藏	0.3339 (6)	0.4349	0.0034	0.0021	0.1449	0.0029	0.4868 (3)
甘肃	0.2156	0.2189	0.0425	0.1845	0.3366	0.1423	0.2118
新疆	0.1992	0.1500	0.0512	0.2140	0.3198	0.1464	0.2560
天津	0.2104	0.3877	0.1899	0.0998	0.0569	0.1643	0.2423
吉林	0.1299	0.1560	0.0458	0.1398	0.3176	0.1562	0.2395
青海	0.1972	0.3971	0.0307	0.0189	0.1487	0.0296	0.1844
宁夏	0.2804 (9)	0.2170	0.0280	0.0328	0.0867	0.0205	0.2203

注：小括号内数值代表各准则层排名情况，表中只列出排名前十的情况

专业化程度：通过对专业化程度值的观察可以发现，处在前五位的分别是北京、海南、上海、云南和贵州，随后五位的分别是江苏、河南、内蒙古、吉

林和黑龙江。北京、海南、上海的专业化优势非常明显，除排名靠前的省市自治区之外，其他各省市自治区专业化程度优劣程度差异相对较小。

竞合程度：上海、北京、广东、湖北和湖南处在前五位，海南、重庆、福建、黑龙江和云南位于随后五位。其中排名第一的上海值为0.8698，具有绝对优势，北京、广东两省市优势也非常明显。处于中间位置的省份值形成了一个分值从0.55到0.25递减的梯度，省市自治区前后差距相对较小。

创新程度：处于前五位的是广东、江苏、北京、浙江和山东，随后五位分别是上海、四川、河北、安徽、湖北。从创新程度值来看，广东、江苏、北京三省市优势非常明显，其他各省市自治区之间的差距还是较明显存在的。

基础服务设施：通过观察基础服务设施值，处于前五位的是广东、江苏、山东、浙江和河南，天津、海南、宁夏、青海和西藏则处于最靠后五位。排名第一的广东C_i值为1，具有绝对优势。除广东外，只有江苏、山东和浙江三省份的C_i值达到0.5以上，也具有非常明显的优势。处于中间位置的省份C_i值形成了一个分值从0.4到0.1递减的梯度，省市自治区前后差距相对较小。

旅游资源禀赋：处于前五位的是四川、浙江、山东、河南和江苏，处于后五位的是西藏、上海、海南、宁夏和天津，也与这些省市自治区旅游资源较为匮乏的事实相印证。从C_i值大小差距可以看出，各省市自治区之间的旅游资源禀赋差异还是较明显存在的。

规模经济效应：处于前五位的是广东、江苏、浙江、山东和北京，甘肃、海南、青海、宁夏和西藏则处于后五位。其中排名第一的广东C_i值为0.9439，具有绝对优势。除广东之外，只有江苏、浙江和山东三省份值达到0.7以上，北京值达到0.5以上，也具有非常明显的优势。除排名较靠后的省市自治区外，其他省市自治区前后差异较小。

经济促进能力：处于前五位的是云南、海南、西藏、北京和贵州，而青海、山东、江苏、河北和黑龙江则处于后五位。云南和海南两省份的值达到0.5以上，这说明两省的经济发展受到旅游驱动的作用很强。而排名靠后的省市自治区，经济发展受到旅游驱动的作用较弱，其原因有两点，一是上述省市自治区旅游资源开发横向比较相对落后（青海）；二是这些省市自治区的其他产业发展过快，旅游产业所占比重相对较小（江苏）。处于中间位置的省市自治区前后差异不是特别明显。

6.5.4　分析评价

通过对31个省市自治区旅游产业集聚绩效的总体分析，得出了集聚绩效的排名，与其旅游产业发展的总体状况及发展潜力基本吻合。通过对 31 个省市自治区旅游产业集聚绩效的分层分析，指出了各省市自治区集聚绩效七大准则的排名情况，为各省市自治区旅游产业集聚发展指明了方向。同时为了更好地还原各省市自治区旅游产业集聚绩效情况和各准则层的效用程度，筛选出集聚绩效 C_i 值排名靠前省市自治区，并列举各活跃因子（七大准则层中排名在前十名内）如表 6 – 18 所示。

表 6 – 18　各省市自治区旅游产业七大准则活跃因子（2013 年）

对象	集聚绩效 C_i 值	C_i 值排名	最活跃因子（排名前十）
广东	0.6041	1	基础服务设施、规模经济效应、创新程度、竞合程度、旅游资源禀赋
江苏	0.5066	2	规模经济效应、基础服务设施、创新程度、旅游资源禀赋
浙江	0.5018	3	旅游资源禀赋、规模经济效应、创新程度、基础服务设施、专业化程度
北京	0.4855	4	专业化程度、竞合程度、创新程度、经济促进能力、规模经济效应、基础服务设施
山东	0.4712	5	基础服务设施、旅游资源禀赋、规模经济效应、创新程度
上海	0.4094	6	竞合程度、专业化程度、创新程度、规模经济效应
四川	0.3945	7	旅游资源禀赋、创新程度、规模经济效应
湖南	0.3846	8	竞合程度、基础服务设施、旅游资源禀赋
湖北	0.3844	9	竞合程度、规模经济效应、创新程度、旅游资源禀赋
河南	0.3727	10	旅游资源禀赋、基础服务设施
云南	0.3655	11	经济促进能力、专业化程度、竞合程度
安徽	0.3619	12	基础服务设施、创新程度、经济促进能力
辽宁	0.3445	13	规模经济效应、基础服务设施
海南	0.3257	14	专业化程度、经济促进能力、竞合程度
河北	0.3203	15	旅游资源禀赋、创新程度、基础服务设施

对象	集聚绩效 C_i 值	C_i 值排名	最活跃因子（排名前10）
福建	0.3187	16	竞合程度
山西	0.3098	17	专业化程度、经济促进能力、旅游资源禀赋
广西	0.3092	18	经济促进能力、专业化程度
陕西	0.3070	19	经济促进能力
贵州	0.3004	20	专业化程度、经济促进能力
黑龙江	0.2833	21	竞合程度
内蒙古	0.2740	22	经济促进能力
重庆	0.2641	23	竞合程度
江西	0.2625	24	
西藏	0.2593	25	经济促进能力、专业化程度
甘肃	0.2135	26	
新疆	0.2098	27	
天津	0.2087	28	
吉林	0.1954	29	
青海	0.1821	30	
宁夏	0.1492	31	专业化程度

6.6 集聚绩效评价分析——基于 2014 年数据

根据前面章节分析发现，部分省市自治区聚集区域旅游产业已经形成了一定程度的集聚，但其集聚绩效如何还需要进行探讨。通过评价旅游产业集聚的绩效，可以总结其发展经验，量化其优势和吸引能力，为各省市自治区旅游产业集聚间的比较提供科学的评判标准和依据，同时也为国家及部分旅游产业区域集聚所处的阶段以及制定相关政策提供更可靠的理论支持。在运用 2014 年数据进行计算分析过程中，评价对象为 31 个省市自治区，评价指标为 31 个，即 $m=31$，$n=31$。

6.6.1 数据来源

数据主要来源于《2015 年中国统计年鉴》《2015 年中国旅游统计年鉴》正

本及副本，各省市自治区 2015 年统计年鉴、国家旅游局网、国家知识产权局网、中国非物质文化遗产网、中国文物局网、各省 2014 年国民经济和社会发展统计公报等。除 2014 年星级饭店客房出租率数据来自 2014 年度全国星级饭店统计公报外，七大准则层指标数据来源与 2013 年指标数据来源一致，只是年鉴或公报年份不一。

6.6.2 指标优化及权重

（1）指标信息区分度检验

根据变异系数公式（6-2），进行指标区分度检验，如表 6-19 所示。

表 6-19　指标区分度（变异系数，2014 年）

指标	区分度	指标	区分度	指标	区分度	指标	区分度
X_1	0.37	X_9	1.13	X_{17}	0.87	X_{25}	0.72
X_2	0.40	X_{10}	0.78	X_{18}	0.83	X_{26}	0.65
X_3	1.30	X_{11}	1.50	X_{19}	0.71	X_{27}	0.12
X_4	26.82	X_{12}	1.07	X_{20}	0.58	X_{28}	0.37
X_5	3.08	X_{13}	0.73	X_{21}	0.62	X_{29}	0.37
X_6	0.60	X_{14}	0.91	X_{22}	0.46	X_{30}	0.87
X_7	0.27	X_{15}	1.03	X_{23}	0.59	X_{31}	0.61
X_8	0.25	X_{16}	0.62	X_{24}	0.74	X_{32}	0.40

经过验证，所选指标变异度除 X_{27} 外，其余各项指标均大于 0.2，所以删除 X_{27}（星级饭店客房出租率）指标。再进行指标关联度检验，根据公式（6-4）减去（6-6）计算备选指标关联度。

（2）指标关联度检验

同样根据变异系数公式（6-2），指标关联度检验如表 6-20 所示。

表 6-20　备选指标关联度（2014 年）

指标	关联度	指标	关联度	指标	关联度	指标	关联度
X_1	0.4553	X_9	0.4236	X_{17}	0.4262	X_{25}	0.4497
X_2	0.4345	X_{10}	0.4431	X_{18}	0.4435	X_{26}	0.4748
X_3	0.3783	X_{11}	0.3764	X_{19}	0.4336	X_{28}	0.4553
X_4	0.5557	X_{12}	0.4154	X_{20}	0.5070	X_{29}	0.4589

指标	关联度	指标	关联度	指标	关联度	指标	关联度
X_5	0.4977	X_{13}	0.4483	X_{21}	0.4622	X_{30}	0.4347
X_6	0.3999	X_{14}	0.4002	X_{22}	0.4712	X_{31}	0.4206
X_7	0.5350	X_{15}	0.3973	X_{23}	0.4883	X_{32}	0.4345
X_8	0.5001	X_{16}	0.4660	X_{24}	0.4393		

经过检验，所选指标关联度在 $\rho = 0.5$ 时，各项指标均大于 0.35，与评价目标关联度比较高。所以最终使用的旅游产业区域集聚绩效指标体系如表 6 - 21 所示。

表 6 - 21　旅游产业区域集聚绩效评价指标体系

目标层	准则层	指标层
区域旅游产业集聚绩效评价	专业化程度	旅游产业总收入区位商 X_1
		旅游产业从业人数区位商 X_2
		旅游企业固定资产区位商 X_3
	竞合程度	旅游企业营业利润率 X_4
		旅游企业固定资产利润率 X_5
		旅游企业全员劳动生产率 X_6
		旅行社营业收入/旅游企业营业收入 X_7
		旅行社从业人数/旅游企业从业人数 X_8
	创新程度	旅游产业 R&D 经费 X_9
		旅游院校学生数 X_{10}
		旅游规划资质单位数 X_{11}
		旅游专利申请数 X_{12}
	基础服务设施	旅客周转量 X_{13}
		邮电业务总量 X_{14}
		城市绿地面积 X_{15}
		星级饭店床位数 X_{16}
		城市污水日处理能力 X_{17}

续表

目标层	准则层	指标层
区域旅游产业集聚绩效评价	旅游资源禀赋	中国优秀旅游城市 X_{18}
		全国重点文物保护单位 X_{19}
		国家 4A、5A 级景区 X_{20}
		国家级自然保护区 X_{21}
	规模经济效应	国家非物质文化遗产 X_{22}
		旅游企业数 X_{23}
		旅游产业从业人数 X_{24}
		旅游总收入 X_{25}
	经济促进能力	接待国内外游客数 X_{26}
		旅游总收入/GDP X_{27}
		旅游总收入/第三产业 GDP X_{28}
		国际旅游收入/出口商品总额 X_{29}
		旅游企业税收/税收收入 X_{30}
		旅游企业从业人数/社会从业人数 X_{31}

（3）指标权重及分析

应用公式（6-7）减去（6-10）计算出 2014 年旅游产业区域集聚绩效各指标的权重，结果如表 6-22 所示。

表 6-22　旅游产业区域集聚绩效权重值（2014 年）

目标层	准则层	权重	指标	指标层对准则层权重	指标层对目标层权重
区域旅游产业集聚绩效	专业化程度	0.0789	X_1	0.2964	0.0234
			X_2	0.3265	0.0257
			X_3	0.3772	0.0297
	竞合程度	0.1532	X_4	0.1358	0.0208
			X_5	0.1799	0.0275
			X_6	0.2005	0.0307
			X_7	0.2770	0.0424
			X_8	0.2068	0.0317

续表

目标层	准则层	权重	指标	指标层对准则层权重	指标层对目标层权重
区域旅游产业集聚绩效	创新程度	0.1405	X_9	0.3184	0.0447
			X_{10}	0.2604	0.0366
			X_{11}	0.1615	0.0227
			X_{12}	0.2598	0.0365
	基础服务设施	0.1574	X_{13}	0.2232	0.0351
			X_{14}	0.1568	0.0247
			X_{15}	0.1704	0.0268
			X_{16}	0.2473	0.0389
			X_{17}	0.2023	0.0318
	旅游资源禀赋	0.1773	X_{18}	0.2408	0.0427
			X_{19}	0.1863	0.0330
			X_{20}	0.2132	0.0378
			X_{21}	0.2041	0.0362
			X_{22}	0.1556	0.0276
	规模经济效应	0.1432	X_{23}	0.2709	0.0388
			X_{24}	0.2335	0.0334
			X_{25}	0.2364	0.0338
			X_{26}	0.2592	0.0371
	经济促进能力	0.1497	X_{27}	0.1562	0.0234
			X_{28}	0.1625	0.0243
			X_{29}	0.2505	0.0375
			X_{30}	0.2588	0.0387
			X_{31}	0.1721	0.0257

就准则层而言，在"专业化程度"中，旅游企业固定资产区位商的权重赋值最大，说明相对旅游总收入和旅游从业人数这两个宏观层面的指标来说，其作为微观指标，更能表征区域的专业化程度。在"竞合程度"中，旅行社营业收入占旅游企业营业收入比重权重最大，旅游企业全员劳动生产率及旅行社从业人数占旅游从业人数比重的权重值也较大，说明旅行社营业收入可以作为旅游企业竞合

关系评价的综合指标，该指标更能反映企业的竞争力情况，且旅行社作为中介，能较大程度反映区域的合作情况。在"创新程度"中，旅游产业 R&D 经费权重值最大，可见 R&D 是创新的重要表现之一，目前国内比较重要的旅游景区（点）都纷纷加强"产学研"融合发展。2016 年九寨沟成立风景名胜区管理局院士（专家）工作站，成为阿坝州首批院士（专家）工作站。因此，九寨沟与黄龙携手成为四川省景区中最早建立院士（专家）工作站的景区。同时旅游院校学生数和旅游专利申请数权重值也说明旅游院校学生和专利的重要性。在"基础服务设施"中，星级饭店床位数权重最高，说明住宿是区域旅游产业发展的重要支撑力量。在"旅游资源禀赋"中，中国优秀旅游城市的数量及国家 4A、5A 级景区所赋权重值最大，表明其更能反映区域旅游资源情况。在"规模经济效应"中，旅游企业数权重最高，而统计年鉴中的旅游企业都属于规模以上，可见其是旅游产业区域集聚产生规模经济效应的重要体现。在"经济促进能力"中，旅游企业税收占税收收入比重及国际旅游收入占出口商品总额比重赋权最大，表明旅游产业税收效应及创汇效应对区域经济发展有重要作用。

目标层旅游产业区域集聚绩效是七大准则层共同作用的结果，比较各准则层所赋权重，旅游资源禀赋权重最大，基础服务设施、竞合程度、经济促进能力权重值较大，说明其是衡量集聚绩效时需要考虑的重要因子。当然，也不能忽视规模经济效应、创新程度和专业化程度的重要性。另外，从 31 个指标层对目标层的权重值来看，处于 0.021 至 0.045 之间，一半在 0.03 附近浮动，分配较为均衡，说明各指标均能反映区域旅游产业的集聚绩效。

6.6.3　集聚绩效综合评价

（1）总体评价

根据上文信息熵权法计算出的权重值，及公式（6-11）减去（6-15）进行相应计算。通过对 31 个省市自治区 7 项准则 31 个指标的总体评价，计算出各省市 C_i 值，找出集聚绩效的最优单元为广东省，以及其他省市自治区的最优接近程度，结果如表 6-3、图 6-5 所示。

表 6-23　旅游产业集聚绩效最优接近度（2014 年）

对象	D^*	D^-	C_i	名次
广东	0.4777	0.7304	0.6046	1
浙江	0.5239	0.5888	0.5292	2
江苏	0.5651	0.6118	0.5198	3

续表

对象	D^*	D^-	C_i	名次
北京	0.5790	0.5885	0.5041	4
山东	0.6071	0.5406	0.4710	5
上海	0.6730	0.4890	0.4208	6
云南	0.6525	0.4633	0.4152	7
湖北	0.6552	0.4245	0.3932	8
四川	0.6738	0.4326	0.3910	9
安徽	0.6762	0.3894	0.3654	10
湖南	0.6770	0.3873	0.3639	11
河南	0.7111	0.3936	0.3563	12
辽宁	0.6974	0.3735	0.3488	13
福建	0.6954	0.3566	0.3390	14
海南	0.7936	0.3954	0.3326	15
广西	0.7065	0.3404	0.3251	16
陕西	0.7230	0.3440	0.3224	17
山西	0.7641	0.3552	0.3174	18
贵州	0.7799	0.3592	0.3153	19
河北	0.7539	0.3205	0.2983	20
黑龙江	0.8059	0.3358	0.2941	21
重庆	0.7705	0.3172	0.2916	22
江西	0.7642	0.2967	0.2797	23
内蒙古	0.8160	0.3083	0.2742	24
西藏	0.8650	0.3084	0.2628	25
天津	0.8175	0.2869	0.2598	26
新疆	0.8277	0.2692	0.2454	27
吉林	0.8357	0.2397	0.2229	28
甘肃	0.8420	0.2202	0.2073	29
青海	0.8854	0.2109	0.1924	30
宁夏	0.9143	0.1835	0.1672	31

按照各省市的 C_i 值，可以将其划分为五个级别，并根据优、次优、良、一

般、差的集聚绩效情况，形成 31 个省市自治区的五大方阵（表 6 - 24 及图 6 - 5）。

表 6 - 24　旅游产业集聚绩效等级划分（2014 年）

C_i 值	0.50 以上	0.40 - 0.499	0.30 - 0.399	0.25 - 0.299	0.249 以下
等级	第一方阵	第二方阵	第三方阵	第四方阵	第五方阵
集聚绩效	优	次优	良	一般	差
对象	广东、浙江、江苏、北京	山东、上海、云南	湖北、四川、安徽、湖南、河南、辽宁、福建、海南、广西、陕西、山西、贵州	河北、黑龙江、重庆、江西、内蒙古、西藏、天津	新疆、吉林、甘肃、青海、宁夏

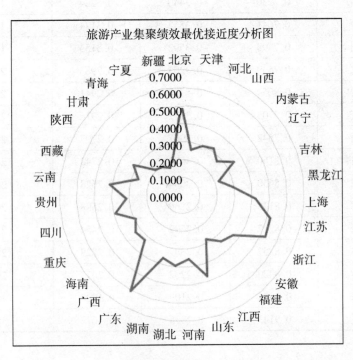

图 6 - 5　旅游产业集聚绩效最优接近度分析图（2014 年）

其中，第一方阵为广东、浙江、江苏、北京四省市，其值均在 0.50 以上，集聚绩效在全国排名较高；第二方阵为山东、上海、云南三省市，值低于第一方阵，但在 0.40 以上，属于次优位置；湖北、四川、安徽、湖南、河南、辽宁、福建、海南、广西、陕西、山西、贵州 12 省自治区位于第三方阵，集聚绩效处于中间位置；河北、黑龙江、重庆、江西、内蒙古、西藏、天津七省市自治区位于第四方阵，C_i 值在 0.25 ~ 0.3 之间，新疆、吉林、甘肃、青海、宁夏五省自治区位于第五方阵，C_i 值在 0.25 以下，其旅游产业集聚绩效处于全国靠后水平。

（2）横向评价（七大维度）

该部分主要从横向（七大维度）来具体分析 31 个省市自治区各准则层的 C_i 值及排名情况，以对各省市自治区旅游产业集聚绩效有一个全面系统的了解（表 6 – 25）。

表 6 – 25　旅游产业集聚绩效七大准则层最优接近度（2014 年）

对象	专业化程度 C_i 值	竞合程度 C_i 值	创新程度 C_i 值	基础服务设施 C_i 值	旅游资源禀赋 C_i 值	规模经济效应 C_i 值	经济促进能力 C_i 值
广东	0.2224	0.7051 (3)	0.6687 (2)	1 (1)	0.5173 (6)	0.9495 (1)	0.2202
浙江	0.2999 (8)	0.4524	0.6068 (3)	0.5337 (3)	0.6230 (2)	0.7437 (4)	0.3023
江苏	0.1568	0.4635	0.6825 (1)	0.6493 (2)	0.5600 (4)	0.7741 (2)	0.1526
北京	0.7299 (1)	0.7693 (2)	0.5895 (4)	0.3751 (7)	0.2442	0.5135 (5)	0.4797 (4)
山东	0.2165	0.3660	0.4092 (5)	0.5201 (4)	0.6084 (3)	0.7582 (3)	0.1921
上海	0.4738 (3)	0.9265 (1)	0.3832 (6)	0.2948	0.1294	0.3960	0.2806
云南	0.3939 (7)	0.5975 (5)	0.1873	0.3662 (8)	0.3744	0.3533	0.5478 (2)
湖北	0.1917	0.5981 (4)	0.2641	0.3401	0.4395 (10)	0.4625 (7)	0.2544
四川	0.2444	0.3030	0.3549 (7)	0.3163	0.6467 (1)	0.4522 (8)	0.2821
安徽	0.2309	0.3979	0.3496 (8)	0.3585 (9)	0.4119	0.3940	0.3352
湖南	0.1788	0.5109	0.2050	0.3830 (6)	0.4446 (9)	0.4001	0.2338
河南	0.1438	0.2747	0.2980 (9)	0.3873 (5)	0.5516 (5)	0.4484 (9)	0.1797
辽宁	0.2561	0.4061	0.2039	0.3487	0.3794	0.4843 (6)	0.2863
福建	0.2386	0.5396 (7)	0.1797	0.2704	0.3652	0.3415	0.3001
海南	0.5304 (2)	0.5337 (9)	0.1667	0.0747	0.1274	0.0930	0.5372 (3)
广西	0.2848 (9)	0.3570	0.2132	0.2884	0.3951	0.2953	0.3756 (10)

续表

	专业化程度	竞合程度	创新程度	基础服务设施	旅游资源禀赋	规模经济效应	经济促进能力
对象	C_i 值	C_i 值	C_i 值	C_i 值	C_i 值	C_i 值	C_i 值
陕西	0.2502	0.3332	0.1560	0.2342	0.3856	0.3219	0.4489 (5)
山西	0.4368 (4)	0.1215	0.1363	0.1386	0.4427 (9)	0.3392	0.4278 (7)
贵州	0.4358 (5)	0.3729	0.1428	0.1511	0.2496	0.2627	0.4422 (6)
河北	0.1980	0.1710	0.1360	0.3511 (10)	0.4631	0.4008 (10)	0.1749
黑龙江	0.0414	0.5244 (10)	0.1251	0.2104	0.4223	0.1511	0.1104
重庆	0.2020	0.5511 (6)	0.2842 (10)	0.1581	0.1707	0.2824	0.2184
江西	0.2381	0.3952	0.0963	0.2424	0.3100	0.3036	0.2746
内蒙古	0.1441	0.1920	0.0587	0.1316	0.4164	0.2224	0.4094 (8)
西藏	0.4023 (6)	0.2620	0.0042	0.0094	0.1314	0.0033	0.5873 (1)
天津	0.2343	0.5504 (7)	0.2053	0.0867	0.0654	0.1677	0.2731
新疆	0.1784	0.1282	0.0598	0.1993	0.3292	0.1377	0.4036 (9)
吉林	0.1559	0.2624	0.0626	0.1205	0.2744	0.1637	0.3335
甘肃	0.2178	0.2130	0.0473	0.1632	0.3295	0.1441	0.2145
青海	0.2648 (10)	0.3736	0.0088	0.0274	0.1404	0.0342	0.2365
宁夏	0.2498	0.3113	0.0456	0.0283	0.0913	0.0174	0.2097

注：小括号内数值代表各准则层排名情况，表中只列出排名前十情况

专业化程度：通过对专业化程度 C_i 值的观察可以发现，处在前五位的分别是北京、海南、上海、山西和贵州，后五位的分别是江苏、吉林、内蒙古、河南和黑龙江。北京、海南、上海的专业化优势非常明显，全国除排名靠前的省市自治区之外，其他各省市自治区专业化程度优劣程度差异相对较小。

竞合程度：上海、北京、广东、湖北和云南处在前五位，甘肃、内蒙古、河北、新疆和山西位于后五位。其中排名第一的上海 C_i 值为0.9265，具有绝对优势，北京、广东两省市优势也非常明显。处于中间位置的省市自治区值形成了一个分值从0.55到0.25递减的梯度，省市自治区前后差距相对较小。

创新程度：处于前五位的是江苏、广东、浙江、北京和山东，靠后五位分别是内蒙古、甘肃、宁夏、青海和西藏。从创新程度 C_i 值来看，江苏、广东、浙江和北京四省市优势非常明显，其他各省市自治区之间的差距还是较明显存在的。

基础服务设施：通过观察基础服务设施 C_i 值，处于前五位的是广东、江苏、浙江、山东和河南，天津、海南、宁夏、青海和西藏则处于最靠后五位。排名第一的广东 C_i 值为1，具有绝对优势。除广东外，江苏、浙江和山东三省的 C_i 值达到0.5以上，也具有非常明显的优势。处于中间位置的省 C_i 值形成了一个分值从0.4到0.1递减的梯度，省市自治区前后差距相对较小。

旅游资源禀赋：处于前五位的是四川、浙江、山东、江苏和河南，处于后五位的是西藏、上海、海南、宁夏和天津，也与这些省市自治区旅游资源较为匮乏的事实相印证。从 C_i 值大小差距可以看出，各省市自治区之间的旅游资源禀赋差异还是较明显存在的。

规模经济效应：处于前五位的是广东、江苏、山东、浙江和北京，新疆、海南、青海、宁夏和西藏则处于后五位。其中排名第一的广东 C_i 值为0.9495，具有绝对优势。除广东之外，江苏、山东和浙江三省 C_i 值达到0.7以上，北京 C_i 值达到0.5以上，也具有较为明显的优势。

经济促进能力：处于前五位的是西藏、云南、海南、北京和陕西；而山东、河南、河北、江苏和黑龙江则处于后五位。西藏、云南和海南 C_i 值达到0.5以上，这说明对旅游的依赖性强。2010—2015年，西藏自治区旅游收入从2010年的42.11亿元增加到2015年预计的154.93亿元，年均增长近30%，占当年GDP比重连续保持在20%以上。山东的服务业中，金融、房地产等现代服务业增加值分别增长9.6%和7.9%，增速均快于交通运输、批发零售、住宿餐饮等传统服务业，因此，旅游对经济的促进作用相对不明显。另外，处于中间位置的省市自治区前后差异也不是特别明显。

6.6.4 分析评价

通过对31个省市自治区旅游产业集聚绩效的分层分析，指出了各省市自治区集聚绩效七大准则的排名情况，为各省市自治区旅游产业集聚发展指明了方向。同时为了更好地还原各省市自治区旅游产业集聚绩效情况和各准则层的效用程度，筛选出集聚绩效 C_i 值排名靠前省市自治区，并列举各活跃因子（七大准则层中排名在前十名内），如表6–26所示。

表6–26 各省市自治区旅游产业七大准则活跃因子（2014年）

对象	集聚绩效 C_i 值	C_i 值排名	最活跃因子（排名前十）
广东	0.6046	1	基础服务设施、规模经济效应、创新程度、竞合程度、旅游资源禀赋

续表

对象	集聚绩效 C_i 值	C_i 值排名	最活跃因子（排名前十）
浙江	0.5292	2	旅游资源禀赋、基础服务设施、创新程度、规模经济效应、专业化程度
江苏	0.5198	3	创新程度、基础服务设施、规模经济效应、旅游资源禀赋
北京	0.5041	4	专业化程度、竞合程度、创新程度、经济促进能力、规模经济效应、基础服务设施
山东	0.4710	5	旅游资源禀赋、规模经济效应、基础服务设施、创新程度
上海	0.4208	6	竞合程度、专业化程度、创新程度
云南	0.4152	7	经济促进能力、竞合程度、专业化程度、基础服务设施
湖北	0.3932	8	竞合程度、规模经济效应、旅游资源禀赋
四川	0.3910	9	旅游资源禀赋、创新程度、规模经济效应
安徽	0.3654	10	创新程度、基础服务设施
湖南	0.3639	11	基础服务设施、旅游资源禀赋
河南	0.3563	12	基础服务设施、旅游资源禀赋、创新程度、规模经济效应
辽宁	0.3488	13	规模经济效应
福建	0.3390	14	竞合程度
海南	0.3326	15	专业化程度、经济促进能力、竞合程度
广西	0.3251	16	专业化程度、经济促进能力
陕西	0.3224	17	经济促进能力
山西	0.3174	18	专业化程度、经济促进能力、旅游资源禀赋
贵州	0.3153	19	专业化程度、经济促进能力
河北	0.2983	20	基础服务设施、规模经济效应
黑龙江	0.2941	21	竞合程度
重庆	0.2916	22	竞合程度、创新程度
江西	0.2797	23	
内蒙古	0.2742	24	经济促进能力

对象	集聚绩效 C_i 值	C_i 值排名	最活跃因子（排名前10）
西藏	0.2628	25	经济促进能力、专业化程度
天津	0.2598	26	竞合程度
新疆	0.2454	27	经济促进能力
吉林	0.2229	28	
甘肃	0.2073	29	
青海	0.1924	30	专业化程度
宁夏	0.1672	31	

旅游产业区域集聚能够带来一定的集聚绩效，但是，较高的集聚水平高不一定带来较高的集聚绩效，因为旅游产业区域集聚绩效是多方面共同作用的结果，不仅需要考虑产业集聚产生的原因，即专业化程度、竞合程度、创新程度、开放程度，还要考虑集聚发展的条件，如旅游资源禀赋和基础服务设施。另外，旅游产业区域集聚产生的效果，包括规模经济效应和经济促进能力也是集聚绩效评价不可忽视的内容。而且，旅游产业区域集聚绩效中，各省市自治区最活跃因子包含个数越多，其集聚绩效排名越靠前，说明最活跃因子对旅游产业区域集聚绩效的提升意义重大。

6.7 集聚绩效评价分析——基于 2015 年数据

6.7.1 数据来源

数据主要来源《2016 年中国统计年鉴》和《2016 年中国旅游统计年鉴》正本及副本，各省市自治区 2016 年统计年鉴、国家旅游局网、国家知识产权局网、中国非物质文化遗产网、中国文物局网、各省 2015 年国民经济和社会发展统计公报等。在社会从业人数部分，2013—2014 年选取城镇从业人数数据，来自《中国劳动统计年鉴》，由于无法获得《2016 年中国劳动统计年鉴》，无法选择 2015 年城镇从业人数数据进行分析。因此，本书从《2016 年中国统计年鉴》中获取 2015 年城镇单位就业人员数以及城镇私营企业和个体就业人数之和作为 2015 年城镇从业人数数据。本书也从《2014 年中国统计年鉴》和《2015 年中国统计年鉴》中选择城镇单位就业人员数以及城镇私营企业和个体就业人数进行加总，并与《中国劳动统计年鉴》中的城镇从业人数数据进行对比，发现相差甚少，因此 2015 年城镇就业人员数据可采用加总法获得并分析。除此之外，七大准则层指标数据来源与 2014 年指标数据来源一致，只是年鉴或公报年份不一。

6.7.2　指标优化及权重

（1）指标信息区分度检验

根据变异系数公式 $V_j = \dfrac{\sigma_j}{x_j}$（$j = 1, 2, \cdots, n$），进行指标区分度检验。

表 6 - 27　指标区分度（变异系数，2015 年）

指标	区分度	指标	区分度	指标	区分度	指标	区分度
X_1	0.41	X_9	1.11	X_{17}	0.85	X_{25}	0.71
X_2	0.44	X_{10}	0.69	X_{18}	0.83	X_{26}	0.64
X_3	1.26	X_{11}	1.50	X_{19}	0.71	X_{27}	0.12
X_4	-4.14	X_{12}	1.09	X_{20}	0.54	X_{28}	0.41
X_5	-8.52	X_{13}	0.67	X_{21}	0.62	X_{29}	0.44
X_6	0.64	X_{14}	0.93	X_{22}	0.46	X_{30}	1.07
X_7	0.28	X_{15}	1.00	X_{23}	0.58	X_{31}	0.58
X_8	0.29	X_{16}	0.59	X_{24}	0.72	X_{32}	0.44

经过验证，所选指标变异度除 X_{27} 外，其余各项指标均大于 0.2，所以删除 X_{27}（星级饭店客房出租率）指标，再进行指标关联度检验，根据公式（6 - 4）减去（6 - 6）计算备选指标关联度。

（2）指标关联度检验

表 6 - 28　备选指标关联度（2015 年）

指标	关联度	指标	关联度	指标	关联度	指标	关联度
X_1	0.5006	X_9	0.4315	X_{17}	0.4251	X_{25}	0.4543
X_2	0.4303	X_{10}	0.4441	X_{18}	0.4435	X_{26}	0.4725
X_3	0.3793	X_{11}	0.3764	X_{19}	0.4336	X_{28}	0.5006
X_4	0.5910	X_{12}	0.4203	X_{20}	0.5087	X_{29}	0.4699

指标	关联度	指标	关联度	指标	关联度	指标	关联度
X_5	0.4990	X_{13}	0.4905	X_{21}	0.4622	X_{30}	0.4015
X_6	0.3990	X_{14}	0.4009	X_{22}	0.4712	X_{31}	0.4247
X_7	0.5831	X_{15}	0.3976	X_{23}	0.5005	X_{32}	0.4303
X_8	0.4995	X_{16}	0.4912	X_{24}	0.4303		

经过检验，所选指标关联度在 $\rho=0.5$ 时，各项指标均大于 0.35，与评价目标关联度比较高。所以最终使用的旅游产业区域集聚绩效指标体系如表6-29所示。

表6-29　旅游产业区域集聚绩效评价指标体系（2015年）

目标层	准则层	指标层
区域旅游产业集聚绩效评价-	专业化程度	旅游产业总收入区位商 X_1
		旅游产业从业人数区位商 X_2
		旅游企业固定资产区位商 X_3
	竞合程度	旅游企业营业利润率 X_4
		旅游企业固定资产利润率 X_5
		旅游企业全员劳动生产率 X_6
		旅行社营业收入/旅游企业营业收入 X_7
		旅行社从业人数/旅游企业从业人数 X_8
	创新程度	旅游产业 R&D 经费 X_9
		旅游院校学生数 X_{10}
		旅游规划资质单位数 X_{11}
		旅游专利申请数 X_{12}
	基础服务设施	旅客周转量 X_{13}
		邮电业务总量 X_{14}
		城市绿地面积 X_{15}
		星级饭店床位数 X_{16}
		城市污水日处理能力 X_{17}

续表

目标层	准则层	指标层
区域旅游产业集聚绩效评价 -	旅游资源禀赋	中国优秀旅游城市 X_{18}
		全国重点文物保护单位 X_{19}
		国家4A、5A级景区 X_{20}
		国家级自然保护区 X_{21}
		国家非物质文化遗产 X_{22}
	规模经济效应	旅游企业数 X_{23}
		旅游产业从业人数 X_{24}
		旅游总收入 X_{25}
		接待国内外游客数 X_{26}
		旅游总收入/GDP X_{27}
	经济促进能力	旅游总收入/第三产业 GDP X_{28}
		国际旅游收入/出口商品总额 X_{29}
		旅游企业税收/税收收入 X_{30}
		旅游企业从业人数/社会从业人数 X_{31}

（3）指标权重及分析

应用公式（6-7）减去（6-10）计算出2015年旅游产业区域集聚绩效各指标的权重，结果如表6-30所示。

表6-30　旅游产业区域集聚绩效权重值（2015年）

目标层	准则层	权重	指标	指标层对准则层权重	指标层对目标层权重
区域旅游产业集聚绩效	专业化程度	0.0853	X_1	0.2355	0.0201
			X_2	0.4017	0.0343
			X_3	0.3627	0.0309
	竞合程度	0.1252	X_4	0.1170	0.0147
			X_5	0.2166	0.0271
			X_6	0.2151	0.0269
			X_7	0.2330	0.0292
			X_8	0.2183	0.0273

续表

目标层	准则层	权重	指标	指标层对准则层权重	指标层对目标层权重
区域旅游产业集聚绩效	创新程度	0.1469	X_9	0.3324	0.0488
			X_{10}	0.2146	0.0315
			X_{11}	0.1604	0.0236
			X_{12}	0.2926	0.0430
	基础服务设施	0.1683	X_{13}	0.2534	0.0426
			X_{14}	0.1583	0.0266
			X_{15}	0.1633	0.0275
			X_{16}	0.2346	0.0395
	旅游资源禀赋	0.1860	X_{17}	0.1904	0.0321
			X_{18}	0.2384	0.0443
			X_{19}	0.1844	0.0343
			X_{20}	0.2211	0.0411
			X_{21}	0.2020	0.0376
	规模经济效应	0.1470	X_{22}	0.1540	0.0286
			X_{23}	0.2848	0.0419
			X_{24}	0.2284	0.0336
			X_{25}	0.2354	0.0346
	经济促进能力	0.1413	X_{26}	0.2514	0.0370
			X_{27}	0.1422	0.0201
			X_{28}	0.1370	0.0194
			X_{29}	0.2292	0.0324
			X_{30}	0.2490	0.0352
			X_{31}	0.2426	0.0343

在准则层专业化程度中，与2013及2014年不同，旅游产业从业人数区位商权重赋值超过旅游企业固定资产区位商，但还是远远高于旅游产业总收入区位商。竞合程度中，旅行社营业收入占旅游企业营业收入比重权重最大，旅游企业全员劳动生产率及旅行社从业人数占旅游从业人数比重的权重值也较大，说明其更能反映企业的竞争力情况，且旅行社作为中介，能较大程度地反映区域

的合作情况。创新程度中，旅游产业 R&D 经费权重值最大，可见 R&D 是创新的重要表现之一，同时旅游院校学生数和旅游专利申请数权重值也说明旅游院校学生和专利的重要性。基础服务设施中，旅客周转量和星级饭店床位数权重最高，说明交通和住宿是区域旅游产业发展的重要支撑力量。旅游资源禀赋中，中国优秀旅游城市的数量及国家 4A、5A 级景区所赋权重值最大，表明其更能反映区域旅游资源情况。规模经济效应中，旅游企业数权重最高，而统计年鉴中的旅游企业都属于规模以上，可见其是旅游产业区域集聚产生规模经济效应的重要体现。经济促进能力中，旅游企业税收占税收收入比重及国际旅游收入占出口商品总额比重赋权最大，表明旅游产业税收效应及创汇效应对区域经济发展有重要作用。

目标层是七大准则层共同作用的结果，比较各准则层所赋权重，旅游资源禀赋权重最大，基础服务设施、规模经济效应、创新程度、经济促进能力权重值较大，说明其是衡量集聚绩效时需要考虑的重要因子。当然，也不能忽视规模竞合程度和专业化程度的重要性。另外，从 31 个指标层对于目标层的权重值来看，处于 0.020 至 0.045 之间，一半在 0.03 附近浮动，分配较为均衡，说明各指标均能反映区域旅游产业的集聚绩效。

6.7.3　集聚绩效综合评价

（1）总体评价

根据上文信息熵权法计算出的权重值，及公式（6-11）减去（6-15）进行相应计算。通过对 31 个省市自治区 7 项准则 31 个指标的总体评价，计算出各省市 C_i 值，找出集聚绩效的最优单元为广东省，以及其他省市自治区的理想程度，如表 6-31、图 6-6 所示。

表 6-31　旅游产业集聚绩效最优接近度（2015 年）

对象	D+	D-	C_i	名次
广东	0.5850	0.5793	0.5896	1
浙江	0.8374	0.2738	0.5252	2
江苏	0.7357	0.3419	0.5191	3
山东	0.7554	0.3850	0.4985	4
北京	0.7827	0.2981	0.4975	5
上海	0.7069	0.3698	0.4203	6
四川	0.8120	0.2635	0.4067	7

对象	D^+	D^-	C_i	名次
湖南	0.7976	0.3469	0.3868	8
河南	0.6791	0.4923	0.3854	9
云南	0.5631	0.6078	0.3840	10
湖北	0.5328	0.5893	0.3820	11
安徽	0.6729	0.4081	0.3775	12
福建	0.6905	0.3928	0.3626	13
广西	0.7431	0.3346	0.3527	14
陕西	0.5786	0.5751	0.3481	15
辽宁	0.6946	0.4356	0.3435	16
山西	0.6659	0.4115	0.3376	17
海南	0.6582	0.4152	0.3314	18
河北	0.5040	0.7242	0.3173	19
江西	0.6987	0.3807	0.3105	20
贵州	0.8070	0.4001	0.3078	21
黑龙江	0.7730	0.3253	0.3031	22
重庆	0.6569	0.4504	0.2962	23
西藏	0.7802	0.3469	0.2926	24
内蒙古	0.6736	0.4198	0.2758	25
甘肃	0.8502	0.3517	0.2470	26
天津	0.6854	0.3659	0.2464	27
吉林	0.8119	0.2663	0.2450	28
青海	0.8681	0.2530	0.2257	29
新疆	0.9048	0.1908	0.2213	30
宁夏	0.8249	0.2344	0.1741	31

按照各省市自治区的 C_i 值，可以将其划分为五个级别，并根据优、次优、良、一般、差的集聚绩效情况，形成31个省市自治区的五大方阵（表6-32）。

表6-32　旅游产业集聚绩效等级划分（2015年）

C_i值	0.50以上（包括0.50）	0.40-0.50[0.40, 0.50)	0.30-0.40[0.30, 0.40)	0.25-0.3[0.25, 0.30)	0.25以下（不包括0.25）
等级	第一方阵	第二方阵	第三方阵	第四方阵	第五方阵
集聚绩效	优	次优	良	一般	差
对象	广东、浙江、江苏	山东、北京、上海、四川	湖南、河南、云南、湖北、安徽、福建、广西、陕西、辽宁、山西、海南、河北、江西、贵州、黑龙江	重庆、西藏、内蒙古	甘肃、天津、吉林、青海、新疆、宁夏

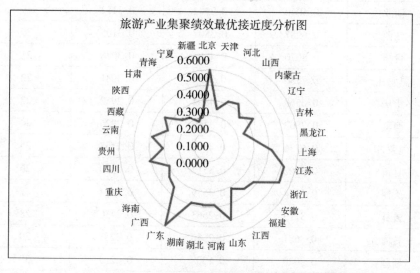

图6-6　旅游产业集聚绩效最优接近度分析图（2015年）

其中，第一方阵为广东、浙江、江苏三省，其C_i值均在0.50以上，集聚绩效在全国排名较高；第二方阵为山东、北京、上海、四川四省市，C_i值低于第一方阵，但在0.40以上，属于次优位置，尤其山东和北京C_i值在0.49以上，接近第一方阵；湖南、河南、云南、湖北、安徽、福建、广西、陕西、辽宁、山西、海南、河北、江西、贵州、黑龙江15省自治区位于第三方阵，集聚绩效处于中间位置；重庆、西藏、内蒙古位于第四方阵，C_i值在0.25～0.3之间，甘肃、天津、吉林、青海、新疆、宁夏六省市自治区位于第五方阵，C_i 值在 0.25 以下，其旅游产业集聚绩效处于全国靠后水平。

（2）横向评价（七大维度）

该部分主要从横向（七大维度）来具体分析 31 个省市自治区各准则层的 C_i 值及排名情况，以对各省市自治区旅游产业集聚绩效有一个全面系统的了解（表 6-33）。

表 6-33　旅游产业集聚绩效七大准则层最优接近度（2015 年）

对象	专业化程度 C_i 值	竞合程度 C_i 值	创新程度 C_i 值	基础服务设施 C_i 值	旅游资源禀赋 C_i 值	规模经济效应 C_i 值	经济促进能力 C_i 值
广东	0.2554	0.6688（3）	0.5741（3）	1（1）	0.5088（6）	0.9751（1）	0.2169
浙江	0.2819	0.4644	0.5101（5）	0.5869（3）	0.6314（2）	0.7286（4）	0.2823
江苏	0.1748	0.4797	0.5982（2）	0.6990（2）	0.5529（5）	0.7702（2）	0.1731
山东	0.2085	0.4890（10）	0.4230（6）	0.5728（4）	0.6110（3）	0.7350（3）	0.2000
北京	0.7056（1）	0.7251（2）	0.6571（1）	0.3945（10）	0.2404	0.5140（5）	0.4410（6）
上海	0.4708（4）	0.9137（1）	0.5139（4）	0.2989	0.1224	0.3889	0.2671
四川	0.2606	0.3814	0.2819	0.3766	0.6526（1）	0.4657（6）	0.2878
湖南	0.2034	0.4909（9）	0.2443	0.4414（6）	0.4444（9）	0.4199（9）	0.3310
河南	0.1696	0.3181	0.2917（10）	0.4553（5）	0.5879（4）	0.4575（8）	0.1900
云南	0.4963（3）	0.4286	0.2020	0.3031	0.3725	0.3683	0.5386（3）
湖北	0.2171	0.5432（6）	0.2595	0.3938	0.4408（10）	0.4642（7）	0.2399
安徽	0.2513	0.4437	0.3282（9）	0.3951（9）	0.4330	0.4136	0.3009
福建	0.2341	0.5544（4）	0.1922	0.2811	0.3576	0.3425	0.4618（4）
广西	0.4328（6）	0.3141	0.1877	0.3253	0.3919	0.3428	0.4520（5）
陕西	0.3132（10）	0.4070	0.2097	0.3372	0.3956	0.3442	0.3862（7）
辽宁	0.1916	0.4864	0.1794	0.4240（7）	0.3679	0.4066	0.2062
山西	0.3483（8）	0.4488	0.1292	0.1455	0.4531（7）	0.3075	0.3542（10）
海南	0.5890（2）	0.5052（8）	0.1241	0.0879	0.1233	0.0919	0.5659（2）
河北	0.2182	0.1380	0.1589	0.4060（8）	0.4478（8）	0.4189（10）	0.2107
江西	0.2691	0.4332	0.1220	0.2980	0.3194	0.3275	0.3477
贵州	0.3956（7）	0.3615	0.1847	0.2056	0.2468	0.2732	0.4199（8）
黑龙江	0.1131	0.5008（5）	0.1541	0.2268	0.4312	0.1591	0.1327
重庆	0.1980	0.5066（7）	0.4166（7）	0.1906	0.1605	0.2783	0.2107

	专业化程度	竞合程度	创新程度	基础服务设施	旅游资源禀赋	规模经济效应	经济促进能力
对象	C_i 值	C_i 值	C_i 值	C_i 值	C_i 值	C_i 值	C_i 值
西藏	0.4581 (5)	0.4517	0.0006	0	0.1307	0.0103	0.6014 (1)
内蒙古	0.2122	0.3217	0.0659	0.1634	0.4217	0.2463	0.3192
甘肃	0.2601	0.3479	0.0480	0.2006	0.3377	0.1530	0.2509
天津	0.2255	0.4035	0.3903 (8)	0.0990	0.0495	0.1657	0.2367
吉林	0.2003	0.3647	0.0985	0.1804	0.2767	0.1823	0.3153
青海	0.3335 (9)	0.3499	0.0192	0.0453	0.1367	0.0378	0.4216 (7)
新疆	0.1595	0.2648	0.0620	0.2275	0.3341	0.1362	0.2316
宁夏	0.2435	0.3808	0.0071	0.0350	0.0901	0.0086	0.2246

注：小括号内数值代表各准则层排名情况，表中只列出排名前十情况

专业化程度：通过对专业化程度 C_i 值的观察可以发现，处在前五位的分别是北京、海南、云南、上海和西藏，后五位的分别是辽宁、江苏、河南、新疆和黑龙江。北京、海南、云南、上海的专业化优势非常明显，除排名靠前的省市自治区之外，其他各省市自治区专业化程度优劣程度差异相对较小。

竞合程度：上海、北京、广东、福建和黑龙江的竞合程度居于前五位，内蒙古、河南、广西、新疆和河北位于后五位。其中排名第一的上海 C_i 值为 0.9137，具有绝对优势，北京、广东优势也非常明显。处于中间位置的省市自治区值形成了一个分值从 0.55 到 0.35 递减的梯度，前后差距相对较小。

创新程度：创新程度居于前五位的是北京、江苏、广东、上海和浙江，靠后五位分别是新疆、甘肃、青海、宁夏和西藏。从创新程度 C_i 值来看，北京、江苏、广东、上海和浙江优势非常明显，其他各省市自治区之间的差距还是较明显存在的。

基础服务设施：通过观察基础服务设施 C_i 值，居于前五位的分别是广东、江苏、浙江、山东和河南，天津、海南、青海、宁夏和西藏则处于最靠后五位，与 2014 年排名比较一致。排名第一的广东 C_i 值为 1，具有绝对优势。除广东外，江苏、浙江和山东三省份的 C_i 值达到 0.5 以上，也具有非常明显的优势。处于中间位置的省份 C_i 值形成了一个分值从 0.4 到 0.1 递减的梯度，省市自治区前后差距相对较小。

旅游资源禀赋：旅游资源禀赋居于前五位的分别是四川、浙江、山东、河

南和江苏，处于后五位的是西藏、海南、上海、宁夏和天津，与前两年相比，排名几乎没有变动，也与这些省份旅游资源较为匮乏的事实相印证。从 C_i 值大小差距可以看出，各省市自治区之间的旅游资源禀赋差异还是较明显存在的。

规模经济效应：规模经济效应居于前五位的分别是广东、江苏、山东、浙江和北京，新疆、海南、青海、西藏和宁夏则处于后五位，与 2014 年情况大致相同。其中排名第一的广东 C_i 值为 0.9751，具有绝对优势。除广东之外，江苏、山东和浙江三省 C_i 值达到 0.7 以上，北京 C_i 值达到 0.5 以上，具有非常明显的优势。除排名较靠后的省市自治区外，其他省市自治区前后差异较小。

经济促进能力：经济促进能力居于前五位的分别是西藏、海南、云南、福建和广西，辽宁、山东、河南、江苏和黑龙江则处于后五位。西藏、海南和云南三省的 C_i 值达到 0.5 以上，这说明其对旅游的依赖性强。处于中间位置的省市自治区前后差异不是特别明显。

6.7.4　分析结论

通过对 31 个省市自治区旅游产业集聚绩效的总体分析，得出了集聚绩效的排名，与其旅游产业发展的总体状况及发展潜力基本吻合。通过对 31 个省市自治区旅游产业集聚绩效的分层分析，指出了各省市自治区集聚绩效七大准则的排名情况，为各省市自治区旅游产业集聚发展指明了方向。同时为了更好地还原各省市自治区旅游产业集聚绩效情况和各准则层的效用程度，筛选出集聚绩效 C_i 值排名靠前的省市自治区，并列举各活跃因子（七大准则层中排名在前十名内），如表 6 - 34 所示。

表 6 - 34　各省市自治区旅游产业七大准则活跃因子（2015 年）

对象	集聚绩效 C_i 值	C_i 值排名	最活跃因子（排名前十）
广东	0.5896	1	基础服务设施、规模经济效应、创新程度、竞合程度、旅游资源禀赋
浙江	0.5252	2	旅游资源禀赋、基础服务设施、规模经济效应、创新程度
江苏	0.5191	3	创新程度、基础服务设施、规模经济效应、旅游资源禀赋
山东	0.4985	4	旅游资源禀赋、规模经济效应、基础服务设施、创新程度、竞合程度
北京	0.4975	5	专业化程度、创新程度、竞合程度、规模经济效应、经济促进能力、基础服务设施

续表

对象	集聚绩效 C_i 值	C_i 值排名	最活跃因子（排名前十）
上海	0.4203	6	竞合程度、专业化程度、创新程度
四川	0.4067	7	旅游资源禀赋、规模经济效应
湖南	0.3868	8	基础服务设施、竞合程度、规模经济效应、旅游资源禀赋
河南	0.3854	9	旅游资源禀赋、基础服务设施、规模经济效应、创新程度
云南	0.3840	10	专业化程度、经济促进能力
湖北	0.3820	11	竞合程度、规模经济效应、旅游资源禀赋
安徽	0.3775	12	创新程度、基础服务设施
福建	0.3626	13	竞合程度、经济促进能力
广西	0.3527	14	经济促进能力、专业化程度
陕西	0.3481	15	经济促进能力、专业化程度
辽宁	0.3435	16	基础服务设施
山西	0.3376	17	旅游资源禀赋、专业化程度、经济促进能力
海南	0.3314	18	专业化程度、经济促进能力、竞合程度
河北	0.3173	19	基础服务设施、旅游资源禀赋、规模经济效应
江西	0.3105	20	
贵州	0.3078	21	专业化程度、经济促进能力
黑龙江	0.3031	22	竞合程度
重庆	0.2962	23	竞合程度、创新程度
西藏	0.2926	24	经济促进能力、专业化程度
内蒙古	0.2758	25	
甘肃	0.2470	26	
天津	0.2464	27	创新程度
吉林	0.2450	28	
青海	0.2257	29	经济促进能力、专业化程度
新疆	0.2213	30	
宁夏	0.1741	31	

旅游产业区域集聚能够带来一定的集聚绩效，但是，集聚水平高不一定带来高的集聚绩效，因为集聚绩效是多方面共同作用的结果，不仅需要考虑集聚产生的原因，即专业化程度、竞合程度、创新程度、开放程度，还要考虑集聚发展的条件，如旅游资源禀赋和基础服务设施，另外，集聚产生的效果，包括规模经济效应和经济促进能力也是集聚绩效评价不可忽视的内容。而且，旅游产业区域集聚绩效中，各省市自治区最活跃因子包含个数越多，其集聚绩效排名越靠前，说明最活跃因子对旅游产业区域集聚绩效的提升意义重大。

6.8 集聚绩效评价对比分析——基于 **2013—2015** 年数据

本书利用 2013—2015 年相关截面数据能够了解 31 个省市自治区旅游产业区域集聚水平和集聚绩效情况，并通过对各省市自治区旅游产业区域集聚绩效排名情况得知其旅游产业集聚所处的阶段、各省市自治区旅游产业发展优势和吸引能力。但仅采用 2013—2015 年这三年单年截面数据具有一定局限性，因而本书通过 2013—2015 年这三年数据结果对比，进行集聚绩效评价分析。

6.8.1 数据来源
2013—2015 年指标数据来源与前面章节一致。

6.8.2 指标优化及权重
（1）指标信息区分度检验（2014 年和 2013 年对比）

根据变异系数公式 $V_j = \dfrac{\sigma_j}{x_j}$（$j=1, 2, \cdots, n$）即式（6-3），进行指标区分度检验，得到表 6-35。

经过验证，所选指标变异度除 X_{27} 外，其余各项指标均大于 0.2，所以删除 X_{27}（星级饭店客房出租率）指标，再进行指标关联度检验，根据公式（6-4）减去（6-6）计算备选指标关联度。

（2）指标关联度（2013—2015 年对比）（见表 6-36）

经过检验，所选指标关联度在 $\rho = 0.5$ 时，各项指标均大于 0.35，与评价目标关联度比较高。所以最终使用的旅游产业区域集聚绩效指标体系如表 6-37 所示。

表 6 - 35　指标信息区分度检验（2013—2015 年对比）

指标	区分度			指标	区分度			指标	区分度			指标	区分度		
	2015 年	2014 年	2013 年		2015 年	2014 年	2013 年		2015 年	2014 年	2013 年		2015 年	2014 年	2013 年
X_1	0.41	0.37	0.36	X_9	1.11	1.13	1.17	X_{17}	0.85	0.87	0.86	X_{25}	0.71	0.72	0.74
X_2	0.44	0.40	0.41	X_{10}	0.69	0.78	0.84	X_{18}	0.83	0.83	0.83	X_{26}	0.64	0.65	0.67
X_3	1.26	1.30	1.20	X_{11}	1.50	1.50	1.50	X_{19}	0.71	0.71	0.71	X_{27}	0.12	0.12	0.11
X_4	-4.14	26.82	2.24	X_{12}	1.09	1.07	1.10	X_{20}	0.54	0.58	0.59	X_{28}	0.41	0.37	0.36
X_5	-8.52	3.08	1.76	X_{13}	0.67	0.73	0.68	X_{21}	0.62	0.62	0.62	X_{29}	0.44	0.37	0.32
X_6	0.64	0.60	0.54	X_{14}	0.93	0.91	0.88	X_{22}	0.46	0.46	0.48	X_{30}	1.07	0.87	0.98
X_7	0.28	0.27	0.27	X_{15}	1.00	1.03	1.05	X_{23}	0.58	0.59	0.59	X_{31}	0.58	0.61	0.66
X_8	0.29	0.25	0.26	X_{16}	0.59	0.62	0.64	X_{24}	0.72	0.74	0.74	X_{32}	0.44	0.40	0.41

表6－36　指标关联度（2013—2015年对比）

指标	关联度			指标	关联度			指标	关联度			指标	关联度		
	2015年	2014年	2013年		2015年	2014年	2013年		2015年	2014年	2013年		2015年	2014年	2013年
X_1	0.5006	0.4553	0.4496	X_9	0.4315	0.4236	0.4165	X_{17}	0.4251	0.4262	0.4296	X_{25}	0.4543	0.4497	0.4449
X_2	0.4303	0.4345	0.4331	X_{10}	0.4441	0.4431	0.4224	X_{18}	0.4435	0.4435	0.4435	X_{26}	0.4725	0.4748	0.4678
X_3	0.3793	0.3783	0.3787	X_{11}	0.3764	0.3764	0.3764	X_{19}	0.4336	0.4336	0.4336	X_{28}	0.5006	0.4553	0.4496
X_4	0.5910	0.5557	0.5059	X_{12}	0.4203	0.4154	0.4014	X_{20}	0.5087	0.5070	0.4995	X_{29}	0.4699	0.4589	0.4724
X_5	0.4990	0.4977	0.4926	X_{13}	0.4905	0.4483	0.4836	X_{21}	0.4622	0.4622	0.4694	X_{30}	0.4015	0.4347	0.4084
X_6	0.3990	0.3999	0.3958	X_{14}	0.4009	0.4002	0.4012	X_{22}	0.4712	0.4712	0.4762	X_{31}	0.4247	0.4206	0.3900
X_7	0.5831	0.5350	0.5015	X_{15}	0.3976	0.3973	0.3965	X_{23}	0.5005	0.4883	0.4924	X_{32}	0.4303	0.4345	0.4331
X_8	0.4995	0.5001	0.4687	X_{16}	0.4912	0.4660	0.4469	X_{24}	0.4303	0.4393	0.4393				

表6-37 旅游产业区域集聚绩效评价指标体系 (2013-2015年)

目标层	准则层	指标层
区域旅游产业集聚绩效评价	专业化程度	旅游产业总收入区位商 X_1
		旅游产业从业人数区位商 X_2
		旅游企业固定资产区位商 X_3
	竞合程度	旅游企业营业利润率 X_4
		旅游企业固定资产利润率 X_5
		旅游企业全员劳动生产率 X_6
		旅行社营业收入/旅游企业营业收入 X_7
		旅行社从业人数/旅游企业从业人数 X_8
	创新程度	旅游产业 R&D 经费 X_9
		旅游院校学生数 X_{10}
		旅游规划资质单位数 X_{11}
		旅游专利申请数 X_{12}
	基础服务设施	旅客周转量 X_{13}
		邮电业务总量 X_{14}
		城市绿地面积 X_{15}
		星级饭店床位数 X_{16}
		城市污水日处理能力 X_{17}
	旅游资源禀赋	中国优秀旅游城市 X_{18}
		全国重点文物保护单位 X_{19}
		国家4A、5A级景区 X_{20}
		国家级自然保护区 X_{21}
		国家非物质文化遗产 X_{22}
	规模经济效应	旅游企业数 X_{23}
		旅游产业从业人数 X_{24}
		旅游总收入 X_{25}
		接待国内外游客数 X_{26}
	经济促进能力	旅游总收入/GDP X_{27}
		旅游总收入/第三产业 GDP X_{28}
		国际旅游收入/出口商品总额 X_{29}
		旅游企业税收/税收收入 X_{30}
		旅游企业从业人数/社会从业人数 X_{31}

（3）指标权重及分析

2013—2015年旅游产业区域集聚绩效各指标的权重结果如表6-38所示。

表6-38 区域旅游产业集聚绩效权重值(2013—2015年对比)

目标层	准则层	权重			指标	指标层对准则层权重			指标层对目标层权重		
		2015年	2014年	2013年		2015年	2014年	2013年	2015年	2014年	2013年
区域旅游产业集聚绩效	专业化程度	0.0853	0.0789	0.0827	X_1	0.2355	0.2964	0.2702	0.0201	0.0234	0.0223
					X_2	0.4017	0.3265	0.3304	0.0343	0.0257	0.0273
					X_3	0.3627	0.3772	0.3995	0.0309	0.0297	0.0330
	竞合程度	0.1252	0.1532	0.1445	X_4	0.1170	0.1358	0.1320	0.0147	0.0208	0.0191
					X_5	0.2166	0.1799	0.2341	0.0271	0.0275	0.0338
					X_6	0.2151	0.2005	0.1882	0.0269	0.0307	0.0272
					X_7	0.2330	0.2770	0.2573	0.0292	0.0424	0.0372
					X_8	0.2183	0.2068	0.1882	0.0273	0.0317	0.0272
	创新程度	0.1469	0.1405	0.1340	X_9	0.3324	0.3184	0.3333	0.0488	0.0447	0.0447
					X_{10}	0.2146	0.2604	0.2522	0.0315	0.0366	0.0338
					X_{11}	0.1604	0.1615	0.1767	0.0236	0.0227	0.0237
					X_{12}	0.2926	0.2598	0.2378	0.0430	0.0365	0.0319
					X_{13}	0.2534	0.2232	0.2574	0.0426	0.0351	0.0427
	基础服务设施	0.1683	0.1574	0.1660	X_{14}	0.1583	0.1568	0.1516	0.0266	0.0247	0.0252
					X_{15}	0.1633	0.1704	0.1688	0.0275	0.0268	0.0280
					X_{16}	0.2346	0.2473	0.2175	0.0395	0.0389	0.0361
					X_{17}	0.1904	0.2023	0.2047	0.0321	0.0318	0.0340

续表

目标层	准则层	权重 2015年	权重 2014年	权重 2013年	指标	指标层对准则层权重 2015年	2014年	2013年	指标层对目标层权重 2015年	2014年	2013年
区域旅游产业集聚绩效	旅游资源禀赋	0.1860	0.1773	0.1886	X_{18}	0.2384	0.2408	0.2362	0.0443	0.0427	0.0446
					X_{19}	0.1844	0.1863	0.1828	0.0343	0.0330	0.0345
					X_{20}	0.2211	0.2132	0.2272	0.0411	0.0378	0.0428
					X_{21}	0.2020	0.2041	0.2088	0.0376	0.0362	0.0394
					X_{22}	0.1540	0.1556	0.1449	0.0286	0.0276	0.0273
	规模经济效应	0.1470	0.1432	0.1482	X_{23}	0.2848	0.2709	0.2752	0.0419	0.0388	0.0408
					X_{24}	0.2284	0.2335	0.2276	0.0336	0.0334	0.0337
					X_{25}	0.2354	0.2364	0.2368	0.0346	0.0338	0.0351
					X_{26}	0.2514	0.2592	0.2603	0.0370	0.0371	0.0386
	经济促进能力	0.1413	0.1497	0.1361	X_{27}	0.1422	0.1562	0.1642	0.0201	0.0234	0.0223
					X_{28}	0.1370	0.1625	0.1641	0.0194	0.0243	0.0223
					X_{29}	0.2292	0.2505	0.2558	0.0324	0.0375	0.0348
					X_{30}	0.2490	0.2588	0.2152	0.0352	0.0387	0.0293
					X_{31}	0.2426	0.1721	0.2007	0.0343	0.0257	0.0273

6.8.3 集聚绩效综合评价

（1）总体评价

根据信息熵权法计算出的权重值，及公式（6-11）减去（6-15）进行相应计算。通过对31个省市自治区7项准则31个指标的总体评价，计算出2013—2015年各省市自治区值，找出集聚绩效的最优单元为广东省，以及其他省市自治区的理想程度。需注意的是，在旅游产业集聚绩效最优接近度计算过程中，本书如无特别说明，默认当年值采用当年数据无量纲化后的权重来计算，即2014年的各省市自治区旅游产业集聚绩效值（包括七大准则层各自值）计算采用的是2014年指标数据权重，而2013年值计算采用2013年指标数据权重。由于不同年份指标数据不一，权重也会不同。为消除权重给不同年份值变化带来的影响，本书特采用2013年指标数据权重来计算2014年各省份值，并与采用2014年指标数据权重的结果进行比对，发现数值虽有所变化，但整体趋势和省市自治区排名基本是一致的，结果如表6-39、表6-40所示。因而权重不同并不会影响对2013—2015年各省市自治区旅游产业集聚绩效的评价（图6-7）。

表6-39 2015年各省市自治区旅游产业集聚绩效最优接近度
（采用2013年、2014年及2015年不同数据权重对比）

排名	对象	C_i（2015年）			用2014年和2015年数据权重后结果对比		用2013年和2014年数据权重后结果对比	
		用2013年数据权重	用2014年数据权重	用2015年数据权重	差值	差值幅度	差值	差值幅度
1	广东	0.6000	0.5933	0.5896	0.0067	1.12%	0.0037	0.62%
2	浙江	0.5261	0.5237	0.5252	0.0024	0.46%	-0.0015	-0.29%
3	江苏	0.5216	0.5176	0.5191	0.0040	0.77%	-0.0015	-0.29%
4	山东	0.5030	0.4967	0.4985	0.0063	1.25%	-0.0018	-0.36%
5	北京	0.4947	0.5010	0.4975	-0.0063	-1.27%	0.0035	0.70%
6	上海	0.4221	0.4304	0.4203	-0.0083	-1.97%	0.0101	2.35%
7	四川	0.4175	0.4110	0.4067	0.0065	1.56%	0.0043	1.05%

排名	对象	C_i（2015 年）			用 2014 年和 2015 年数据权重后结果对比		用 2013 年和 2014 年数据权重后结果对比	
		用 2013 年数据权重	用 2014 年数据权重	用 2015 年数据权重	差值	差值幅度	差值	差值幅度
8	湖南	0.3943	0.3920	0.3868	0.0023	0.58%	0.0052	1.33%
9	河南	0.3924	0.3830	0.3854	0.0094	2.40%	-0.0024	-0.63%
10	云南	0.3882	0.3900	0.3840	-0.0018	-0.46%	0.0060	1.54%
11	湖北	0.3940	0.3914	0.3820	0.0026	0.66%	0.0094	2.40%
12	安徽	0.3860	0.3833	0.3775	0.0027	0.70%	0.0058	1.51%
13	福建	0.3652	0.3765	0.3626	-0.0113	-3.09%	0.0139	3.69%
14	广西	0.3548	0.3513	0.3527	0.0035	0.99%	-0.0014	-0.40%
15	陕西	0.3538	0.3530	0.3481	0.0008	0.23%	0.0049	1.39%
16	辽宁	0.3533	0.3548	0.3435	-0.0015	-0.42%	0.0113	3.18%
17	山西	0.3469	0.3520	0.3376	-0.0051	-1.47%	0.0144	4.09%
18	海南	0.3291	0.3301	0.3314	-0.0010	-0.30%	-0.0013	-0.39%
19	河北	0.3172	0.3100	0.3173	0.0072	2.27%	-0.0073	-2.35%
20	江西	0.3211	0.3212	0.3105	-0.0001	-0.03%	0.0107	3.33%
21	贵州	0.3202	0.3224	0.3078	-0.0022	-0.69%	0.0146	4.53%
22	黑龙江	0.3142	0.3150	0.3031	-0.0008	-0.25%	0.0119	3.78%
23	重庆	0.3032	0.3124	0.2962	-0.0092	-3.03%	0.0162	5.19%
24	西藏	0.3033	0.3112	0.2926	-0.0079	-2.60%	0.0186	5.98%
25	内蒙古	0.2816	0.2808	0.2758	0.0008	0.28%	0.0050	1.78%
26	甘肃	0.2545	0.2500	0.2470	0.0045	1.77%	0.0030	1.20%
27	天津	0.2459	0.2566	0.2464	-0.0107	-4.35%	0.0102	3.98%

排名	对象	C_i（2015年）			用2014年和2015年数据权重后结果对比		用2013年和2014年数据权重后结果对比	
		用2013年数据权重	用2014年数据权重	用2015年数据权重	差值	差值幅度	差值	差值幅度
28	吉林	0.2547	0.2588	0.2450	−0.0041	−1.61%	0.0138	5.33%
29	青海	0.2207	0.2305	0.2257	−0.0098	−4.44%	0.0048	2.08%
30	新疆	0.2209	0.2220	0.2213	−0.0011	−0.50%	0.0007	0.32%
31	宁夏	0.1803	0.1811	0.1741	−0.0008	−0.44%	0.0070	3.87%

表6-40 2014年各省市自治区旅游产业集聚绩效最优接近度
（采用2013年和2014年不同数据权重对比）

排名	对象	C_i（2014年）		差值	差值幅度
		采用2013年数据权重	采用2014年数据权重		
1	广东	0.6046	0.6094	−0.0047	−0.78%
2	浙江	0.5292	0.5295	−0.0003	−0.06%
3	江苏	0.5198	0.5230	−0.0031	−0.60%
4	北京	0.5041	0.4979	0.0062	1.25%
5	山东	0.4710	0.4782	−0.0072	−1.50%
6	上海	0.4208	0.4146	0.0062	1.50%
7	云南	0.4152	0.4083	0.0069	1.70%
8	湖北	0.3932	0.3932	−0.0001	−0.02%
9	四川	0.3910	0.3975	−0.0065	−1.64%
10	安徽	0.3654	0.3678	−0.0024	−0.65%
11	湖南	0.3639	0.3694	−0.0055	−1.49%
12	河南	0.3563	0.3641	−0.0078	−2.15%
13	辽宁	0.3488	0.3500	−0.0012	−0.35%
14	福建	0.3390	0.3383	0.0007	0.19%

排名	对象	C_i（2014 年）		差值	差值幅度
		采用 2013 年数据权重	采用 2014 年数据权重		
15	海南	0.3326	0.3311	0.0015	0.46%
16	广西	0.3251	0.3259	−0.0007	−0.22%
17	陕西	0.3224	0.3235	−0.0011	−0.33%
18	山西	0.3174	0.3180	−0.0007	−0.21%
19	贵州	0.3153	0.3120	0.0033	1.06%
20	河北	0.2983	0.3056	−0.0073	−2.38%
21	黑龙江	0.2941	0.2946	−0.0004	−0.15%
22	重庆	0.2916	0.2847	0.0069	2.43%
23	江西	0.2797	0.2817	−0.0020	−0.72%
24	内蒙古	0.2742	0.2750	−0.0008	−0.30%
25	西藏	0.2628	0.2501	0.0127	5.08%
26	天津	0.2598	0.2518	0.0079	3.14%
27	新疆	0.2454	0.2357	0.0097	4.10%
28	吉林	0.2229	0.2207	0.0022	1.01%
29	甘肃	0.2073	0.2114	−0.0041	−1.95%
30	青海	0.1924	0.1898	0.0026	1.35%
31	宁夏	0.1672	0.1681	−0.0010	−0.57%

由表 6-40 可知，在采用 2013—2015 年不同数据权重值时，2015 年各省市自治区旅游产业集聚绩效值差异也是微弱可忽略不计的，其差异幅度基本在 5% 范围之内，大部分省市自治区差异幅度在 2% 以内，见表 6-41 至表 6-44。

表6-41 旅游产业集聚绩效最优接近度（2015年和2014年对比）

排名	2015年				2014年			
	D^+	D^-	C_i	对象	D^+	D^-	C_i	对象
1	0.5040	0.7242	0.5896	广东	0.4777	0.7304	0.6046	广东
2	0.5328	0.5893	0.5252	浙江	0.5239	0.5888	0.5292	浙江
3	0.5631	0.6078	0.5191	江苏	0.5651	0.6118	0.5198	江苏
4	0.5786	0.5751	0.4985	山东（+1）	0.5790	0.5885	0.5041	北京
5	0.5850	0.5793	0.4975	北京（-1）	0.6071	0.5406	0.4710	山东
6	0.6791	0.4923	0.4203	上海	0.6730	0.4890	0.4208	上海
7	0.6569	0.4504	0.4067	四川（+2）	0.6525	0.4633	0.4152	云南
8	0.6582	0.4152	0.3868	湖南（+3）	0.6552	0.4245	0.3932	湖北
9	0.6946	0.4356	0.3854	河南（+3）	0.6738	0.4326	0.3910	四川
10	0.6736	0.4198	0.3840	云南（-3）	0.6762	0.3894	0.3654	安徽
11	0.6659	0.4115	0.3820	湖北（-3）	0.6770	0.3873	0.3639	湖南
12	0.6729	0.4081	0.3775	安徽（-2）	0.7111	0.3936	0.3563	河南
13	0.6905	0.3928	0.3626	福建（+1）	0.6974	0.3735	0.3488	辽宁
14	0.6987	0.3807	0.3527	广西（+2）	0.6954	0.3566	0.3390	福建
15	0.6854	0.3659	0.3481	陕西（+2）	0.7936	0.3954	0.3326	海南
16	0.7069	0.3698	0.3435	辽宁（-3）	0.7065	0.3404	0.3251	广西
17	0.7554	0.3850	0.3376	山西（+1）	0.7230	0.3440	0.3224	陕西

续表

排名	2015年				2014年			
	D^+	D^-	C_i	对象	D^+	D^-	C_i	对象
18	0.8070	0.4001	0.3314	海南（-3）	0.7641	0.3552	0.3174	山西
19	0.7357	0.3419	0.3173	河北（+1）	0.7799	0.3592	0.3153	贵州
20	0.7431	0.3346	0.3105	江西（+3）	0.7539	0.3205	0.2983	河北
21	0.7802	0.3469	0.3078	贵州（-2）	0.8059	0.3358	0.2941	黑龙江
22	0.7976	0.3469	0.3031	黑龙江（-1）	0.7705	0.3172	0.2916	重庆
23	0.7730	0.3253	0.2962	重庆（-1）	0.7642	0.2967	0.2797	江西
24	0.8502	0.3517	0.2926	西藏（+1）	0.8160	0.3083	0.2742	内蒙古
25	0.7827	0.2981	0.2758	内蒙古（-1）	0.8650	0.3084	0.2628	西藏
26	0.8119	0.2663	0.2470	甘肃（+3）	0.8175	0.2869	0.2598	天津
27	0.8374	0.2738	0.2464	天津（-1）	0.8277	0.2692	0.2454	新疆
28	0.8120	0.2635	0.2450	吉林	0.8357	0.2397	0.2229	吉林
29	0.8681	0.2530	0.2257	青海（+1）	0.8420	0.2202	0.2073	甘肃
30	0.8249	0.2344	0.2213	新疆（-3）	0.8854	0.2109	0.1924	青海
31	0.9048	0.1908	0.1741	宁夏	0.9143	0.1835	0.1672	宁夏

注：表格第5列（对象）中括号内数字表示为与2014年相比，2015年各省市自治区旅游产业集聚绩效最优接近度排名变化情况，其中正号表示排名上升，负号表示排名下降，数字代表名次变化数。

表6-42 旅游产业集聚绩效最优接近度(2014年和2013年对比)

排名	2014年				2013年			
	D^+	D^-	C_i	对象	D^+	D^-	C_i	对象
1	0.4777	0.7304	0.6046	广东	0.5973	0.5636	0.6041	广东
2	0.5239	0.5888	0.5292	浙江(+1)	0.8492	0.2239	0.5066	江苏
3	0.5651	0.6118	0.5198	江苏(-1)	0.7472	0.3520	0.5018	浙江
4	0.5790	0.5885	0.5041	北京	0.7643	0.3431	0.4855	北京
5	0.6071	0.5406	0.4710	山东	0.8150	0.3076	0.4712	山东
6	0.6730	0.4890	0.4208	上海	0.6980	0.3669	0.4094	上海
7	0.6525	0.4633	0.4152	云南(+4)	0.8518	0.2069	0.3945	四川
8	0.6552	0.4245	0.3932	湖北(+1)	0.8030	0.3174	0.3846	湖南
9	0.6738	0.4326	0.3910	四川(-2)	0.6827	0.4732	0.3844	湖北
10	0.6762	0.3894	0.3654	安徽(+2)	0.5813	0.5969	0.3727	河南
11	0.6770	0.3873	0.3639	湖南(-3)	0.5512	0.5552	0.3655	云南
12	0.7111	0.3936	0.3563	河南(-2)	0.6866	0.3894	0.3619	安徽
13	0.6974	0.3735	0.3488	辽宁	0.7149	0.3344	0.3445	辽宁
14	0.6954	0.3566	0.3390	福建(+2)	0.7788	0.2772	0.3257	海南
15	0.7936	0.3954	0.3326	海南(-1)	0.6086	0.5423	0.3203	河北
16	0.7065	0.3404	0.3251	广西(+2)	0.7009	0.4165	0.3187	福建
17	0.7230	0.3440	0.3224	陕西(+2)	0.6704	0.4186	0.3098	山西

续表

排名	2014年				2013年			
	D⁺	D⁻	C_i	对象	对象	C_i	D⁻	D⁺
18	0.7641	0.3552	0.3174	山西(−1)	广西	0.3092	0.4177	0.6684
19	0.7799	0.3592	0.3153	贵州(+1)	陕西	0.3070	0.7242	0.4745
20	0.7539	0.3205	0.2983	河北(−5)	贵州	0.3004	0.3254	0.7269
21	0.8059	0.3358	0.2941	黑龙江	黑龙江	0.2833	0.3881	0.8036
22	0.7705	0.3172	0.2916	重庆(+1)	内蒙古	0.2740	0.2848	0.7937
23	0.7642	0.2967	0.2797	江西(+1)	重庆	0.2641	0.4310	0.6616
24	0.8160	0.3083	0.2742	内蒙古(−2)	江西	0.2625	0.3399	0.7916
25	0.8650	0.3084	0.2628	西藏	西藏	0.2593	0.3935	0.6833
26	0.8175	0.2869	0.2598	天津(+2)	甘肃	0.2135	0.3024	0.8638
27	0.8277	0.2692	0.2454	新疆	新疆	0.2098	0.3267	0.7373
28	0.8357	0.2397	0.2229	吉林(+1)	天津	0.2087	0.2272	0.8370
29	0.8420	0.2202	0.2073	甘肃(−3)	吉林	0.1954	0.1995	0.8957
30	0.8854	0.2109	0.1924	青海	青海	0.1821	0.1631	0.9299
31	0.9143	0.1835	0.1672	宁夏	宁夏	0.1492	0.2200	0.8287

注:表格第 5 列(对象)中括号内数字表示为与 2013 年相比,2014 年各省市自治区旅游产业集聚绩效最优接近度排名变化情况,其中正号表示排名上升,负号表示排名下降,数字代表名次变化数。

表 6 – 43　各省市自治区旅游产业集聚绩效最优接近度 2015 年增减变动情况

对象	C_i（2014 年）	C_i（2015 年）	C_i（2015 年相比于 2014 年的增减情况）	增减幅度
广东	0.6046	0.5896	− 0.0150	− 2.48%
浙江	0.5292	0.5252	− 0.0040	− 0.76%
江苏	0.5198	0.5191	− 0.0007	− 0.13%
山东	0.4710	0.4985	0.0275	5.84%
北京	0.5041	0.4975	− 0.0066	− 1.31%
上海	0.4208	0.4203	− 0.0005	− 0.12%
四川	0.3910	0.4067	0.0157	4.02%
湖南	0.3639	0.3868	0.0229	6.29%
河南	0.3563	0.3854	0.0291	8.17%
云南	0.4152	0.3840	− 0.0312	− 7.51%
湖北	0.3932	0.3820	− 0.0112	− 2.85%
安徽	0.3654	0.3775	0.0121	3.31%
福建	0.3390	0.3626	0.0236	6.96%
广西	0.3251	0.3527	0.0276	8.49%
陕西	0.3224	0.3481	0.0257	7.97%
辽宁	0.3488	0.3435	− 0.0053	− 1.52%
山西	0.3174	0.3376	0.0202	6.36%
海南	0.3326	0.3314	− 0.0012	− 0.36%
河北	0.2983	0.3173	0.0190	6.37%
江西	0.2797	0.3105	0.0308	11.01%
贵州	0.3153	0.3078	− 0.0075	− 2.38%
黑龙江	0.2941	0.3031	0.0090	3.06%
重庆	0.2916	0.2962	0.0046	1.58%
西藏	0.2628	0.2926	0.0298	11.34%
内蒙古	0.2742	0.2758	0.0016	0.58%
甘肃	0.2073	0.2470	0.0397	19.15%
天津	0.2598	0.2464	− 0.0134	− 5.16%
吉林	0.2229	0.2450	0.0221	9.91%
青海	0.1924	0.2257	0.0333	17.31%

对象	C_i（2014 年）	C_i（2015 年）	C_i（2015 年相比于2014 年的增减情况）	增减幅度
新疆	0.2454	0.2213	- 0.0241	- 9.82%
宁夏	0.1672	0.1741	0.0069	4.13%

表 6 - 44 各省市自治区旅游产业集聚绩效最优接近度 2014 年增减变动情况

对象	C_i（2013 年）	C_i（2014 年）	C_i（2014 年相比于2013 年的增减情况）	增减幅度
广东	0.6041	0.6046	0.0005	0.08%
浙江	0.5018	0.5292	0.0274	5.46%
江苏	0.5066	0.5198	0.0132	2.61%
北京	0.4855	0.5041	0.0186	3.83%
山东	0.4712	0.4710	- 0.0002	- 0.04%
上海	0.4094	0.4208	0.0114	2.78%
云南	0.3655	0.4152	0.0497	13.60%
湖北	0.3844	0.3932	0.0088	2.29%
四川	0.3945	0.3910	- 0.0035	- 0.89%
安徽	0.3619	0.3654	0.0035	0.97%
湖南	0.3846	0.3639	- 0.0207	- 5.38%
河南	0.3727	0.3563	- 0.0164	- 4.40%
辽宁	0.3445	0.3488	0.0043	1.25%
福建	0.3187	0.3390	0.0203	6.37%
海南	0.3257	0.3326	0.0069	2.12%
广西	0.3092	0.3251	0.0159	5.14%
陕西	0.3070	0.3224	0.0154	5.02%
山西	0.3098	0.3174	0.0076	2.45%
贵州	0.3004	0.3153	0.0149	4.96%
河北	0.3203	0.2983	- 0.022	- 6.87%
黑龙江	0.2833	0.2941	0.0108	3.81%
重庆	0.2641	0.2916	0.0275	10.41%
江西	0.2625	0.2797	0.0172	6.55%

续表

对象	C_i （2013 年）	C_i （2014 年）	C_i （2014 年相比于2013 年的增减情况）	增减幅度
内蒙古	0.2740	0.2742	0.0002	0.07%
西藏	0.2593	0.2628	0.0035	1.35%
天津	0.2087	0.2598	0.0511	24.48%
新疆	0.2098	0.2454	0.0356	16.97%
吉林	0.1954	0.2229	0.0275	14.07%
甘肃	0.2135	0.2073	− 0.0062	− 2.90%
青海	0.1821	0.1924	0.0103	5.66%
宁夏	0.1492	0.1672	0.018	12.06%

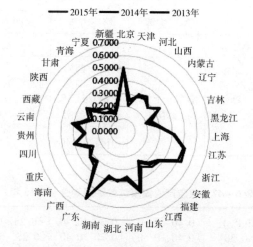

图 6 - 7 旅游产业集聚绩效最优接近度分析图
（2013 年、2014 年及 2015 年对比）

按照各省市自治区的 C_i 值，可以将其划分为五个级别，并根据优、次优、良、一般、差的集聚绩效情况，形成 31 个省市自治区的五大方阵。

表 6 – 45　旅游产业集聚绩效等级划分（2013 年）

C_i值	0.50 以上（包括 0.50）	0.40 ~ 0.50[0.40，0.50）	0.30 ~ 0.40[0.30，0.40）	0.25 ~ 0.3[0.25，0.30）	0.25 以下（不包括 0.25）
等级	第一方阵	第二方阵	第三方阵	第四方阵	第五方阵
集聚绩效	优	次优	良	一般	差
对象	广东、江苏、浙江、	北京、山东、上海	四川、湖南、湖北、河南、云南、安徽、辽宁、海南、河北、福建、山西、广西、陕西、贵州	黑龙江、内蒙古、重庆、江西、西藏	甘肃、新疆、天津、吉林、青海、宁夏

表 6 – 46　旅游产业集聚绩效等级划分（2014 年）

C_i值	0.50 以上（含 0.50）	0.40 ~ 0.50[0.40，0.50）	0.30 ~ 0.40[0.30，0.40）	0.25 ~ 0.3[0.25，0.30）	0.25 以下（不含 0.25）
等级	第一方阵	第二方阵	第三方阵	第四方阵	第五方阵
集聚绩效	优	次优	良	一般	差
对象	广东、浙江、江苏、北京	山东、上海、云南	湖北、四川、安徽、湖南、河南、辽宁、福建、海南、广西、陕西、山西、贵州	河北、黑龙江、重庆、江西、内蒙古、西藏、天津	新疆、吉林、甘肃、青海、宁夏

表 6 – 47　旅游产业集聚绩效等级划分（2015 年）

C_i值	0.50 以上（含 0.50）	0.40 ~ 0.50[0.40，0.50）	0.30 ~ 0.40[0.30，0.40）	0.25 ~ 0.3[0.25，0.30）	0.25 以下（不含 0.25）
等级	第一方阵	第二方阵	第三方阵	第四方阵	第五方阵
集聚绩效	优	次优	良	一般	差
对象	广东、浙江、江苏	山东、北京、上海、四川	湖南、河南、云南、湖北、安徽、福建、广西、陕西、辽宁、山西、海南、河北、江西、贵州、黑龙江	重庆、西藏、内蒙古	甘肃、天津、吉林、青海、新疆、宁夏

由表6-45、表6-46、表6-47可知，与2013年相比，2014年旅游产业区域集聚绩效最优接近度及排名变动不大，除河北（-0.022，-6.87%）、湖南（-0.0207，-5.38%）、河南（-0.0164，-4.40%）、甘肃（-0.0062，-2.90%）、四川（-0.0035，-0.89%）和山东（-0.0002，-0.04%）以外，其他省市自治区的旅游产业集聚绩效最优接近度是上升的。其中，2014年旅游产业集聚绩效上升最为明显的是云南（0.0497，13.60%）、天津（0.0511，24.48%）、新疆（0.0356，16.97%）、吉林（0.0275，14.07%）、浙江（0.0274，5.46%）、重庆（0.0275，10.41%）和福建（0.0203，6.37%），其集聚绩效最优接近度上升值超过0.02。

与2013年、2014年相比，2015年旅游产业区域集聚绩效最优接近度及排名变动稍大些，四川（0.0157，4.02%）从第三方阵上升到第二方阵，江西和黑龙江从第四方阵上升到第三方阵。与2014年相比，2015年第一方阵中，广东、浙江和江苏三省旅游产业集聚绩效最优接近度都有所下降，分别是广东（-0.015，-2.48%）、浙江（-0.004，-0.76%）、江苏（-0.0007，-0.13%），但排名不变。第二方阵中，山东（0.0275，5.84%）排名上升一位，北京（-0.0066，-1.31%）排名下降一位，上海（-0.0005，-0.12%），排名不变。第三方阵中，除云南（-0.0312，-7.51%）、湖北（-0.0112，-2.85%）、贵州（-0.0075，-2.38%）、辽宁（-0.0053，-1.52%）和海南（-0.0012，-0.36%）外，其余省市自治区旅游产业集聚绩效最优接近度是上升的，且大部分上升值超过0.02。第四方阵中省市自治区集聚绩效最优接近度都是上升的。第五方阵中，除新疆（-0.0241，-9.82%）和天津（-0.0134，-5.16%）外，其余省市自治区集聚绩效最优接近度都上升，且甘肃（0.0397，19.15%）和青海（0.0333，17.31%）是31个省市自治区中上升幅度最大的。然而甘肃和青海排名靠后，增长幅度虽然可观，但基数较小，上升也是有限的。同时甘肃、四川和山东三省集聚绩效下降程度也不甚明显（集聚绩效最优接近度下降值小于0.01），而其他三省下降较明显，尤其是河北和湖南，其集聚绩效最优接近度下降值超过0.02。基于此，作者团队通过分层评价来详细探讨各省市自治区集聚绩效变动情况。

（2）分层评价

该部分主要从横向（七大维度）和纵向（各省市自治区）两个层面来具体分析2013—2015年31个省市自治区各准则层的值及排名变化情况，以对各省市自治区旅游产业集聚绩效有一个全面系统的了解（表6-48、表6-49）。

表 6 - 48　旅游产业集聚绩效七大准则层最优接近度(2015 年和 2014 年对比,分别采用 2015 年和 2014 年权重)

准则层	专业化程度		竞合程度		创新程度		基础服务设施		旅游资源禀赋		规模经济效应		经济促进能力	
对象 \ 年份	2014 年 c_i值	2015 年 c_i值	2014 年 c_i值	2015 年 c_i值	2014 年 c_i值	2015 年 c_i值	2014 年 c_i值	2015 年 c_i值	2014 年 c_i值	2015 年 c_i值	2014 年 c_i值	2015 年 c_i值	2014 年 c_i值	2015 年 c_i值
广东	0.2224	0.2554	0.7051(3)	0.6688(3)	0.6687(2)	0.5741(3)	1(1)	1(1)	0.5173(6)	0.5088(6)	0.9495(1)	0.9751(1)	0.2202	0.2169
浙江	0.2999(8)	0.2819(11)	0.4524	0.4644	0.6068(3)	0.5101(5)	0.5337(3)	0.5869(3)	0.6230(2)	0.6314(2)	0.7437(4)	0.7286(4)	0.3023	0.2823
江苏	0.1568	0.1748	0.4635	0.4797	0.6825(1)	0.5982(2)	0.6493(2)	0.6990(2)	0.5600(4)	0.5529(5)	0.7741(2)	0.7702(2)	0.1526	0.1731
北京	0.7299(1)	0.7056(1)	0.7693(2)	0.7251(2)	0.5895(4)	0.6571(1)	0.3751(7)	0.3945(10)	0.2442	0.2404	0.5135(5)	0.5140(5)	0.4797(4)	0.4410(6)
山东	0.2165	0.2085	0.3660(19)	0.4890(10)	0.4092(5)	0.4230(6)	0.5201(4)	0.5728(4)	0.6084(3)	0.6110(3)	0.7582(3)	0.7350(3)	0.1921	0.2000
上海	0.4738(3)	0.4708(4)	0.9265(1)	0.9137(1)	0.3832(6)	0.5139(4)	0.2948	0.2989	0.1294	0.1224	0.3960	0.3889	0.2806	0.2671
云南	0.3939(7)	0.4963(3)	0.5975(5)	0.4286(18)	0.1873(16)	0.2020	0.3662(8)	0.3031(15)	0.3744	0.3725	0.3533	0.3683	0.5478(2)	0.5386(3)
湖北	0.1917	0.2171	0.5981(4)	0.5432(6)	0.2641	0.2595	0.3401	0.3938	0.4395(10)	0.4408(10)	0.4625(7)	0.4642(7)	0.2544	0.2399
四川	0.2444	0.2606	0.3030	0.3814	0.3549(7)	0.2819(11)	0.3163	0.3766	0.6467(1)	0.6526(1)	0.4522(8)	0.4657(6)	0.2821	0.2878
安徽	0.2309	0.2513	0.3979	0.4437	0.3496(8)	0.3282(9)	0.3585(9)	0.3951(9)	0.4119	0.4330	0.3940	0.4136	0.3352	0.3009
湖南	0.1788	0.2034	0.5109	0.4909(9)	0.2050	0.2443	0.3830(6)	0.4414(6)	0.4446(8)	0.4444(9)	0.4001	0.4199(9)	0.2338	0.3310
河南	0.1438	0.1696	0.2747	0.3181	0.2980(9)	0.2917(10)	0.3873(5)	0.4553(5)	0.5516(5)	0.5879(4)	0.4484(9)	0.4575(8)	0.1797	0.1900
辽宁	0.2561	0.1916	0.4061	0.4864	0.2039	0.1794	0.3487	0.4240(7)	0.3794	0.3679	0.4843(6)	0.4066	0.2863	0.2062
福建	0.2386	0.2341	0.5396(8)	0.5544(4)	0.1797	0.1922	0.2704	0.2811	0.3652	0.3576	0.3415	0.3425	0.3001(14)	0.4618(4)
海南	0.5304(2)	0.5890(2)	0.5337(9)	0.5052(8)	0.1667	0.1241	0.0747	0.0879	0.1274	0.1233	0.0930	0.0919	0.5372(3)	0.5659(2)

续表

准则层	专业化程度		竞合程度		创新程度		基础服务设施		旅游资源禀赋		规模经济效应		经济促进能力	
年份	2014年	2015年	2014年	2015年	2014年	2015年	2014年	2015年	2014年	2015年	2014年	2015年	2014年	2015年
对象	C_i值	C_i值	C_i值	C_i值	C_i值	C_i值	C_i值	C_i值	C_i值	C_i值	C_i值	C_i值	C_i值	C_i值
广西	0.2848(9)	0.4328(6)	0.3570	0.3141	0.2132	0.1877	0.2884	0.3253	0.3951	0.3919	0.2953	0.3428	0.3756(10)	0.4520(5)
陕西	0.2502(12)	0.3132(10)	0.3332	0.4070	0.1560	0.2097	0.2342	0.3372	0.3856	0.3956	0.3219	0.3442	0.4489(5)	0.3862(9)
山西	0.4368(4)	0.3483(8)	0.1215	0.4488	0.1363	0.1292	0.1386	0.1455	0.4427(9)	0.4531(7)	0.3392	0.3075	0.4278(7)	0.3542(10)
贵州	0.4358(5)	0.3956(7)	0.3729	0.3615	0.1428	0.1847	0.1511	0.2056	0.2496	0.2468	0.2627	0.2732	0.4422(6)	0.4199(8)
河北	0.1980	0.2182	0.1710(29)	0.1380	0.1360(22)	0.1589	0.3511(10)	0.4060(8)	0.4631(7)	0.4478(8)	0.4008(10)	0.4189(10)	0.1749	0.2107
黑龙江	0.0414	0.1131	0.5244(10)	0.5508(5)	0.1251	0.1541	0.2104	0.2268	0.4223	0.4312	0.1511	0.1591	0.1104	0.1327
重庆	0.2020	0.1980	0.5511(6)	0.5066(7)	0.2842(10)	0.4166(7)	0.1581	0.1906	0.1707	0.1605	0.2824	0.2783	0.2184	0.2107
江西	0.2381	0.2691	0.3952	0.4332	0.0963	0.1220	0.2424	0.2980	0.3100	0.3194	0.3036	0.3275	0.2746	0.3477
内蒙古	0.1441(29)	0.2122(22)	0.1920	0.3217	0.0587	0.0659	0.1316	0.1634	0.4164	0.4217	0.2224	0.2463	0.4094(8)	0.3192(13)
西藏	0.4023(6)	0.4581(5)	0.2620(26)	0.4517(14)	0.0042	0.0006	0.0094	0.0000	0.1314	0.1307	0.0033	0.0103	0.5873(1)	0.6014(1)
天津	0.2343	0.2255	0.5504(7)	0.4035(20)	0.2053(13)	0.3903(8)	0.0867	0.0990	0.0654	0.0495	0.1677	0.1657	0.2731	0.2367
新疆	0.1784	0.1595	0.1282	0.2648	0.0598	0.0620	0.1993	0.2275	0.3292	0.3341	0.1377	0.1362	0.4036(9)	0.2316(22)
吉林	0.1559	0.2003	0.2624	0.3647	0.0626	0.0985	0.1205	0.1804	0.2744	0.2767	0.1637	0.1823	0.3335	0.3153
甘肃	0.2178	0.2601	0.2130	0.3479	0.0473	0.0480	0.1632	0.2006	0.3295	0.3377	0.1441	0.1530	0.2145	0.2509
青海	0.2648(10)	0.3335(9)	0.3736	0.3499	0.0088	0.0192	0.0274	0.0453	0.1404	0.1367	0.0342	0.0378	0.2365(21)	0.4216(7)
宁夏	0.2498	0.2435	0.3113	0.3808	0.0456	0.0071	0.0283	0.0350	0.0913	0.0901	0.0174	0.0086	0.2097	0.2246

续表

准则层	专业化程度		竞合程度		创新程度		基础服务设施		旅游资源禀赋		规模经济效应		经济促进能力	
年份	2014年	2015年	2014年	2015年	2014年	2015年	2014年	2015年	2014年	2015年	2014年	2015年	2014年	2015年
对象	C_i值	C_i值	C_i值	C_i值	C_i值	C_i值	C_i值	C_i值	C_i值	C_i值	C_i值	C_i值	C_i值	C_i值
均值	0.2723	0.2933	0.4182	0.4496	0.2365	0.2463	0.2826	0.3160	0.3561	0.3571	0.3488	0.3527	0.3137	0.3167
总体变动情况	大部分整体上升趋势		排名前十省市自治区皆有下降，大部分非常明显的上升		排名前十省市自治区下降较为明显，大部分轻微的上升		整体非常明显的上升		变动非常小		变动较小，轻微整体上升趋势		上升下降各半，排名前省市自治区下降比较明显	

注：小括号内数值代表各准则层排名情况，表中已列出排名前十情况。灰色部分为准则层。2015年与2014年相比变动较大情况。其中，2014年值由2014年权重计算得出，2015年 C_i 值由2015年权重计算得出，二者权重不一，具体权重由上文可知。

表6-49　旅游产业集聚绩效七大准则层最优接近度（2014年和2013年对比，分别采用2014年和2013年权重）

准则层	专业化程度		竞合程度		创新程度		基础服务设施		旅游资源禀赋		规模经济效应		经济促进能力	
年份	2014年	2015年	2014年	2015年	2014年	2015年	2014年	2015年	2014年	2015年	2014年	2015年	2014年	2015年
对象	C_i值	C_i值	C_i值	C_i值	C_i值	C_i值	C_i值	C_i值	C_i值	C_i值	C_i值	C_i值	C_i值	C_i值
广东	0.2386	0.2224	0.6550(3)	0.7051(3)	0.6819(1)	0.6687(2)	1(1)	1(1)	0.5135(6)	0.5173(6)	0.9439(1)	0.9495(1)	0.2225	0.2202
浙江	0.2987(8)	0.2999(8)	0.4227	0.4524	0.4105(4)	0.6068(3)	0.5254(4)	0.5337(4)	0.6297(2)	0.6230(2)	0.7361(3)	0.7437(4)	0.2835	0.3023

续表

准则层 对象	专业化程度 2014年 C_i值	专业化程度 2015年 C_i值	竞合程度 2014年 C_i值	竞合程度 2015年 C_i值	创新程度 2014年 C_i值	创新程度 2015年 C_i值	基础服务设施 2014年 C_i值	基础服务设施 2015年 C_i值	旅游资源禀赋 2014年 C_i值	旅游资源禀赋 2015年 C_i值	规模经济效应 2014年 C_i值	规模经济效应 2015年 C_i值	经济促进能力 2014年 C_i值	经济促进能力 2015年 C_i值
江苏	0.1593	0.1568	0.3569	0.4635	0.6008(2)	0.6825(1)	0.6817(2)	0.6493(2)	0.5532(5)	0.5600(4)	0.7837(2)	0.7741(2)	0.1639	0.1526
北京	0.7708(1)	0.7299(1)	0.6757(2)	0.7693(2)	0.5813(3)	0.5895(4)	0.3657(10)	0.3751(7)	0.2557	0.2442	0.5181(5)	0.5135(5)	0.4527(4)	0.4797(4)
山东	0.1787	0.2165	0.3352	0.3660	0.3971(5)	0.4092(5)	0.5350(3)	0.5201(4)	0.6126(3)	0.6084(3)	0.7344(4)	0.7582(3)	0.1719	0.1921
上海	0.5038(3)	0.4738(3)	0.8698(1)	0.9265(1)	0.3857(6)	0.3832(6)	0.2967	0.2948	0.1393	0.1294	0.4056(10)	0.3960	0.2574	0.2806
云南	0.4249(4)	0.3939(7)	0.4412(10)	0.5975(5)	0.1543(17)	0.1873(16)	0.2296(19)	0.3662(8)	0.3877	0.3744	0.3527	0.3533	0.5303(1)	0.5478(2)
湖北	0.1779	0.1917	0.5878(4)	0.5981(4)	0.2365(10)	0.2641	0.3472	0.3401	0.4415(10)	0.4395(10)	0.4406(9)	0.4625(7)	0.2436	0.2544
四川	0.2251	0.2444	0.3075	0.3030	0.3150(7)	0.3549(7)	0.3502	0.3163	0.6350(1)	0.6467(1)	0.4639(7)	0.4522(8)	0.2792	0.2821
安徽	0.2304	0.2309	0.3595	0.3979	0.2739(9)	0.3496(8)	0.3950(7)	0.3585(9)	0.4325	0.4119	0.3925	0.3940	0.3329(10)	0.3352
湖南	0.1785	0.1788	0.5545(5)	0.5109	0.2069	0.2050	0.4274(6)	0.3830(6)	0.4626(8)	0.4446(8)	0.3927	0.4001	0.2293	0.2338
河南	0.1454	0.1438	0.2928	0.2747	0.2242(12)	0.2980(9)	0.4441(5)	0.3873(5)	0.5732(4)	0.5516(5)	0.4616(8)	0.4484(9)	0.2168	0.1797
辽宁	0.2419	0.2561	0.3310	0.4061	0.1999	0.2039	0.3878(8)	0.3487	0.3657	0.3794	0.4838(6)	0.4843(6)	0.3120	0.2863
福建	0.2407	0.2386	0.4946(8)	0.5396(8)	0.1404	0.1797	0.2716	0.2704	0.3557	0.3652	0.3372	0.3415	0.2611	0.3001
海南	0.5590(2)	0.5304(2)	0.5383(6)	0.5337(9)	0.1059	0.1667	0.0728	0.0747	0.1279	0.1274	0.0965	0.0930	0.5248(2)	0.5372(3)
广西	0.2459(10)	0.2848(9)	0.3155	0.3570	0.2156	0.2132	0.2878	0.2884	0.4021	0.3951	0.2712	0.2953	0.3385(9)	0.3756(10)
陕西	0.2233	0.2502	0.2928	0.3332	0.1378	0.1560	0.2535	0.2342	0.3942	0.3856	0.3068	0.3219	0.4090(8)	0.4489(5)
山西	0.3228(7)	0.4368(4)	0.2076	0.1215	0.1279	0.1363	0.1508	0.1386	0.4459(9)	0.4427(9)	0.3010	0.3392	0.4106(7)	0.4278(7)

续表

准则层	专业化程度		耦合程度		创新程度		基础服务设施		旅游资源禀赋		规模经济效应		经济促进能力	
年份	2014年	2015年	2014年	2015年	2014年	2015年	2014年	2015年	2014年	2015年	2014年	2015年	2014年	2015年
对象	C_i值	C_i值	C_i值	C_i值	C_i值	C_i值	C_i值	C_i值	C_i值	C_i值	C_i值	C_i值	C_i值	C_i值
贵州	0.4152(5)	0.4358(5)	0.3234	0.3729	0.1045	0.1428	0.1804	0.1511	0.2389	0.2496	0.2439	0.2627	0.4484(5)	0.4422(6)
河北	0.1719	0.1980	0.0890(31)	0.1710(29)	0.2794(8)	0.1360(22)	0.3863(9)	0.3511(10)	0.4935(7)	0.4631(7)	0.3903(13)	0.4008(10)	0.1590	0.1749
黑龙江	0.0929	0.0414	0.4444(9)	0.5244(10)	0.1164	0.1251	0.2300	0.2104	0.3892	0.4223	0.2543	0.1511	0.1331	0.1104
重庆	0.2053	0.2020	0.5251(7)	0.5511(6)	0.2275	0.2842(10)	0.1667	0.1581	0.1700	0.1707	0.1817	0.2824	0.2372	0.2184
江西	0.1795	0.2381	0.3751	0.3952	0.0734	0.0963	0.2841	0.2424	0.2852	0.3100	0.2787	0.3036	0.2333	0.2746
内蒙古	0.1414	0.1441	0.1927	0.1920	0.0420	0.0587	0.1367	0.1316	0.4140	0.4164	0.2237	0.2224	0.4122(6)	0.4094(8)
西藏	0.3339(6)	0.4023(6)	0.4349	0.2620	0.0034	0.0042	0.0021	0.0094	0.1449	0.1314	0.0029	0.0033	0.4868(3)	0.5873(1)
天津	0.2104	0.2343	0.3877	0.5504(7)	0.1899	0.2053	0.0998	0.0867	0.0569	0.0654	0.1643	0.1677	0.2423	0.2731
新疆	0.1992	0.1784	0.1500	0.1282	0.0512	0.0598	0.2140	0.1993	0.3198	0.3292	0.1464	0.1377	0.2560	0.4036(9)
吉林	0.1299	0.1559	0.1560	0.2624	0.0458	0.0626	0.1398	0.1205	0.3176	0.2744	0.1562	0.1637	0.2395	0.3335
甘肃	0.2156	0.2178	0.2189	0.2130	0.0425	0.0473	0.1845	0.1632	0.3366	0.3295	0.1423	0.1441	0.2118	0.2145
青海	0.1972(21)	0.2648(10)	0.3971	0.3736	0.0307	0.0088	0.0189	0.0274	0.1487	0.1404	0.0296	0.0342	0.1844	0.2365
宁夏	0.2804(9)	0.2498	0.2170	0.3113	0.0280	0.0456	0.0328	0.0283	0.0867	0.0913	0.0205	0.0174	0.2203	0.2097
均值	0.2625	0.2723	0.3843	0.4182	0.2139	0.2365	0.2935	0.2826	0.3590	0.3561	0.3438	0.3488	0.2937	0.3137

续表

准则层	专业化程度		竞合程度		创新程度		基础服务设施		旅游资源禀赋		规模经济效应		经济促进能力	
年份	2014年	2015年	2014年	2015年	2014年	2015年	2014年	2015年	2014年	2015年	2014年	2015年	2014年	2015年
对象	C_i值	C_i值	C_i值	C_i值	C_i值	C_i值	C_i值	C_i值	C_i值	C_i值	C_i值	C_i值	C_i值	C_i值
总体变动情况	轻微整体上升趋势		非常明显的上升		非常明显的整体上升		整体下降		变动较小		轻微整体上升趋势		整体上升，小部分下降趋势，但下降幅度较小	
准则层	专业化程度		竞合程度		创新程度		基础服务设施		旅游资源禀赋		规模经济效应		经济促进能力	

注：小括号内数值代表各准则层排名情况，表中已列出排名前十情况。灰色部分为准则层2014年与2013年相比变动较大情况。其中，2013年值 C_i 由2013年权重计算得出，2014年 C_i 值由2014年权重计算得出，二者权重不一，具体权重由上表可知。

227

　　由表6-48和表6-49可知，从2013年至2015年，各省市自治区旅游产业集聚绩效七大准则层最优接近度值都有一定的变动，或上升或下降。从整体来看，2013—2015年，专业化程度方面，大部分省市自治区都有轻微上升趋势；竞合程度方面，大部分省市自治区都有非常明显的上升，但2015年排名靠前省市自治区皆有下降；创新程度方面，2013—2014年上升非常明显，2014—2015年上升趋势减缓，大部分省市自治区有轻微的上升趋势，排名前十省市自治区反而有比较明显的下降；基础服务设施方面，2013—2014年呈现整体下降的趋势，2014—2015年反而整体非常明显地上升；旅游资源禀赋上升下降皆有，但整体变动幅度较小；规模经济效应呈现轻微整体上升趋势；而经济促进能力呈现整体上升，2013—2014年有小部分省市自治区下降趋势，但下降幅度较小，2014—2015年上升下降省市自治区各半，排名靠前的省市自治区下降比较明显。

　　但同时需注意的是，2013—2015年数据无量纲化之后形成的权重也不一样，由上文权重部分可知，以2013—2014年为例，除竞合程度、创新程度和经济促进能力准则层权重有所上升外，2014年专业化程度、基础服务设施、旅游资源禀赋和规模经济效应准则层权重是下降的。因此，竞合程度、创新程度、基础服务设施、旅游资源禀赋和经济促进能力的权重和准则层最优接近度值变动方向是一致的。权重的变化是否会影响各省市自治区旅游产业集聚绩效七大准则层最优接近度值变动方向及幅度？由于2013—2015年采用的指标体系一致，为避免权重变化带来的影响，同时对变化结果进行检验，本书采用2014年权重对2015年的各省市自治区旅游产业集聚绩效进行分析，计算得出的结果如表6-50所示；采用2013年权重对2014年的各省市自治区旅游产业集聚绩效进行分析，计算得出的结果如表6-51所示。

　　由表6-50及表6-51可知，在2013年和2014年各省市自治区旅游产业集聚绩效七大准则层权重一致（采用2013年数据权重），以及2014年和2015年各省市自治区旅游产业集聚绩效七大准则层权重一致（采用2014年数据权重）的情况下，值变动方向和幅度与采用不同权重情况下的七大准则层变动情况是比较一致的。同时各省市自治区中七大准则层值变动情况也是普遍一致的。数据结果显示利用当年数据确定权重是可行的，能够比较准确地反映各省市自治区旅游产业绩效的表现情况（表6-52）。

表6-50 旅游产业集聚绩效七大准则层最优接近度(2015年和2014年对比,皆采用2014年权重)

准则层	专业化程度		竞合程度		创新程度		基础服务设施		旅游资源禀赋		规模经济效应		经济促进能力	
对象\年份	2014年 C_i值	2015年 C_i值	2014年 C_i值	2015年 C_i值	2014年 C_i值	2015年 C_i值	2014年 C_i值	2015年 C_i值	2014年 C_i值	2015年 C_i值	2014年 C_i值	2015年 C_i值	2014年 C_i值	2015年 C_i值
广东	0.2224	0.2721	0.7051(3)	0.6789(3)	0.6687(2)	0.5920(3)	1(1)	1(1)	0.5173(6)	0.5063(6)	0.9495(1)	0.9758(1)	0.2202	0.2244
浙江	0.2999(8)	0.2974	0.4524	0.4760	0.6068(3)	0.5132(4)	0.5337(3)	0.5870(3)	0.6230(2)	0.6296(2)	0.7437(4)	0.7252(4)	0.3023	0.2881
江苏	0.1568	0.1934	0.4635	0.4991	0.6825(1)	0.5934(3)	0.6493(2)	0.6973(2)	0.5600(4)	0.5504(5)	0.7741(2)	0.77671(2)	0.1526	0.1827
北京	0.7299(1)	0.7083(1)	0.7693(2)	0.7371(2)	0.5895(4)	0.6359(1)	0.3751(7)	0.4028(8)	0.2442	0.2396	0.5135(5)	0.5116(5)	0.4797(4)	0.4247(7)
山东	0.2165	0.2116	0.3660(19)	0.4978(12)	0.4092(5)	0.4311(6)	0.5201(4)	0.5730(4)	0.6084(3)	0.6089(3)	0.7582(3)	0.7321(3)	0.1921	0.1982
上海	0.4738(3)	0.4749(4)	0.9265(1)	0.9107(1)	0.3832(6)	0.4939(5)	0.2948	0.3060	0.1294	0.1215	0.3960	0.3870	0.2806	0.2564
云南	0.3939(7)	0.4898(3)	0.5975(5)	0.4446(17)	0.1873(16)	0.2170(14)	0.3662(8)	0.3064(15)	0.3744	0.3730	0.3533	0.3668	0.5478(2)	0.5300(3)
湖北	0.1917	0.2325	0.5981(4)	0.5596(6)	0.2641	0.2724	0.3401	0.3834	0.4395(10)	0.4394(10)	0.4625(7)	0.4642(7)	0.2544	0.2490
四川	0.2444	0.2893	0.3030(23)	0.3890(21)	0.3549(7)	0.2915(11)	0.3163	0.3702	0.6467(1)	0.6514(1)	0.4522(8)	0.4689(6)	0.2821	0.3059
安徽	0.2309	0.2743	0.3979	0.4572	0.3496(8)	0.3361(9)	0.3585(9)	0.3850(10)	0.4119	0.4291	0.3940	0.4130	0.3352	0.3171
湖南	0.1788	0.2138	0.5109(11)	0.5028(9)	0.2050	0.2536	0.3830(6)	0.4280(6)	0.4446(8)	0.4446(9)	0.4001	0.4205(9)	0.2338	0.3384
河南	0.1438	0.1896	0.2747	0.3171	0.2980(9)	0.3108(10)	0.3873(5)	0.4400(5)	0.5516(5)	0.5876(4)	0.4484(9)	0.4574(8)	0.1797	0.2028
辽宁	0.2561	0.2068	0.4061(14)	0.5100(8)	0.2039	0.1916	0.3487	0.4231(7)	0.3794	0.3680	0.4843(6)	0.4044(12)	0.2863	0.2142
福建	0.2386	0.2359	0.5396(8)	0.5723(4)	0.1797	0.1970	0.2704	0.2805	0.3652	0.3572	0.3415	0.3415	0.3001(14)	0.4667(4)
海南	0.5304(2)	0.5601(2)	0.5337(9)	0.4988(11)	0.1667	0.1350	0.0747	0.0898	0.1274	0.1239	0.0930	0.0916	0.5372(3)	0.5352(2)

续表

准则层	专业化程度		竞合程度		创新程度		基础服务设施		旅游资源禀赋		规模经济效应		经济促进能力	
年份	2014 年	2015 年	2014 年	2015 年	2014 年	2015 年	2014 年	2015 年	2014 年	2015 年	2014 年	2015 年	2014 年	2015 年
对象	c_i 值	c_i 值	c_i 值	c_i 值	c_i 值	c_i 值	c_i 值	c_i 值	c_i 值	c_i 值	c_i 值	c_i 值	c_i 值	c_i 值
广西	0.2848(9)	0.4212(7)	0.3570	0.3256	0.2132	0.1978	0.2884	0.3240	0.3951	0.3900	0.2953(19)	0.3439(16)	0.3756(10)	0.4370(6)
陕西	0.2502(12)	0.3155(9)	0.3332(21)	0.4167(20)	0.1560(19)	0.2101(15)	0.2342	0.3357	0.3856	0.3958	0.3219	0.3449	0.4489(5)	0.3894(9)
山西	0.4368(4)	0.3767(8)	0.1215(31)	0.4725(15)	0.1363	0.1337	0.1386	0.1435	0.4427(9)	0.4535(7)	0.3392	0.3078	0.4278(7)	0.3682(10)
贵州	0.4358(5)	0.4267(6)	0.3729	0.3700	0.1428	0.1912	0.1511	0.1987	0.2496	0.2468	0.2627	0.2753	0.4422(6)	0.4377(5)
河北	0.1980	0.2208	0.1710	0.1477	0.1360	0.1645	0.3511(10)	0.3965(9)	0.4631(7)	0.4466(8)	0.4008(10)	0.4158(10)	0.1749	0.2094
黑龙江	0.0414	0:1267	0.5244(10)	0.5641(5)	0.1251	0.1523	0.2104	0.2268	0.4223	0.4309	0.1511	0.1571	0.1104	0.1408
重庆	0.2020	0.2174	0.5511(6)	0.5300(7)	0.2842(10)	0.4232(7)	0.1581	0.1866	0.1707	0.1587	0.2824	0.2802	0.2184	0.2212
江西	0.2381	0.2975	0.3952	0.4381	0.0963	0.1267	0.2424	0.2887	0.3100	0.3182	0.3036	0.3277	0.2746	0.3671(11)
内蒙古	0.1441(29)	0.2204(23)	0.1920	0.3247	0.0587	0.0688	0.1316	0.1629	0.4164	0.4224	0.2224	0.2423	0.4094(8)	0.3298(14)
西藏	0.4023(6)	0.4704(5)	0.2620(26)	0.4728(14)	0.0042	0.0006	0.0094	0.0000	0.1314	0.1314	0.0033	0.0102	0.5873(1)	0.6126(1)
天津	0.2343	0.2475	0.5504(7)	0.4236(19)	0.2053(13)	0.3726(8)	0.0867	0.0984	0.0654	0.0488	0.1677	0.1662	0.2731	0.2485
新疆	0.1784	0.1442	0.1282(30)	0.2723(30)	0.0598	0.0648	0.1993	0.2276	0.3292	0.3339	0.1377	0.1340	0.4036(9)	0.2247(22)
吉林	0.1559	0.2241	0.2624(25)	0.3770(23)	0.0626	0.0998	0.1205	0.1793	0.2744	0.2769	0.1637	0.1807	0.3335	0.3364
甘肃	0.2178	0.2651	0.2130(27)	0.3429(26)	0.0473	0.0508	0.1632	0.1950	0.3295	0.3375	0.1441	0.1519	0.2145	0.2486
青海	0.2648(10)	0.3137(10)	0.3736	0.3599	0.0088	0.0186	0.0274	0.0455	0.1404	0.1374	0.0342	0.0369	0.2365(21)	0.4081(8)
宁夏	0.2498	0.2267	0.3113	0.3832	0.0456	0.0076	0.0283	0.0347	0.0913	0.0905	0.0174	0.0087	0.2097	0.2080

续表

准则层	专业化程度		竞合程度		创新程度		基础服务设施		旅游资源禀赋		规模经济效应		经济促进能力	
年份	2014年	2015年	2014年	2015年	2014年	2015年	2014年	2015年	2014年	2015年	2014年	2015年	2014年	2015年
对象	C_i值	C_i值	C_i值	C_i值	C_i值	C_i值	C_i值	C_i值	C_i值	C_i值	C_i值	C_i值	C_i值	C_i值
均值	0.2723	0.3021	0.4182	0.4604	0.2365	0.2499	0.2826	0.3134	0.3561	0.3564	0.3488	0.3520	0.3137	0.3200
总体变动情况	大部分较明显的上升		非常明显的上升，排名靠前的省市自治区稍有下降		大部分轻微的上升，排名靠前的省市自治区下降较明显		非常明显的整体上升		变动较小		变动较小，轻微整体上升趋势		上升下降各半，排名前十的省市自治区下降比较明显	
准则层	专业化程度		竞合程度		创新程度		基础服务设施		旅游资源禀赋		规模经济效应		经济促进能力	

注：小括号内数值代表各准则层排名情况，表中已列出排名前十情况。灰色部分为准则层2015年与2014年相比变动较大情况。其中，2014年和2015年C_i值皆由2014年权重计算得出，二者权重一致。

表6-51　旅游产业集聚绩效七大准则层最优接近度（2014年和2013年对比，皆采用2013年权重）

准则层	专业化程度		竞合程度		创新程度		基础服务设施		旅游资源禀赋		规模经济效应		经济促进能力	
年份	2014年	2015年	2014年	2015年	2014年	2015年	2014年	2015年	2014年	2015年	2014年	2015年	2014年	2015年
对象	C_i值	C_i值	C_i值	C_i值	C_i值	C_i值	C_i值	C_i值	C_i值	C_i值	C_i值	C_i值	C_i值	C_i值
广东	0.2386	0.2177	0.6550(3)	0.7089(3)	0.6819(1)	0.6672(2)	1(1)	1(1)	0.5135(6)	0.5212(6)	0.9439(1)	0.9490(1)	0.2225	0.2219
浙江	0.2987(8)	0.2947(8)	0.4227	0.4514	0.4105(4)	0.5956(4)	0.5254(4)	0.5231(3)	0.6297(2)	0.6210(2)	0.7361(3)	0.7442(4)	0.2835	0.3027

续表

准则层	专业化程度		竞合程度		创新程度		基础服务设施		旅游资源禀赋		规模经济效应		经济促进能力	
年份	2014年	2015年	2014年	2015年	2014年	2015年	2014年	2015年	2014年	2015年	2014年	2015年	2014年	2015年
对象	C_i值	C_i值	C_i值	C_i值	C_i值	C_i值	C_i值	C_i值	C_i值	C_i值	C_i值	C_i值	C_i值	C_i值
江苏	0.1593	0.1512	0.3569	0.4581	0.6008(2)	0.6713(1)	0.6817(2)	0.6498(2)	0.5532(5)	0.5614(4)	0.7837(2)	0.7757(2)	0.1629	0.1547
北京	0.7708(1)	0.7375(1)	0.6757(2)	0.7562(2)	0.5813(3)	0.6014(3)	0.3657(10)	0.3574(9)	0.2557	0.2430	0.5181(5)	0.5126(5)	0.4527(4)	0.4869(4)
山东	0.1787	0.2154	0.3352	0.3705	0.3971(5)	0.4076(5)	0.5350(3)	0.5146(4)	0.6126(3)	0.6086(3)	0.7344(4)	0.7590(3)	0.1719	0.1997
上海	0.5038(3)	0.4802(3)	0.8698(1)	0.9276(1)	0.3857(6)	0.3795(6)	0.2967	0.2880	0.1393	0.1298	0.4056(10)	0.3961(12)	0.2574	0.2837
云南	0.4249(4)	0.3846(7)	0.4412(10)	0.5953(5)	0.1543(17)	0.1856(16)	0.2296(19)	0.3494(11)	0.3877	0.3731	0.3527	0.3537	0.5303(1)	0.5570(2)
湖北	0.1779	0.1852	0.5878(4)	0.5954(4)	0.2365(10)	0.2626(11)	0.3472	0.3466	0.4415(10)	0.4414(9)	0.4406(9)	0.4636(7)	0.2436	0.2571
四川	0.2251	0.2350	0.3075	0.3150	0.3150(7)	0.3527(7)	0.3502	0.3184	0.6350(1)	0.6500(1)	0.4639(7)	0.4526(8)	0.2792	0.2853
安徽	0.2304	0.2219	0.3595	0.3991	0.2739(9)	0.3419(8)	0.3950(7)	0.3690(7)	0.4325	0.4168	0.3925	0.3951	0.3329(10)	0.3392(11)
湖南	0.1785	0.1754	0.5545(5)	0.5218(10)	0.2069	0.2038	0.4274(6)	0.3953(6)	0.4626(8)	0.4455(8)	0.3927	0.4003	0.2293	0.2347
河南	0.1454	0.1374	0.2928	0.2833	0.2242(12)	0.2928(9)	0.4441(5)	0.4031(5)	0.5732(4)	0.5480(5)	0.4616(8)	0.4497(9)	0.2168(25)	0.1820(29)
辽宁	0.2419	0.2456	0.3310	0.3944	0.1999	0.2062	0.3878(8)	0.3517(10)	0.3657	0.3817	0.4838(6)	0.4859(6)	0.3120	0.2913
福建	0.2407	0.2366	0.4946(8)	0.5486(7)	0.1404	0.1768	0.2716	0.2660	0.3557	0.3656	0.3372	0.3411	0.2611	0.3002
海南	0.5590(2)	0.5318(2)	0.5383(6)	0.5555(6)	0.1059	0.1640	0.0728	0.0711	0.1279	0.1279	0.0965	0.0926	0.5248(2)	0.5383(3)
广西	0.2459(10)	0.2774(9)	0.3155	0.3566	0.2156	0.2089	0.2878	0.2855	0.4021	0.4014	0.2712	0.2958	0.3385(9)	0.3817(9)
陕西	0.2233	0.2447	0.2928	0.3418	0.1378	0.1574	0.2535	0.2359	0.3942	0.3868	0.3068	0.3223	0.4090(8)	0.4554(5)
山西	0.3228(7)	0.4270(4)	0.2076(27)	0.1166(31)	0.1279	0.1354	0.1508	0.1375	0.4459(9)	0.4383(10)	0.3010	0.3395	0.4106(7)	0.4388(7)

续表

准则层	专业化程度		竞合程度		创新程度		基础服务设施		旅游资源禀赋		规模经济效应		经济促进能力	
年份	2014年	2015年	2014年	2015年	2014年	2015年	2014年	2015年	2014年	2015年	2014年	2015年	2014年	2015年
对象	C_i值	C_i值	C_i值	C_i值	C_i值	C_i值	C_i值	C_i值	C_i值	C_i值	C_i值	C_i值	C_i值	C_i值
贵州	0.4152(5)	0.4203(5)	0.3234	0.3754	0.1045	0.1409	0.1804	0.1560	0.2389	0.2470	0.2439	0.2631	0.4484(5)	0.4517(6)
河北	0.1719	0.1978	0.0890(31)	0.1640(29)	0.2794(8)	0.1344(22)	0.3863(9)	0.3576(8)	0.4935(7)	0.4649(7)	0.3903(13)	0.4019(10)	0.1590	0.1829
黑龙江	0.0929	0.0399	0.4444(9)	0.5194(11)	0.1164	0.1219	0.2300	0.2132	0.3892	0.4278	0.2543	0.1518	0.1331	0.1102
重庆	0.2053	0.1956	0.5251(7)	0.5422(8)	0.2275(11)	0.2789(10)	0.1667	0.1594	0.1700	0.1743	0.1817(23)	0.2827(20)	0.2372	0.2194
江西	0.1795	0.2288	0.3751	0.4005	0.0734	0.0959	0.2841	0.2484	0.2852	0.3120	0.2787	0.3044	0.2333	0.2799
内蒙古	0.1414	0.1413	0.1927	0.1922	0.0420	0.0583	0.1367	0.1308	0.4140	0.4183	0.2237	0.2234	0.4122(6)	0.4162(8)
西藏	0.3339(6)	0.3925(6)	0.4349	0.2705	0.0034	0.0040	0.0021	0.0089	0.1449	0.1298	0.0029	0.0033	0.4868(3)	0.5684(1)
天津	0.2104	0.2262	0.3877(14)	0.5403(9)	0.1899	0.2051	0.0998	0.0877	0.0569	0.0671	0.1643	0.1679	0.2423	0.2804
新疆	0.1992	0.1793	0.1500	0.1274	0.0512	0.0603	0.2140	0.1954	0.3198	0.3273	0.1464	0.1381	0.2560(16)	0.3798(10)
吉林	0.1299	0.1490	0.1560	0.2541	0.0458	0.0617	0.1398	0.1235	0.3176	0.2771	0.1562	0.1643	0.2395	0.3381
甘肃	0.2156	0.2152	0.2189	0.2233	0.0425	0.0469	0.1845	0.1650	0.3366	0.3316	0.1423	0.1445	0.2118	0.2168
青海	0.1972(21)	0.2650(10)	0.3971	0.3728	0.0307	0.0086	0.0189	0.0266	0.1487	0.1376	0.0296	0.0344	0.1844(27)	0.2472(21)
宁夏	0.2804(9)	0.2519(11)	0.2170	0.3222	0.0280	0.0439	0.0328	0.0288	0.0867	0.0923	0.0205	0.0172	0.2203	0.2167
均值	0.2625	0.2678	0.3843	0.4194	0.2139	0.2346	0.2935	0.2827	0.3590	0.3571	0.3438	0.3492	0.2937	0.3167

续表

准则层	专业化程度		竞合程度		创新程度		基础服务设施		旅游资源禀赋		规模经济效应		经济促进能力	
年份	2014年	2015年	2014年	2015年	2014年	2015年	2014年	2015年	2014年	2015年	2014年	2015年	2014年	2015年
对象	C_i值	C_i值	C_i值	C_i值	C_i值	C_i值	C_i值	C_i值	C_i值	C_i值	C_i值	C_i值	C_i值	C_i值
总体变动情况	上升下降皆有，轻微整体上升趋势		非常明显的上升		非常明显的整体上升		较明显的整体下降		变动较小		轻微整体上升趋势		整体上升，小部分下降趋势，但下降幅度较小	
准则层	专业化程度		竞合程度		创新程度		基础服务设施		旅游资源禀赋		规模经济效应		经济促进能力	

表 6 – 52　2013—2015 年 31 个省市自治区旅游产业集聚绩效七大准则层最优接近度均值

七大准则层 31 个省市自治区 C_i 值均值	2013 年 C_i 值均值	2014 年 C_i 值均值		2015 年 C_i 值均值		
	2013 年权重	2013 年权重	2014 年权重	2013 年权重	2014 年权重	2015 年权重
专业化程度	0.2625	0.2678	0.2723	0.2954	0.3021	0.2933
竞合程度	0.3843	0.4194	0.4182	0.4599	0.4604	0.4496
创新程度	0.2139	0.2346	0.2365	0.2479	0.2499	0.2463
基础服务设施	0.2935	0.2827	0.2826	0.3145	0.3134	0.3160
旅游资源禀赋	0.3590	0.3571	0.3561	0.3574	0.3564	0.3571
规模经济效应	0.3438	0.3492	0.3488	0.3526	0.3520	0.3527
经济促进能力	0.2937	0.3167	0.3137	0.3220	0.3200	0.3167

从整体上来看，专业化程度方面，2013—2014 年，上升和下降省份并存，整体呈现轻微上升趋势，但在 2014—2015 年大部分省市自治区呈现较为明显的上升趋势；竞合程度方面，2013—2015 年呈现出非常明显的上升趋势，但 2014—2015 年排名靠前十的省市自治区值稍有下降；创新程度方面，2013—2014 年，出现非常明显的整体上升，但 2014—2015 年上升步伐减缓，大部分省市自治区呈现轻微的上升趋势，排名靠前省市自治区下降较明显；基础服务设施方面，在 2013—2014 年间呈现整体下降的趋势，但在 2014—2015 年间呈现非常明显的整体上升；旅游资源禀赋方面，上升下降皆有，但整体变动幅度较小；规模经济效应方面，呈现轻微整体上升趋势；而经济促进能力方面，在 2013—2014 年间呈现整体上升，虽然有小部分省市自治区呈现下降趋势，但下降幅度较小，2014—2015 年间上升下降各半，但排名靠前省市自治区下降比较明显。

同时，与 2013 年相比，2014 年旅游产业区域集聚绩效变动较大的几个省市自治区，如河北、湖南、云南、天津、山西等，其旅游产业集聚绩效值变动主要归于部分准则层的变动。如河北省，创新程度方面下降最为明显，其值由 0.2794 下降至 0.1360，相应排名从第 8 下降至第 22；基础服务设施值由 0.3863 下降至 0.3511，相应排名从第 9 下降至第 10；专业化程度、竞合程度和经济促进能力方面都有所提升，可见河北省还需继续在基础服务设施、创新方面有所行动，弥补旅游发展中的不足。再如云南省，基础服务设施方面改进程度最大，其值由 0.2296 上升至 0.3662，相应排名从基础服务设施准则第 19 上升至第 8；竞合程度值由 0.4412 上升至 0.5975，相应排名从第 10 上升至第 5；专业化程度值由 0.4249 下降至 0.3939，相应排名从第 4 下降至第 7，其他准则方面皆有所变动，但幅度不明显。与 2013 年相比，2014 年云南省旅游产业集聚绩效（0.0497，13.60%）上升最为明显，由此可见云南省在基础服务设施配套、区域竞争与合作、旅游各要素合作中的努力。但在 2015 年，云南省旅游产业集聚绩效稍有下降（-0.0312，-7.51%），虽然专业化程度有比较大的提升，如专业化程度值由 0.3939 上升至 0.4963，相应排名从第 7 上升至第 3，但竞合程度和基础服务设施方面都有比较大的下降，竞合程度下降最为明显，其竞合程度值由 0.5975 下降至 0.4286，相应排名从第 5 下降至第 18，基础服务设施值由 0.3662 下降至 0.3031，相应排名从第 8 下降至第 15，其他准则方面皆有所变动，但幅度不明显。由此可见，云南省还需继续在基础服务设施配套、区域竞争与合作方面加大努力。

在分别采用 2014 年和 2013 年权重的情况下，2014 年 31 个省市自治区的专业化程度值均值分别为 0.2723、0.2678；竞合程度值均值分别为 0.4182、0.4194；创新程度值均值分别为 0.2365、0.2346；基础服务设施值均值分别为 0.2826、0.2827；旅游资源禀赋值均值分别为 0.3561、0.3571；规模经济效应值均值分别为 0.3488、0.3492；经济促进能力值均值分别为 0.3137、0.3167。同时各省市自治区中七大准则层值变动情况也是普遍一致的。数据结果显示利用当年数据确定权重是可行的，能够比较准确地反映各省市自治区旅游产业绩效的表现情况。从整体来看，专业化程度方面，上升下降省市自治区皆有，但整体呈现轻微上升趋势；竞合程度和创新程度方面有非常明显的上升趋势；基础服务设施呈现整体下降的趋势；旅游资源禀赋上升下降皆有，但整体变动幅度较小；规模经济效应呈现轻微整体上升趋势；而经济促进能力呈现整体上升，虽然有小部分省市自治区下降趋势，但下降幅度较小。

6.7.4 分析评价

基于 2013—2015 年数据的旅游产业区域集聚绩效评价量化结果显示，31 个省市自治区之间旅游产业发展基础和优劣势不一，但部分省市自治区之间具有共性。根据优、次优、良、一般、差的集聚绩效情况及各省市自治区旅游产业七大准则层活跃因子，可以将其划分为五大方阵。集聚绩效较高的方阵内部省市自治区之间具有相似的发展基础和优势，集聚绩效较差的方阵内部省市自治区之间具有相似的发展瓶颈，因而从整体上来说，方阵内部各省市自治区的旅游产业需努力的发展方向也是比较一致的。因此，为提升旅游产业区域集聚绩效，应从重视五大方阵入手，根据各方阵的发展基础和特点，确定不同的发展方向和行动计划，有所侧重；同时根据各省市自治区发展情况，以核心区带动辐射区，以辐射区引导培育区，实施区域联动，建设旅游产业集聚动态网络，形成大旅游格局。

（1）针对各方阵优劣势，优化产业内部结构

第一方阵和第二方阵：广东、浙江、江苏、北京及山东、上海、云南。

在 31 个省市自治区旅游产业区域集聚绩效评价中，可以发现，广东、浙江、江苏、北京旅游产业集聚绩效排名靠前，在大部分指标上的表现都优于其他省市自治区，但也存在个别指标落后的情况。总体而言，从全国水平上来说，广东、浙江、江苏三省份的集聚水平优势并不太明显，然而从各区域水平来说，皆是各区域（华南地区、华东地区）中遥遥领先者。因此广东、浙江、江苏、北京旅游产业发展具有较高的集聚水平和集聚绩效，但仍存在一定的不足。因此，如何在原有旅游产业发展基础上实现升级发展，更好地发挥其旅游产业在全国和各自区域（华南地区、华东地区、华北地区）范围内的带动效应，促使集聚效应良性循环，是第一方阵四省市自治区旅游产业集聚发展的关键问题。

广东省是全国旅游产业集聚绩效最高的省市自治区，旅游产业各要素发展较为均衡，尤以基础服务设施、规模经济效应、创新程度和竞合程度突出。其可以依托在旅游产业集聚绩效上多方位的优势条件，完善、深化、细化旅游产品价值链，以进一步增强旅游实力。具体来说，寻找旅游产品和旅游服务的市场缺口，在管理、组织、技术等思想创新基础上，加强产品设计、生产、营销创新，创建旅游目的地精品、旅游企业精品、旅游购物精品、旅游网站精品等，全方位、多渠道、多角度、多层次地进行旅游精品营销，有效实施旅游精品战略。

浙江省和江苏省作为旅游大省，同属华东地区，旅游产业已具有一定的产业规模，浙江省集聚水平和集聚绩效相差无几，在基础服务设施、创新程度、旅游资源禀赋和规模经济效应方面皆有各自优势。然而，两省旅游产业竞合能力、经济促进能力和专业化程度相对较差，因此，两省可以在充分利用自身丰富的旅游资源的基础上，不断加强旅游企业之间的交流合作，促进旅游企业的集团化进程，增强旅游产业专业化程度和竞争力，努力打造旅游强省。

北京市作为国家首都，在旅游产业各要素中皆有明显优势，其专业化程度、经济活力和城市化水平都较高，基础设施水平还有可提升和发展的空间，但旅游资源禀赋较为薄弱。因此需要不断创新和丰富都市旅游产品和服务，培育和开发新型旅游项目，创新旅游发展新模式，在巩固和提升原有旅游产业基础上不断实现创新和优化。

上海市作为国际化大都市，其经济活力、城市化和基础设施水平都较高，但旅游资源禀赋较为薄弱。因此需要不断创新和丰富都市旅游产品，培育和开发都市工业旅游、文化旅游、会展旅游、休闲旅游、高科技农业旅游、水上旅游等新兴旅游品牌，创新旅游发展观念，在原有旅游产业发展基础上实现转型升级。

第三方阵：湖北、四川等。

湖北、四川、安徽、湖南、河南、辽宁、福建、海南、广西、陕西、山西、贵州等省市自治区的旅游产业集聚绩效处于国家中等水平。与第一方阵和第二方阵的广东、浙江和江苏等省市自治区相比，其旅游产业发展还相对滞后。提升第三方阵省市自治区旅游产业集聚绩效，必须认清其旅游产业所处的发展阶段，明确现阶段旅游产业发展的关键问题。

第四方阵：河北、黑龙江等。

河北、黑龙江、重庆、江西、内蒙古、西藏、天津等省市自治区旅游产业规模优势不明显，旅游产业集聚绩效明显弱于全国大部分省市自治区。因此第四方阵省市自治区旅游产业集聚绩效的提升要走"规模旅游"的道路，并实行错位发展战略，积极开发特色旅游产品，避免与其他省市自治区共性发展，以在原有旅游产业发展的基础上实现跨越发展。

第五方阵：新疆、吉林等。

新疆、吉林、甘肃、青海、宁夏等五省市自治区旅游产业集聚绩效明显弱于全国其他省市自治区，旅游产业发展集聚水平不明显。究其原因，这五省市自治区经济基础薄弱，基础设施和公共服务体系尚不健全。因此，提升第五方阵省市自治区旅游产业集聚绩效，必须在发展地方经济和完善公共体系的基础上，结合地域旅游特色，注重区域协调和优势互补，一步一步在自我积累和区域合作中获得健康稳定发展。

（2）建设集聚网络，发挥核心辐射作用

结合前面章节集聚绩效评价结果，应该注重各省市自治区旅游产业集聚绩效最优接近度的状况，依托核心省市自治区旅游产业的带动，促进区域内其他省市自治区旅游产业的发展，最终实现区域旅游产业的跨越式发展。首先，第一方阵和第二方阵中的广东、浙江、江苏、北京、山东、上海和海南等地是各区域（华南地区、华东地区、华北地区）旅游产业核心集聚地，因此需要核心区发挥示范作用和引导作用，产生扩散效应，带动各区域及周边区域旅游产业的发展。其次，第三方阵中的12个省市自治区作为辐射区也要发挥辐射带动作用，进一步挖掘自身特色和树立品牌形象。最后，第四和第五方阵中的12个省市自治区旅游产业发展目前较为滞后，因此要加强对这些省市自治区旅游产业培育和带动。旅游产业集聚动态网络的培育是一个动态复杂的过程，要运用整体观全面把握旅游产业区域集聚优化发展的大局。

（3）实施区域联动，形成大旅游格局

通过对全国旅游产业区域集聚绩效五大方阵的划分，可知各省市自治区的旅游产业集聚绩效有所差异，因此需要具有区域联动的发展理念，各省市自治区旅游产业发展必须跳出区域看区域，实施区域联动发展战略。为了保证区域有充足的客源，各省市自治区可以展开旅游推介交流会，同时为了开拓外部市场，旅游发展水平相近的区域可以本着优势互补的原则，展开合作。同时在品牌打造、市场营销等方面展开全面的联动。此外，各省市自治区在旅游产业发展过程中，要不断培育"大旅游"的理念。旅游产业不仅涵盖了"食、住、行、游、购、娱"六大要素，同时也与其他产业之间密切相关。旅游产业可以按照"衔接产业环，延伸产业链，形成产业面，构筑产业群"的发展原则，与相关产业实现融合，促进多元旅游产业态整合，以形成新的旅游产业增长点，促进各旅游产业区域集聚绩效的提升。具体来说，可以明确旅游产业与文化产业、体育产业、商贸服务业、大农业等相关产业的合作领域和重点项目，使之成为产业融合战略的落脚点，最终形成大旅游格局。

第7章

旅游产业区域集聚与效率和绩效相关性

作为新世纪最具发展潜力、发展劲头最迅猛的朝阳产业和新兴产业之一，旅游产业因其产业关联性高、污染少、投资回报率高等优势，在我国经济社会发展中扮演着越来越重要的角色。21 世纪以来，我国旅游产业发展迅速，旅游收入不断增长。其中，国际旅游收入由 2001 年的 177.92 亿美元增长到 2015 年的 1136.5 亿美元，增长了 5 倍多；国内旅游收入由 2001 年的 3522.36 亿元增长到 2015 年的 34195.1 亿元，翻了近 10 番。由此可见，旅游产业已成为国家经济增长一股不可忽视的重要力量。国家"十三五"规划纲要 11 处 19 次提到"旅游"，重视旅游产业发展，支持旅游产业发展，已成为国家发展战略中的重要组成部分。为了更好地发挥旅游产业的经济引擎作用，旅游产业的效率与绩效相关性问题不容忽视。

7.1 旅游产业的效率与绩效

在我国旅游产业发展过程中，产业集聚已成为一种显著的现象，是我国旅游产业发展到新的阶段的结果。旅游产业产业关联性高，涉及行、游、住、食、购、娱等多个要素，又能通过产业融合方式同农业、工业、文化、金融、保险等产业相结合，发挥旅游产业的关联作用，促进了旅游产业发展过程中集聚机制的产生。旅游产业同一般产业相比，具有其鲜明特点和特殊性，但是适用于一般制造业和高新技术产业的集聚现象同样适用于旅游产业，这是我国旅游产业发展的客观要求，对促进区域旅游产业发展和提升区域旅游竞争力具有重要的意义。

虽然我国旅游产业发展取得较为丰硕的成果，但是不可否认的是我国旅游产业在发展过程中存在资源配置不合理、资源利用率较低的现象，制约了我国旅游产业综合实力的进一步提升。为促进旅游产业的发展，充分发挥旅游发展在促进经济增长中的作用，各省市自治区均不断加大旅游产业劳动力投入与资本投入，这种彼此竞争的做法在一定程度上提升了各省市自治区的旅游经济收入，但是同样造成各省市自治区旅游产业发展效率出现严重的不均衡现象。如何完善资源的配置，提高其利用效率，已成为各地区旅游产业发展的关键。

效率与绩效是企业最终经济成果的重要衡量指标之一，反映了企业的目标达成程度，同时也反映了在特定的市场结构和市场行为条件下市场运行的效益。绩效水平的高低是旅游企业和旅游目的地发展极为重视的因素之一，是最为直观的产出表现形式。提升经营绩效，扩大利润水平，是所有旅游企业和旅游目的地产业群共同追求的目标之一。

旅游产业集聚作为旅游发展过程中的一种集中现象，对于旅游产业的发展必将产生重要影响。然而，目前关于旅游产业集聚对旅游产业效率和旅游市场绩效等旅游发展衡量指标的影响的研究尚少。因此，本研究主要在测度三者水平的基础之上，分析旅游产业集聚对旅游产业效率和绩效的影响，以期为产业政策制定者提供一定的借鉴和参考。

7.2　中国旅游产业集聚水平

7.2.1　测度方法

目前，衡量产业集聚程度的测度指标主要可以分为三代。第一代指标主要有行业集中度系数 CR_n、HHI 系数，采用企业产值、销售额与整个相关市场的比例或者平方和来测算产业集聚水平或规模的离散水平；第二代指标较多，主要有 G 系数、LQ 系数、EG 系数、SP 系数等，主要以地区行业产值、从业人数、销售额等占地区的绝对或相对比重衡量地区产业集聚水平；第三代指标主要是关联 R 系数等，是在第二代指标的基础上将地理距离、产业联动等效应纳入测量范围。CR_n、HHI 等第一代指标只衡量了企业规模、数量、市场份额上的差异，没有考虑产业集聚在区域间的相对性，局限性较大，第三代指标虽然考虑较全面，但是由于其复杂的计算需要极高质量的数据，目前并没有被学术界广泛接受。根据本书的研究目的，结合我国旅游产业集聚程度低的现状，本书采用第二代指标中的 LQ 指数作为衡量区域产业集中程度的指标（前面章节已经探讨）。其计算公式如（7-1）所示：

$$LQ_{ij} = \frac{L_{ij} / \sum_{i=1}^{n} L_{ij}}{\sum_{j=1}^{m} L_{ij} / \sum_{i=1}^{n} \sum_{j=1}^{m} L_{ij}} \qquad (7-1)$$

其中，LQ_{ij} 表示 j 地区 i 产业相对于上级区域的区位商系数；n 表示 j 地区所有产业个数，m 表示上级区域包含的地区个数；L_{ij} 表示 j 地区 i 产业增加值。$\sum_{j=1}^{m} L_{ij}$ 表示 j 地区所有产业总值；$\sum_{i=1}^{n} L_{ij}$ 表示上级区域 i 产业增加值；L_{ij} 表示上级区域所有产业总值。$\sum_{i=1}^{n} \sum_{j=1}^{m} L_{ij}$ 区位商更主要反映的是某地区与上级区域在产业结构上的差异性，$LQ_{ij} > 1$ 表示 j 地区 i 产业与上级区域相比集聚水平较高，存在明显的集聚现象。区位商值越大，说明 j 地区 i 产业的产业集聚水平也越高。

根据区位商系数 LQ 的定义，同时鉴于数据获得的有限性原则，本研究最终选取各省市自治区旅游总收入、全国旅游总收入、各省市自治区 GDP 总量和全国 GDP 总量 4 个指标进行旅游产业集聚水平的测量，在本研究中，区位商系数可表示为：

LQ =（各省旅游总收入／各省 GDP 总量）／（全国旅游总收入／全国 GDP 总量） $\qquad (7-2)$

7.2.2 测度结果

鉴于 2004 年与 2003 年相比，相关统计年鉴对旅游就业人数的统计口径发生了巨大变化，从而会导致旅游产业效率的测度结果受到巨大影响和波动，因此本研究从 2004 年开始进行分析。所用数据主要来自 2005 - 2015 年的《中国旅游统计年鉴》《中国统计年鉴》《中国城市统计年鉴》《中国区域统计年鉴》和各省市自治区旅游产业统计公报和全国旅游产业统计公报；此外，部分数据源于本书对国家旅游局官网和全国各省级旅游局官网数据的整理，数据具有较高的可靠性和客观性（下同）。

基于 2004—2014 年旅游产业集聚水平相关测算指标的原始数据，采用区位商系数对各地旅游产业集聚水平进行表征，结果如表 7 - 1 所示。根据表 7 - 1 可以看出，北京、贵州、上海的旅游产业集聚水平较高，均值均高于 1.5，而河北、宁夏的旅游产业集聚水平很低，均值均低于 0.5，不同省市自治区旅游产业集聚水平差异性较大，北京市的旅游产业集聚水平是宁夏的 5.69 倍；从不同年份来看，2004—2014 年旅游集聚水平的均值较为稳定，在 0.93 附近徘徊，说明我国近年来旅游产业集聚水平提升速度较为缓慢，进一步提升旅游产业集聚水平是各省市自治区值得关注的焦点。从每年各省市自治区旅游产业集聚水平的商系数 LQ 来看，几乎每年都将近有 20 个省市自治区旅游产业集聚程度水平低于当年的全国均值，进一步说明了我国旅游产业集聚水平存在较大的区域不平衡性，少数省市自治区的旅游产业集聚程度的提升带动了全国旅游产业集聚水平均值的提升。此外，值得注意的是，北京、上海、天津、广东等经济发达的省市自治区旅游产业集聚出现了较为明显的较低的趋势，一方面，其他省市自治区旅游经济发展迅速，使得部分经济发达省市自治区 LQ 值不断降低；另一方面，这也与这些省市自治区自身经济发展密切相关，在发展过程中，自身旅游产业集聚水平的降低，必然引起当地政府的关注。

表 7－1　31 个省市自治区 2004—2014 年旅游产业集聚程度测度结果

省/年	2004	2005	2006	2007	2008	2009	2010	2011	2012	2013	2014	平均值
北京	3.61	2.42	2.31	2.28	2.25	1.93	1.78	1.69	1.56	1.45	1.31	2.05
天津	1.94	1.64	1.51	1.50	1.47	1.32	1.23	1.14	1.07	1.07	1.03	1.36
河北	0.44	0.44	0.44	0.43	0.36	0.40	0.41	0.43	0.46	0.51	0.57	0.44
山西	0.58	0.73	0.91	1.03	1.14	1.16	1.07	1.02	1.15	1.31	1.45	1.05
内蒙古	0.59	0.56	0.59	0.65	0.64	0.60	0.57	0.53	0.55	0.60	0.66	0.59
辽宁	0.91	0.96	1.06	1.20	1.38	1.41	1.32	1.29	1.22	1.23	1.20	1.20
吉林	0.68	0.66	0.65	0.67	0.75	0.77	0.79	0.75	0.76	0.81	0.85	0.74
黑龙江	0.52	0.53	0.57	0.62	0.72	0.73	0.77	0.74	0.73	0.69	0.47	0.64
上海	2.17	1.82	1.69	1.64	1.52	1.43	1.56	1.41	1.36	1.09	0.95	1.51
江苏	1.02	1.03	1.04	1.09	1.12	1.04	1.01	0.96	0.92	0.87	0.82	0.99
浙江	0.99	1.07	1.08	1.09	1.11	1.11	1.08	1.08	1.06	1.05	1.16	1.08
安徽	0.61	0.59	0.67	0.78	0.88	0.86	0.84	1.06	1.17	1.13	1.07	0.88
福建	1.00	1.09	1.07	1.10	1.00	0.89	0.82	0.78	0.75	0.75	0.85	0.92
江西	0.76	0.82	0.84	0.86	0.92	0.85	0.78	0.81	0.83	0.94	1.10	0.86
山东	0.58	0.58	0.59	0.65	0.69	0.70	0.71	0.71	0.69	0.68	0.64	0.66
河南	0.79	0.79	0.84	0.91	0.81	0.98	0.91	0.89	0.87	0.86	0.81	0.86
湖北	0.71	0.76	0.72	0.70	0.70	0.66	0.83	0.87	0.98	0.93	0.89	0.80
湖南	0.73	0.73	0.78	0.81	0.81	0.81	0.80	0.78	0.77	0.78	0.74	0.78

省/年	2004	2005	2006	2007	2008	2009	2010	2011	2012	2013	2014	平均值
广东	1.14	0.87	0.82	0.80	0.80	0.75	0.75	0.78	0.78	0.95	1.00	0.86
广西	0.83	0.78	0.76	0.76	0.79	0.87	0.90	0.93	0.96	1.02	1.08	0.88
海南	1.58	1.46	1.36	1.43	1.40	1.23	1.13	1.10	1.02	0.97	0.94	1.24
重庆	1.07	1.02	1.00	1.09	1.17	1.03	1.05	1.08	1.11	1.00	0.92	1.05
四川	0.99	1.02	1.14	1.18	0.93	1.00	0.99	1.02	1.06	1.05	1.12	1.05
贵州	1.16	1.32	1.71	1.90	2.08	1.98	2.09	2.15	2.09	2.12	2.04	1.87
云南	1.37	1.29	1.26	1.18	1.22	1.24	1.26	1.25	1.27	1.29	1.36	1.27
西藏	0.79	0.80	0.96	1.44	0.61	1.22	1.27	1.37	1.39	1.46	1.44	1.16
陕西	0.82	1.00	0.93	0.94	0.94	0.90	0.88	0.91	0.91	0.95	0.93	0.92
甘肃	0.39	0.34	0.36	0.44	0.46	0.55	0.52	0.57	0.64	0.71	0.74	0.52
青海	0.48	0.50	0.56	0.61	0.53	0.53	0.48	0.47	0.50	0.54	0.57	0.52
宁夏	0.36	0.31	0.38	0.36	0.39	0.38	0.36	0.34	0.34	0.36	0.34	0.36
新疆	0.58	0.56	0.53	0.59	0.53	0.42	0.51	0.57	0.59	0.58	0.46	0.54
平均值	0.95	0.89	0.91	0.96	0.94	0.93	0.92	0.93	0.93	0.93	0.93	0.96

  鉴于之前学者们对旅游产业集聚的空间分布特征进行了大量的研究，本研究也将分析旅游产业集聚的空间分布特征。与这些研究不同的是，本研究对空间分布特征的研究根据经纬度（横坐标）和集中度 Cr（纵坐标）的对应关系进行分析，避免了以往和其他学者一样采用不同省市自治区直接对比或者是将全国划分为西部地区、中部地区和东部地区进行对比的重复性。首先，根据全国所处的经纬度位置，根据合理、全面、综合性的基本原则，对我国所处的经度和纬度分别选取 9 条和 10 条具有代表性的经线和纬线。选取经度和纬度并不是完全按照均等分布，主要是某些省市自治区面积较大导致的划分不均等。经线和纬线穿过的省市自治区计取 2004—2014 年的旅游产业集聚水平的均值；同时，如果一个省市自治区有多条经线或者纬线穿过，则将其归属于位于省市自治区中间位置的经线或者纬线计算均值，从而比较我国旅游产业集聚在经纬度上的空间分布规律。

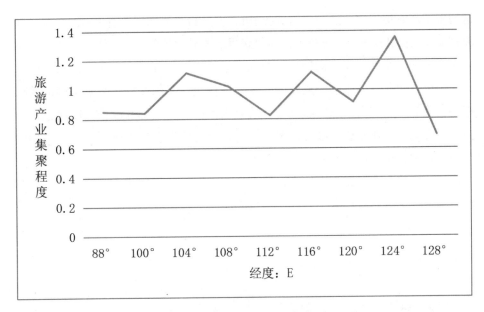

图 7 - 1 中国旅游产业集聚程度随经度变化趋势

根据图 7 - 1，我们可以发现，与以往研究不同的是，本研究并不能得到我国旅游产业集聚程度东部地区较高、西部地区较低的结论。通过本书的研究结果，可以明显看出，我国旅游产业集聚程度随着经度的变化呈现上下波动的变化趋势，但是几乎始终以 1 为均衡位置。东经 124°的波动和东经 128°的波动较大，主要是由于东经 124°经过的地区为辽宁和上海，其中上海的旅游产业集聚程度很高；而东经 128°经过的地区为吉林和黑龙江，两省旅游产业集聚程度较低，故出现了比其他经度更为明显的波动现象。之所以出现这样的差异是因为衡量的指标不一样，之前的学者主要采用 CR_n 指数来衡量我国的旅游产业集聚现状，CR_n 是绝对集中度指标，我国东部地区经济发达，经济体量比西部大，因而采用 CR_n 指数衡量会呈现东高西低的结果。但是本书采用 LQ 指数衡量，LQ 指数衡量的是相对发展优势，是地区相对于上一级地区的发展速度和优势。西部地区大多深居内陆，景区（点）距离较远，交通等基础设施相对薄弱，因而经济发展程度低，但是也孕育出许多天然的、独特的自然或人文遗产。近年来这些自然的或者人文的遗产逐步被改造为具有营利性质的旅游景区（点），使得西部的旅游产业展现出强大的增长态势，扩张的速度逐步赶上东部地区，东西部之间的旅游产业的共同发展，可以在一定程度上缩小区域经济差距。

根据图 7 - 2 可知，我国旅游产业集聚呈现明显的南高北低的表现。30°N 以南的省市自治区的旅游产业集聚程度的均值在 1 之上，而 35°N 以北的省市自治区的旅游产业集聚水平的均值明显低于1，而且最高值和最低值之间的差距达到0.4以上，表明我国南北方旅游产业集聚程度差异比较明显，差距比较大。之所以出现这样的原因，除去衡量指标选取带来的无差异外，本书认为最重要的原因在于南方和北方的旅游产业发展的差异性较大。我国北方历来是全国的政治中心，第二产业较为发达，而且北方沿海城市较少，对外开放程度略逊色于南方。南方第三产业发达，旅游资源丰富，复杂的地形和地貌孕育了丰富多彩的自然景观和文化风俗。另外，在旅游资源的开发程度方面，南方相对于北方较为优越，旅游产业发展水平较高，旅游产业占国民经济的比重相对较大，旅游产业集聚程度也相对较高。

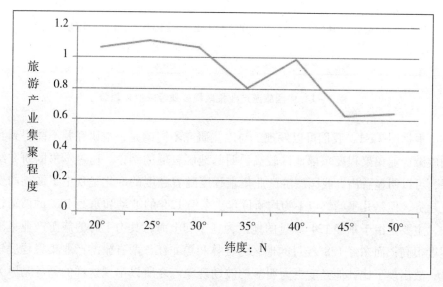

图 7 – 2　中国旅游产业集聚程度随纬度变化趋势

7.3　旅游产业区域集聚对其效率的影响

7.3.1　旅游产业效率的测度

（1）测度方法

在研究生产效率领域，主要有两种方法：数据包络分析方法（DEA）和随机前沿函数方法（SFA）。本书基于以下考虑选取数据包络分析方法（DEA）作为旅游产业效率的研究方法。首先，DEA 通过对实际测量数据的分析，构造前沿生产函数模型来对生产单元进行相对有效性的评价，可避免函数形态人为错误的设置所导致的结果不准，可以减少主观因素引起的误差；其次，DEA 是以决策单元要素的投入产出权重为变量，运用数学规划对权重进行内部确定，通过客观的赋予权重，DEA 能有效地处理投入（或产出）单位不一致的问题，避免人为确定各指标的权重所带来的主观性。

传统 DEA 模型包括基于规模报酬不变的 CCR 模型和基于规模报酬可变的 BCC 模型两种基本形式。DEA – BCC 模型将综合效率分解为纯技术效率和规模效率，更加准确地反映了决策单元的经营管理水平。假设有 n 个决策单元，m 个投入指标和 s 个产出指标，DEA – BCC 模型形式如下：

$$
\begin{cases}
\min \left[\, \theta - \varepsilon \left(\sum_{i=1}^{m} s_i^- + \sum_{r=1}^{s} s_r^+ \right) \right] \\[2mm]
\text{s. t.} \quad \sum_{j=1}^{m} X_{ij}\lambda_j + s_i^- = \theta X_{0,i} = 1,2,\cdots,m \\[2mm]
\sum_{j=1}^{n} Y_{rj}\lambda_j - s_r^+ = Y_{0,r} = 1,2,\cdots,s \\[2mm]
\sum_{j=1}^{n} \lambda_j = 1 \\[2mm]
s_r^+ \geq 0, s_i^- \geq 0, \lambda_j \geq 0, j = 1,2,\cdots,n
\end{cases}
$$

式中，X_{ij} 表示第 j 个决策单元的第 i 个投入向量，Y_{rj} 表示第 j 个决策单元的第 r 个产出向量，θ 为评级决策单元是否有效的值，ε 为阿基米德无穷小，s^- 表示投入冗余量，s^+ 表示产出不足量，λ 为决策单元线性组合的系数。当 θ 为 1 时，表明该区域旅游产业效率处于有效状态；当 θ 小于 1 时，则表明该区域旅游效率处于无效状态；θ 值越小，说明该区域旅游产业效率越低。

旅游经济活动过程中包含着复杂的输入输出要素，投入指标和产出指标的合理性较大程度上决定了 DEA 模型测量效率的准确性。在指标选取过程中，必须严格遵守科学性、适宜性和可操作性原则。经济学中将生产要素的投入分为土地、资本和劳动力三大部分，旅游生产受土地面积约束影响较小，因而土地面积不作为投入变量（邓洪波，2014）。因此，鉴于本书研究目的以及数据可得性考虑，根据前人的实证研究，本研究最终选择旅游产业从业人数、旅行社及星级饭店固定资产作为投入指标，旅游总收入作为产出指标，从而对旅游产业效率进行测度分析。

（2）测度结果

根据2004—2014年相关统计数据，运用deap2.1软件计算31个省市自治区的旅游产业效率，结果如表7-2所示。从各年份的平均值来看，2004—2014年我国旅游产业效率呈现微弱的递增趋势，其中2012年旅游产业效率的均值达到顶峰，为0.58；从各省市自治区来看，除天津市外，其余省市自治区均未能达到全部有效的水平，其中河南、贵州两省的旅游产业效率较高，均达到均值0.8以上，两省资源配置能力较高，旅游投入产出的效果较好；海南、青海、宁夏、新疆的旅游产业效率较低，均值均在0.2以下，海南省由于旅游产业在其国民经济发展中地位很高，导致许多盲目的旅游投资，旅游产业效率较低；而青海、宁夏、新疆则是处于我国西北内陆地区，吸引游客能力有限，旅游产业效率同样很低。从总体来看，31个省市自治区2004—2014年旅游产业效率均值仅为0.44，水平较低，表明各省市自治区在加大旅游资源投入的同时，存在很大程度上的资源浪费现象，旅游资源利用效率较低，资源配置水平低下，进一步提高资源利用水平已成为各省需重点关注的问题。

表7-2　31个省市自治区2004—2014年旅游产业效率测度结果

省/年	2004	2005	2006	2007	2008	2009	2010	2011	2012	2013	2014	平均值
北京	0.33	0.44	0.58	0.44	0.37	0.33	0.34	0.37	0.31	0.27	0.33	0.37
天津	1.00	1.00	1.00	1.00	1.00	1.00	1.00	1.00	1.00	1.00	1.00	1.00
河北	0.28	0.33	0.37	0.31	0.25	0.23	0.44	0.26	0.44	0.39	0.30	0.33
山西	0.25	0.38	0.54	0.55	0.62	0.57	0.48	0.42	0.62	0.69	0.65	0.52
内蒙古	0.36	0.45	0.53	0.45	0.45	0.46	0.43	0.43	0.45	0.45	0.58	0.46
辽宁	0.25	0.29	0.33	0.39	0.43	0.44	0.83	0.85	1.00	0.92	0.50	0.57
吉林	0.29	0.35	0.42	0.33	0.47	0.48	0.52	0.53	0.69	0.74	0.78	0.51
黑龙江	0.33	0.36	0.38	0.38	0.54	0.49	0.64	0.60	0.70	0.64	0.29	0.49
上海	0.62	0.67	0.66	0.63	0.49	0.44	0.61	0.57	0.48	0.39	0.48	0.55
江苏	0.50	0.63	0.71	0.68	0.65	0.58	0.65	0.65	0.68	0.58	0.52	0.62
浙江	0.29	0.33	0.41	0.37	0.35	0.32	0.44	0.51	0.47	0.41	0.51	0.40
安徽	0.39	0.42	0.54	0.52	0.47	0.46	0.38	0.57	0.89	0.76	0.51	0.54
福建	0.44	0.57	0.56	0.60	0.50	0.43	0.36	0.35	0.39	0.32	0.39	0.44

续表

省/年	2004	2005	2006	2007	2008	2009	2010	2011	2012	2013	2014	平均值
江西	0.41	0.40	0.40	0.38	0.42	0.41	0.46	0.49	0.58	0.58	0.57	0.46
山东	0.33	0.34	0.39	0.39	0.39	0.42	0.40	0.43	0.49	0.44	0.34	0.40
河南	0.76	0.76	0.97	0.83	0.88	0.86	0.69	0.82	0.73	0.75	0.92	0.82
湖北	0.29	0.32	0.33	0.33	0.33	0.29	0.44	0.56	0.65	0.56	0.49	0.42
湖南	0.39	0.45	0.58	0.53	0.48	0.44	0.36	0.38	0.37	0.39	0.39	0.43
广东	0.25	0.27	0.35	0.32	0.29	0.28	0.31	0.35	0.51	0.52	0.47	0.36
广西	0.34	0.29	0.27	0.27	0.29	0.30	0.35	0.44	0.92	0.89	0.51	0.44
海南	0.13	0.13	0.15	0.16	0.13	0.12	0.15	0.17	0.16	0.14	0.18	0.15
重庆	0.29	0.34	0.36	0.38	0.43	0.37	0.40	0.43	0.54	0.44	0.42	0.40
四川	0.27	0.30	0.40	0.40	0.41	0.40	0.55	0.59	0.71	0.60	0.59	0.47
贵州	0.43	0.60	0.91	1.00	1.00	0.97	1.00	1.00	1.00	1.00	1.00	0.90
云南	0.25	0.27	0.27	0.24	0.28	0.27	0.34	0.34	1.00	0.55	0.33	0.38
西藏	0.07	0.09	0.12	0.15	0.10	0.13	0.22	0.27	0.22	0.43	0.40	0.20
陕西	0.21	0.34	0.33	0.35	0.40	0.36	0.35	0.40	0.85	0.80	0.42	0.44
甘肃	0.12	0.12	0.14	0.14	0.14	0.15	0.14	0.19	0.49	0.51	0.24	0.22
青海	0.14	0.17	0.23	0.21	0.20	0.22	0.14	0.18	0.20	0.19	0.19	0.19
宁夏	0.10	0.11	0.18	0.15	0.18	0.11	0.14	0.11	0.23	0.20	0.15	0.15
新疆	0.14	0.16	0.13	0.15	0.13	0.09	0.14	0.18	0.27	0.25	0.16	0.16
平均值	0.33	0.38	0.44	0.42	0.42	0.40	0.44	0.47	0.58	0.54	0.47	0.44

7.3.2 回归模型结果分析

旅游产业集聚是旅游产业发展过程中空间上的聚集过程，在此过程中伴随着企业之间的合作与资源共享，会对区域旅游产业的发展产生积极的影响，从而提升旅游产业的效率，因此本研究认为旅游产业集聚水平对旅游产业效率具有显著的正向影响，并利用2004—2014年面板数据进行回归模型分析与验证。同时，对外开放程度和科技发展水平对旅游产业效率均会产生一定程度的影响，因此，本研究将两者作为控制变量，构造回归方程如下：

$$XL_{it} = \alpha_{it} + \beta_{1t}JJ_{it} + \beta_{2t}KF_{it} + \beta_{3t}KJ_{it} + \mu_{it} \qquad (7-4)$$

上式中，XL_{it}、IJ_{it}、KF_{it}、KJ_{it}分别表示第 i 个省市自治区第 t 年的旅游产业效率、旅游集聚水平、对外开放程度和科技发展水平；其中，对外开放程度以各省市自治区每年度外商投资总额进行表征，科技发展水平用各省市自治区每年度专利授权数进行表征；α_{it}、β_{1t}、β_{2t}、β_{3t}分别为相应的系数，μ_{it}为误差项。

面板数据回归模型包括混合模型、固定效应模型和随机效应模型。一般根据 F 检验和 Hausman 检验的结果确定应采用哪种模型，但许多学者指出，对于时期较短而截面单位较多的样本数据，可以认为地区间的差异主要表现在横截面的不同个体之间，参数不随时间变化或者变动减少，应首先考虑变截距模型；同时，在固定效应和随机效应中，如果仅对样本本身的个体差异进行分析而不是用样本推断总体的个体差异，则可以选择固定效应模型（刘春济，2014；魏楚，2007）。因此，本研究遵循这条原则，建立个体固定效应模型：

$$XL_{it} = \alpha_{it} + \beta_1 jj_{it} + \beta_2 KF_{it} + \beta_3 KJ_{it} + \mu_{it} \qquad (7-5)$$

同时为避免伪回归现象，对原数列进行单位根检验，参考 ADF – Fisher、PF – Fisher 和 Levin 三个指标，结果表明一阶差分项均不存在单位根，说明数列稳定，可以进行回归分析。回归分析结果如表7 – 3 所示：

表7 – 3　回归结果分析

Variable	Coefficient	Std. Error	t – Statistic	Prob.
C	0.086656	0.041343	2.095993	0.0369
JJ	0.319681	0.035886	8.908203	0.0000
KF	0.000107	4.32E – 05	2.473859	0.0139
KJ	1.93E – 07	4.31E – 07	0.448742	0.6539
$R^2 = 0.7842$	调整后 $R^2 = 0.7611$			
F – statistic	33.82443	Prob（Fstatistic）	0.0000	

回归结果表明，旅游产业集聚对旅游产业效率具有显著的正向影响，回归系数为 0.3197，p 值为 0.0000，小于 0.05；对外开放程度对旅游产业效率也具有显著的正向影响，但影响效果较低，系数仅为 0.0001；而科技发展水平对旅游产业集聚的影响不显著。整个方程的 F 值为 33.8244，p 值为 0.0000，支持本研究的基本假设，即旅游产业集聚对旅游产业效率具有显著的正向影响。

7.4 旅游产业区域集聚对其绩效的影响

7.4.1 理论假设与测量指标选取

（1）理论假设

根据国内外研究文献和本书前期研究成果可知，旅游产业区域集聚绩效的相关因素可分为宏观层面因素和微观层面因素。其中，宏观层面因素包括市场需求或容量、市场壁垒（包括进入壁垒和退出壁垒）、产业政策、人力资源、投资（包括社会资本和政策资本）、环境规制等，微观层面因素包括企业规模、服务、制度等。由于本书以31个省市自治区为观测样本，侧重于分析宏观层面影响产业集聚进而影响市场绩效的因素，因此本研究剔除了全部微观层面因素。并且考虑数据的可获取性原则，本研究同样剔除了环境规制等不便于衡量的因素。最终，本研究探讨旅游产业区域集聚与产业绩效（旅游市场需求、旅游市场进入壁垒、旅游人力资源、旅游产业政策、旅游投资等变量）的相关性，同时，由于旅游产业具有极高的资源依赖性，因此也将旅游资源纳入研究变量的范围。在此基础上，本书探究旅游产业区域集聚程度与旅游产业绩效之间的关系。最后，针对信息技术近年来集中讨论却缺乏统一结论以及有效数据支持的局限性，本研究将信息技术纳入干扰变项以探究其在产业集聚与市场绩效的相互作用之间的影响。

第一，旅游市场需求与旅游产业集聚程度的关系。传统的SCP范式认为，市场需求对产业集聚程度的影响是不确定的，当地区市场发展程度较低时，由于企业数量少，占有大量市场份额，具有较高利润，此时市场需求的快速增长会吸引大量进入者稀释市场份额，从而产业集聚程度下降；当地区市场发展程度较高时，市场竞争激烈，市场需求的快速增长使得企业之间并购加剧，淘汰落后企业，从而提高产业集聚程度。改革开放以来，我国市场经济发展迅速，旅游产业也伴随市场经济的迅速发展而快速提升，经过四十多年的发展，我国旅游市场已经基本进入激烈的竞争阶段，属于SCP范式中的后者。基于此，本书提出假设：

H1：旅游市场需求与旅游产业集聚呈正相关关系。

第二，旅游市场壁垒与旅游产业集聚程度的关系。根据经济学理论，现有的厂商会采取各种方式限制、阻止新进入者，从而维持高垄断利润和市场份额，从而集聚程度较高；另外，进入市场所需要的资本、规制准许等也会产生类似的结果。因此，当一个区域的壁垒较高时，也会具有较高的集聚程度。基于此，本书提出假设：

H2：旅游市场壁垒与旅游产业集聚呈正相关关系。

第三，旅游资源与旅游产业集聚程度的关系。旅游产品和其他一般制造业产品有着本质的不同，其不能被跨区域运输、不能被跨期调配，并且旅游产品的制造和使用具有时间上的一致性，这使得旅游产业对旅游资源具有极高的依赖性。旅游资源是旅游产业发展的基础和核心要素，旅游产品是旅游资源整合的结果。鉴于旅游资源空间上的不可移动性和旅游产品生产和消费的同步性，可以推知旅游资源丰富的地区（包括自然资源和文化资源等）往往会吸引更多的旅游企业在空间上的集聚。基于此，本书提出假设：

H3：旅游资源与旅游产业集聚呈正相关关系。

第四，旅游投资与旅游产业集聚的关系。旅游投资是把一定数量的资金投入到合适的旅游项目建设中，用以满足旅游市场需求，并使投资者能够获得比投入资金数量更多的旅游产出的经济行为（邓爱民，2009）。旅游产业是涉及吃、住、行、游、购、娱等各方面的企业间相互配合的综合性产业，旅游产业的发展对地区基础设施的要求极高，酒店、旅行社、旅游交通、城市基础设施等均对旅游产业的发展起到关键性的影响。一个地区旅游产业的发展必须依赖于旅游投资所带来的积极效益，通过投资完善旅游发展所必需的条件，促进区域旅游产业的提升。旅游投资较为丰富的地区旅游基础设施完善度较高，旅游企业数量较多，旅游发展条件较为优越，从而提高了旅游产业在空间上的集聚程度。基于此，本书提出假设：

H4：旅游投资与旅游产业集聚呈正相关关系。

第五，旅游人力资源与旅游产业集聚的关系。人力资源作为市场竞争中最宝贵的资源，对区域整体竞争力具有重要作用。旅游产业是典型的劳动力密集型产业，旅游产业的发展离不开劳动力的支持，尤其是具有高技能、丰富旅游管理经验的人力资源的支撑和保障。我国旅游产业发展迅猛，对旅游人才的需求急剧膨胀，现有的旅游人力资源远远不能满足旅游产业发展的需要，因此，旅游人力资源在空间上呈现集中分布的特征，在一定程度上促进了旅游产业在空间上的集聚。基于此，本书提出假设：

H5：旅游人力资源与旅游产业集聚呈正相关关系。

第六，旅游产业政策与旅游产业集聚的关系。产业政策一直是产业经济学研究的重点，对产业的发展具有重要的指向作用。在我国，旅游产业是一个政策性极强的产业，旅游产业的发展受到国家、省市自治区等不同层次的旅游相关政策的制约，旅游产业的发展必须以这些规定为基本前提。然而，由于我国旅游产业发展自 1978 年改革开放以来才呈现蓬勃发展态势，国家在制定政策时十分支持区域旅游产业的发展，而且也十分关注旅游产业发展的规模经济性，旨在做大旅游产业来充分发挥旅游产业的作用，所以目前来说我国旅游产业政策对旅游产业集聚是具有正向影响作用的。

H6：旅游产业政策对旅游产业集聚呈正相关关系。

第七，旅游产业集聚与旅游产业市场绩效的关系。旅游产业的上下游关联度较高，是符合性较高的一种产业类型，具备产业集聚的天然优势。根据产业经济学的观点，经营产品性质相同或者类似的企业在空间中的集聚有利于实现资源共享，形成规模效应，促进彼此的商务往来协作，加强资讯、消息在该地域的传播，科技工艺在不同企业员工中的交流还能促进产品的改善、突破和换代，从而整体上提高该地域所有企业的经营效益。基于此，本书提出假设：

H7：旅游产业集聚与旅游市场绩效呈正相关关系。

第八，信息技术与旅游产业集聚、市场绩效的关系。21 世纪以来，信息技术越来越成为产业集聚理论研究的关注点，国外现有的研究指出了信息技术对产业集聚具有影响，但是未给出定量的数据证明。本书认为，信息技术可以加快信息流通的速度，缩短因地理距离而产生的信息不对称的问题。当信息技术足够发达时，企业之间可以超越地理距离进行合作、交流、竞争，因此信息技术可以削弱因产业集聚而带来的信息交流和知识溢出的优势。基于此，本书提出下面假设：

H8：信息技术在旅游产业集聚与市场绩效的正相关关系中起负向调节作用。当信息技术发展程度高时，旅游产业集聚与市场绩效的正相关关系减弱，当信息技术发展程度低时，旅游产业集聚与市场绩效的正相关关系增强。

因此，本研究的研究框架如图 7 - 3 所示。

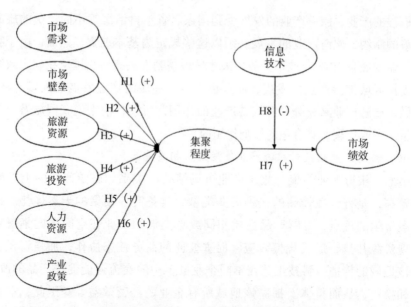

图7-3 旅游产业区域集聚效率研究框架

（2）测度指标的选取

第一，旅游市场需求的衡量。旅游市场追求的目标主要有：旅游接待人数、游客在该地区的平均停留时间以及游客日均花费，三者的乘数构成了当地旅游市场的需求量，但由于我国目前的统计体系里，对于游客平均停留时间和日均花费只汇报了入境过夜游和全国层面的数据，对于地方、国内游客的数据没有详细统计，因此，本书直接采用接待人数衡量旅游市场需求，标记为 M。

第二，旅游市场壁垒的衡量。市场壁垒的衡量在产业经济学和区域经济学的测量较为成熟，大多采用企业净进入率作为衡量指标。计算公式为：企业净进入率 = （期末行业企业总数 - 期初行业企业总数）/期初行业企业总数，本书将选取旅行社、星级酒店、景区三个旅游中最具代表性的行业进行观测，标记为 B。铁路、航空业虽然与旅游具有强关联性，但是我国铁路几乎完全由政府控制，航空业也受政府大范围管制，市场特征较不明显，因此本书对这两个行业不做观测。

第三，旅游资源的衡量。对旅游资源的衡量国内大多都只停留在绝对数方面，忽视了资源间彼此存在的品质、规模等的差异，为了弥补这一差异，本书除了将资源的绝对数纳入测量范围，还将资源的品质纳入测量范围。文本将以大陆各省市自治区旅游景区为观测对象，将 A 级景区分类成 5A、4A 和 3A 及以下三个层次，并根据我国目前这三个级别景区数量的所占比重（1：5：10）不同，分别赋值10分、5分和1分，并加总，标记为 R。

第四，旅游投资的衡量。虽然旅游产业包含吃、住、行、游、购、娱六大要素，但是最基础的两个要素是住宿和餐饮，对住宿业和餐饮业的投资基本反映了旅游投资的情况，交通投资虽然占比大，但是直接服务与旅游的部分有限，而且我国交通行业投资的性质也基本属于政府投资，市场投资较少。另外，现在学术界对旅游要素涵盖范围界定不统一，因而对旅游投资的界定也不清晰，考虑到数据的可比性，本书采用餐饮、住宿投资衡量旅游投资，标记为 I。

第五，旅游人力资源的衡量。人力资源的衡量在宏观经济学的应用较为成熟，采用地区行业从业人数增长率衡量。但是传统的从业人数不能反映高素质旅游人力资源的特征，忽视了知识、教育的影响。为了弥补这一缺陷，本书采用高校旅游专业毕业生人数作为衡量人力资源的指标，标记为 H。

第六，旅游产业政策的衡量。由于政策效力的量化一直是难以解决的问题，因此本书延续前人研究的方法，将政策列为虚拟变量，政策实施之前赋值为0，政策实施之后赋值为1，标记为 P。2009年《国务院关于加快发展旅游业的意见》，正式提出将旅游产业发展为国民经济的战略支柱性产业，但是由于经济形势问题，这个意见最初开始实际落实是2011年的"十二五"规划，因此，本书将2011年及之后的 P 赋值为1，2011年前的 P 赋值为0。

第七，信息技术的衡量。信息技术的衡量在产业集聚的研究大多采用 R&D 衡量，及投入与开发费用衡量，但是本书认为这样的衡量更偏向于对技术投入的衡量，没有考虑实际的技术产出和结果。在产业集聚中，信息技术的作用在于促进信息的快速流动，所以在本研究中以信息的流动速度，即区域平均网速来衡量信息技术发展程度更为合理，标记为 IT。

第八，市场绩效的衡量。市场绩效的衡量在产业经济学中也同样较为成熟，采用行业平均利润率衡量，标记为 Rev。与之前指标选取类似，本书选取旅行社、星级酒店作为观测对象，利用旅行社和星级酒店的平均利润率衡量旅游产业的市场绩效。

7.4.2　SEM 结果分析

在此部分研究旅游产业集聚对旅游产业效率的影响时，鉴于涉及指标众多，数据收集十分困难，故本研究仅以2009—2014年为研究时段，以31个省市自治区为例进行分析。其中，旅游产业集聚程度是前面章节2009—2014年的测度结果，其余指标均按照前文测度指标选取2009—2014年的相应指标。

通过 Mplus7.0 对 H1 至 H7 进行第一次结构方程模型的分析，不考虑干扰影响，结果表明结构方程的拟合结果并不理想，虽然 $\chi^2/df = 3.881$（$\chi^2 = 23.285$，$df = 6$），没有介于参考值 1～3 之间，但是比较拟合指数 CFI = 0.702，塔克 - 刘易斯指数 TLI = 0.354，均远低于理想值 0.9。另外，近似误差均方根 RMSEA = 0.124，大于参考值 0.08；标准残差均方根 SRMR = 0.041，低于参考值 0.1。

分析结果仅支持 H1（$p < 0.001$）和 H7（$p < 0.001$），$\alpha = 0.05$，路径系数方面，H1 为 0.832，H7 为 0.212。H3（$p < 0.001$）和 H4（$p = 0.004$）虽然显著，但是方向与假设相反，详细的结构方程模型测算结果见表 7 - 4。

表 7 - 4　第一次结构方程模型测度结果

假设	关系	路径系数	S. E	Est. /S. E	P - Value
H1	$M \rightarrow LQ$	0.832	0.132	6.298	< 0.001
H2	$B \rightarrow LQ$	- 0.036	0.067	- 0.529	0.592
H3	$R \rightarrow LQ$	- 0.513	0.110	- 4.663	< 0.001
H4	$I \rightarrow LQ$	- 0.312	0.118	- 2.655	0.008
H5	$H \rightarrow LQ$	- 0.060	0.086	- 0.692	0.489
H6	$P \rightarrow LQ$	- 0.006	0.075	- 0.081	0.935
H7	$LQ \rightarrow Rev$	0.212	0.070	3.029	0.002

注：N = 186，$\alpha = 0.05$

基于第一次测量结构方程的结果，先后剔除了 B、H、P 三个因子后，再次对结构方程进行测量，依然不考虑干扰影响，拟合结果有了明显的改善。$X^2/df = 2.13$，介于参考值 1～3 之间。比较拟合指数 $CFI = 0.927$，塔克 - 刘易斯指数 $TLI = 0.830$，表明模型拟合结果相对较好。另外，近似误差均方根 $RMSEA = 0.078$，小于 0.08，达到了理想值；标准残差均方根 $SRMR = 0.027$，小于参考值 0.1。

拟合结果支持假设 H1（$p < 0.001$）和 H7（$p = 0.002$），路径系数方面，H1 为 0.793，相当高，H7 仅为 0.212，但由于是宏观经济数据分析，通常解释力度不需要达到常规构造潜变量的社科研究那样的要求：高于 0.5。H3（$p < 0.001$）和 H4（$p = 0.010$）虽然显著，但是依然和假设方向相反。具体的分析结果见表 7 - 5。

表7-5 剔除部分因子的结构方程模型测量测度结果

假设	关系	路径系数	S. E	Est. /S. E	P - Value
H1	$M \rightarrow LQ$	0.793	0.118	6.696	<0.001
H3	$R \rightarrow LQ$	-0.520	0.109	-4.748	<0.001
H4	$I \rightarrow LQ$	-0.299	0.116	-2.568	0.010
H7	$LQ \rightarrow Rev$	0.212	0.070	3.029	0.002

注：$N = 186$，$\alpha = 0.05$

基于以上分析，在不考虑干扰变量信息技术的影响下，各前置因子与 LQ 指数的关系、LQ 指数与利润率的关系如图7-4。

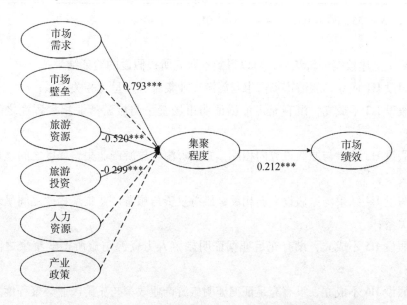

图7-4 不考虑干扰变量信息技术时的结构方程模型测量结果

为进一步验证信息技术在旅游产业集聚和利润率之间的干扰作用，通过 SPSS 22.0 分别对没有加入信息技术的模型（Model 1）和加入信息技术的模型（Model 2）进行回归分析，观察 R^2 的变化。拟合结果并不理想，Model 1 和 Model 2 的修正 R^2 均低于 0.3，假设 H8 不成立，没有充足的证据表明信息技术在旅游产业集聚和利润率之间的干扰作用。表7-6 显示了加入干扰变量信息技术前后回归分析的具体结果。

表7-6 回归模型结果

变项	Model 1	Model 2
LQ	1.936 * * *	2.077 *
	(3.024)	(1.853)
IT	-0.326	-0.245
	(-0.1.741)	(-0.440)
LQ * IT		-0.078
		(-0.154)
常数项	-0.321	0.109
	(0.409)	(0.089)
修正	0.050	0.045
Δ		-0.005

注：$N=155$；$\alpha=0.05$；* * *：$p<0.01$，* *：$p<0.05$，*：$p<0.1$

基于上述数据分析结果，可以得到本研究所提假设的验证结果：

假设 H1 成立，旅游市场需求与旅游产业集聚程度呈正相关关系；

假设 H2 不成立，没有充足证据证明市场壁垒与旅游产业集聚程度之间的关系；

假设 H3 结果与原假设方向相反，旅游资源与旅游产业集聚程度之间呈现负相关关系；

假设 H4 结果与原假设方向相反，旅游投资与旅游产业集聚程度之间呈现负相关关系；

假设 H5 不成立，没有充足证据证明旅游人力资源与旅游产业集聚之间的关系；

假设 H6 不成立，没有充足证据证明旅游产业政策与旅游产业集聚程度之间的关系；

假设 H7 成立，旅游产业集聚程度与旅游市场绩效呈正相关关系；

假设 H8 不成立，没有充足证据证明信息技术在旅游产业集聚与市场绩效的关系中具有调节作用。

根据本书前文数据分析结果，可以得到最终的结构方程模型构图（图7-5）。

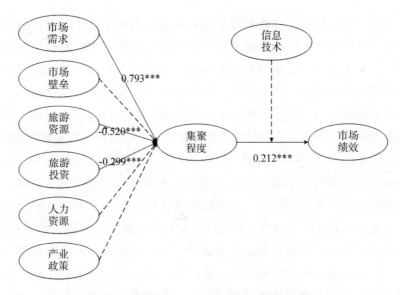

图 7−5　基于 SEM 的旅游产业市场绩效结果

7.5　研究发现

7.5.1　基本发现

首先，本研究对 2004—2014 年 31 个省市自治区旅游产业集聚水平进行了测度，研究结果表明，我国旅游产业集聚水平 2004—2014 年的全国均值基本保持稳定，在 0.93 附近波动，并未呈现明显的增长或者下降趋势，之所以出现这个原因，主要是由于地区之间发展的差异性互相补充导致的。旅游产业发展和国民生产总值的增加均是有波动性的，基于两者计算的 LQ 指数必定出现波动起伏的状况。某一年度某个省市自治区旅游产业集聚水平的提升的同时，另一个省市自治区的旅游产业集聚水平可能出现下降的情况，这主要是由于宏观经济的不可控性导致的。但是旅游产业集聚水平的长期稳定并不能说是一个好的结果，因为旅游产业集聚的积极效应已经被许多学者证实，提高旅游产业集聚水平是国家和各地政府必须关注的事情。根据旅游产业集聚水平随经纬度变化的结果来看，旅游产业集聚水平随经度的变化趋势不大，我国自西向东旅游产业集聚水平相差不多，究其原因，主要是各省市自治区旅游产业占 GDP 增长值的比重相对变化不大，旅游产业在国民经济发展中的地位各省市自治区差异性不大。虽然西部地区旅游产业发展较为缓慢，但是通过开发独具特色的旅游资源和积极实行旅游发展相关政策，极大地提升了旅游产业发展的水平，提高了旅游发展在国民经济增长中的地位。而旅游产业集聚水平随着纬度的变化出现自北向南的逐渐增长趋势，主要是由于我国北方地区第一产业、第二产业等传统产业占据经济发展的很大比重，而南方地区，尤其是东南沿海地区对外开放程度较高，第三产业较为发达，旅游产业发展较为迅速，在国民经济发展中的比重较大，旅游产业集聚程度较高。

其次，本研究对 2004—2014 年 31 个省市自治区旅游产业效率进行了测度，并分析了旅游产业集聚对旅游产业效率的影响。研究发现，2004—2014年我国旅游产业效率水平较低，之所以出现这样的原因主要是由于近年来我国旅游产业发展较快，旅游对于国民经济增长的贡献越来越得到认同和重视，各省市自治区纷纷大力投资旅游产业发展，投资力度加大的同时却忽略了市场需求情况，旅游市场预测和旅游营销宣传工作有待提升，而且对于游客消费的挖掘不到位，人均消费水平较低，产出与投入比例关系较低，存在较为严重的资源投资浪费现象，导致旅游产业效率偏低。但是研究同样表明2004—2014 年期间我国旅游产业效率呈现微弱的递增趋势，虽然递增较为缓慢，但是对于旅游效率的提升奠定了良好的基础。旅游产业效率的提升对于区域经济发展至关重要（旅游产业的高关联效应和带动效应），旅游产业是国家大力支持和发展的产业，近年来效率的缓慢提升也是各地政府逐渐趋于理性的一个表现，政府对于旅游发展的审慎态度更加明确，合理发展旅游产业，提高效率和收益逐渐得到各地政府重视。

最后，本研究运用结构方程模型分析了旅游市场需求、市场壁垒、旅游投资、旅游人力资源（从业人员情况）、旅游资源禀赋、旅游产业政策、信息技术与旅游产业集聚和绩效的关系，主要得到以下结论：旅游市场需求对旅游产业集聚具有显著正向影响，旅游产业集聚对旅游绩效具有显著正向影响；旅游资源禀赋和旅游投资对旅游集聚程度具有显著负向影响；而市场壁垒、旅游人力资源和产业政策对旅游产业集聚影响不显著，信息技术在旅游产业集聚和旅游绩效之间调节作用不显著。

在分析结果中，既存在成立的假设，又存在不成立的假设，还存在与原假设方向相反的假设，因此，本研究有必要对三种不同类型的结果进行详细的分析和解释。

7.5.2　成立的假设

旅游市场需求和旅游产业集聚的关系。当地区旅游市场需求量上升，游客数量庞大,游客的旅游消费量大、消费时间持久,旅游企业的收益将上升,从而吸引更多旅游企业在该区域落户,满足更多的旅游者的需求,从而从根本上提高该区域旅游产业的总体竞争优势,提高发展速度。同时,当旅游市场发展到一定程度时,上升的需求和竞争并存,会增进旅游企业之间相互并购重组,优化整合旅游市场的资源,进一步改善区域旅游产业的发展态势,从而使得旅游产业的集聚程度得以上升。相反,市场需求的萎缩降低了旅游企业的收益,恶性竞争和市场乱象加剧,破坏区域旅游产业的发展秩序,降低区域旅游产业的整体竞争优势,也降低产业集聚程度。

旅游产业集聚程度和市场绩效的关系。当某地区旅游产业较为集中时,企业之间彼此相互牵制,市场秩序趋于良好,旅游企业之间的交流协作和竞争促进了旅游产品的改进和发展,在市场机制的作用下淘汰落后、不具竞争力的企业,使得旅游产业的社会资源得以有效利用,同时地区内旅游产业的集聚使得基础设施的运用效率得以提高,形成正向的经济外部性,更好地进行价值转化,从而改善了区域内旅游企业整体的市场绩效。反之,当旅游产业区域集聚程度低时,已有的企业缺乏竞争和交流,过度依赖垄断利润,产品缺乏更新和改进,基础设施利用率低下,区域整体的产业运作效率低下,旅游企业市场绩效平平。

7.5.3 方向相反的假设

旅游资源和旅游产业集聚的关系。当前国内外的研究结果表明旅游产业集聚和自然资源具有正相关关系。但是本书的分析结果则显示旅游资源与和旅游产业集聚水平具有显著的负相关关系。本书进行调研、分析和讨论,认为这可能是旅游资源的建设和利用差异导致的。虽然部分省市自治区具有丰富的、高质量的旅游资源,但这同时也意味着要尽数开发这些旅游资源需要庞大的投入和长久的时间,然而在现有的经济条件下,这些省市自治区可能无法充分开发并且利用这些旅游资源,这使得这些数量多、质量高的旅游资源暂时不能高效地转化为实际的旅游经济价值,不能为旅游产业的集聚提供有效的支持。因而,数据表象上显示出丰富的旅游资源和旅游产业集聚程度呈负相关关系。另外,这可能是传统旅游产业的盈利模式导致的,大部分旅游资源丰富的地区是作为旅游目的地、接待地存在的,而相当一部分游客由落户于其他地区的旅行社等代理进行旅游产品的交易购买,而购买的这部分收入计入旅行社所在地区而非旅游资源的所在地,因而以总收入计算的旅游产业集聚程度和旅游资源在数据上呈现负相关关系。当然,也可能如其他学者的观点所言,旅游产业的发展已经不再依赖地区的旅游资源。

旅游投资和旅游产业集聚的关系。当前国内外研究结果表明投资与产业集聚之间存在正相关关系。但是本书的分析结果却显示出投资与旅游产业集聚之间的负相关关系。本书为此对长三角和珠三角的若干城市进行四次调研，发现这种异常可能是由地区本身旅游产业的发展水平和投资水平差异导致的，部分城市（上海和深圳等第一梯度城市）由于经济发展较早、经济水平较高以及各项基础设施较为完善，因而在数年（甚至十多年）之前就已经对旅游产业进行了相当规模的投资，因而旅游产业集聚已经达到了一定的水平，受庞大的产业规模基数和递减的边际效益影响，大量的旅游投资在现在很难带来可观的集聚增长，所以表面上看投资规模和集聚程度负相关。也可能是由于投资本身的滞后性导致的，旅游投资大多用于大型旅游项目的建设、旅游固定资产的建设，这种性质使得旅游投资从开始到完成并开始营业需要较长的时间，某一年的投资无法在当年或下一年立即产生效用，而要到数年后甚至更长时间才能产生实际的经济价值，然而数据分析对比的是当年的投资和当年的集聚程度，因而分析结果呈现负相关关系。

7.5.4　不成立的假设

旅游市场壁垒和旅游产业集聚的关系。该假设在本次研究中并不成立，这可能是本书选取的测量指标的问题。旅游企业净进入率指标本身考虑了企业进入率和企业退出率两方面，有可能两方面相互抵消，从而使得对市场壁垒的测量不准确。同时，该指标易受经济周期波动的影响，2009 年至 2014 年期间，中国旅游产业由于全球性经济衰退、中央"八项规定"限制铺张浪费的政策以及旅游消费方式的改变，旅游产业经济波动较大，一些旅游企业（高星级酒店和高档餐饮业）甚至亏损破产，因为许多省市自治区旅游企业净进入率呈现负数，这使得测量的准确度受到了很大影响。

旅游人力资源、旅游政策与旅游产业集聚之间的关系。对这两个因素的分析，本书的定量分析结果也不显著。这也很有可能是滞后性的问题。旅游高校培养的人才往往需要数年甚至十多年后才能真正对旅游产业发挥作用，而政策的实行到落实到产生效益也具有时间差。

信息技术的干扰作用。信息技术的影响在产业集聚的研究中一直没有统一的结论，本次研究并没有得到支持该假设的结果，可能是信息技术在旅游产业集聚中的关系并非一般的线性或调节关系，而具有更为复杂的作用，有待进一步研究。

第8章

政策建议

根据本书前面章节的定性和定量分析，可以发现我国四大城市群旅游产业已经存在一定程度的集聚，并带来了集聚绩效，对区域经济增长具有明显的促进作用（旅游产业为部分区域的主导或支柱产业，是该地区新经济增长点）。但是，四大城市群内部不同城市旅游产业集聚程度亦不同，正处在不同的发展阶段，而且各个阶段的旅游产业集聚效应呈现出较大的差异。因此，根据分析旅游产业区域集聚的动力机制，结合区域旅游产业发展客观需要，首先，基于区域内部角度提出缩小集聚发展差异的政策研究；然后，从区域整体角度出发，分别从政府、企业两个层面进一步探讨提升旅游产业区域集聚绩效的政策建议；最后，提出提升旅游产业区域集聚绩效的策略，从而为相关部门制定有关政策提供理论依据和可行建议，以期更好地发挥旅游产业集聚效应，带动区域经济的可持续发展。由于四大城市群各自情况存在差异及其建议，本书已经在第五章进行详细分析，本章不再赘述。本章基于全国视角，从总体上提出全国旅游产业集聚的政策建议。

8.1 缩小旅游产业区域集聚差异战略

通过前文面板数据模型的分析，四大城市群内各城市旅游产业的集聚效应差异较大。旅游产业区域集聚有利于区域经济的发展，但是当集聚水平（程度）达到一定阶段时，对区域经济的促进作用会减弱（不显著）。因此要进一步提升旅游产业区域集聚发展水平，需要明确各城市旅游产业集聚发展的现状和潜在优势，并采取有利于缩小地区差异的协调发展措施。

8.1.1 重视三大方阵集聚的协调发展
本书根据旅游产业的集聚水平和集聚效应，运用 Ward 聚类分析将长三角地区、珠三角地区、环渤海地区以及丝绸之路经济带（中国）的若干个城市划分为三大方阵。三大方阵中，各城市旅游产业集聚正处在不同的发展阶段，因此各城市要认清自身旅游产业发展的现状和所处阶段，明确现阶段旅游产业区域集聚发展的关键问题，从而提升各城市群（各地区）自己的集聚效应。

第一方阵中，上海、广州、北京、天津和西安等城市的旅游产业发展具有较高的集聚水平，但其集聚效应总体而言不是很明显，旅游产业集聚所带来的优势正在逐步减弱。上述城市旅游产业集聚发展已经处于成熟阶段，其在旅游资源的配置（资源开发程度）、旅游产品（服务）的营销、旅游市场的拓展（海内外）等方面具有明显的优势。因此，可以有效利用自身良好的旅游客源市场、旅游消费结构等条件来实现旅游要素、资源的进一步优化资源配置，引入创新机制和创意理念，减少旅游资源开发对空间（旅游规划用地）的依赖性，将旅游产业的关联效应发挥到最大化。同时，在原有的集聚基础上，不断健全完善城市的旅游服务功能，引导旅游企业建立稳定的竞合关系，从而优化改善整个旅游市场大环境。具体来说，应从过去重开发转移到打造精品化、多元化发展上来，对各类旅游资源进行重新组合，重视完善产品内容、挖掘文化特色，全面打造旅游精品项目，并进行全方位、多渠道的旅游精品营销活动；不断推出丰富的旅游产品（服务），创新旅游发展观念，维护和更新旅游基础设施，进一步提升旅游服务水平，注重培育国际化品牌。最终，完成旅游产业的升级，增强集聚竞争力，实现集聚效应最大化，并产生一定的示范效应，带动其他城市旅游产业的发展。

第二方阵中，南京、杭州、深圳、珠海、中山、大连、青岛、沈阳、乌鲁木齐和银川等城市旅游产业集聚水平较高，集聚效应也较为明显。这些城市的旅游产业正处于区域集聚发展期，对区域经济增长发挥着较为重要的作用（上述城市 GDP 总量有较大的上升空间）。因此，在其旅游产业集聚发展的过程中，在保持自身优势的同时，应更好地发挥旅游投资对区域经济增长的乘数效应，实现旅游产业集聚对区域经济发展的带动作用。具体来说，一方面，各区域（城市）保持自身的竞争优势，对旅游资源进行挖掘和整合，在分析地方文脉的基础上完善旅游产品（服务）结构体系（比如，乌鲁木齐实施淡旺季差异化营销模式），并不断创新旅游产品（服务），不断创造对旅游者的新的吸引力；另一方面，进一步完善旅游交通等基础设施（旅游目的地可达性），强化旅游配套设施的服务能力（紧急救援），提高旅游者满意度，增强旅游产业优势地位，进而扩大旅游产业集聚规模，实现旅游经济发展与区域经济增长的互动发展。

第三方阵包括无锡、扬州、苏州、江门、呼和浩特、太原、济南、石家庄、宝鸡、兰州和吐鲁番等城市，其旅游产业的集聚水平较低，但集聚效应很明显，旅游产业的区域集聚对区域经济增长的促进作用较大。相比四大城市群内其他城市，上述城市的旅游产业发展相对滞后，主要存在两种情况：一是旅游产业较为薄弱，如江门、呼和浩特、宝鸡和吐鲁番等城市正处于集聚发展的初期，但其对区域经济增长有着重要作用，因此在现阶段，应借鉴四大城市群其他城市旅游产业发展的经验，重点对旅游资源禀赋高、交通区位条件好的地区进行资源开发和规划，增强旅游吸引力，在旅游基础服务设施方面也要不断改善，提高供给能力，并且重视旅游人才的培养和旅游营销方式的创新；二是旅游产业相对滞后，由于其他产业相对发达，而根据区位商计算出旅游产业相对滞后，如苏州、无锡、兰州和济南等城市，高新技术、工业产业等比较发达，旅游相对产业不足，因此，上述城市需要不断完善旅游产品体系，根据自身优势打造特色旅游产品，与其他城市进行竞争，以实现旅游产业较快的增长，同时也促进地区经济的增长。

8.1.2 以集聚网络形成"大旅游"

通过四大城市群和31个省市自治区旅游产业集聚分析，可知中国旅游产业在发展过程中，集聚水平和绩效存在区域差异，因此需要具有区域联动的发展理念，落实旅游产业区域集聚网络的建设（区域旅游合作）。因此，在四大城市群内部，便捷的交通网络（高铁、高速公路、航线以及部分城市群的水上交通等比较便捷）、密布的信息网络（WiFi覆盖率逐步提升）、共通的文化（文化相近性）和相融的经济（经济依赖性不断加强），可以将每个城市群中各个城市通过网络形式联结起来形成旅游产业区域集聚网络，为区域旅游产业的发展提供合理的空间结构支撑。

具体来说，应该依托核心城市旅游产业的带动，促进区域内其他城市旅游产业的发展，最终实现长三角地区旅游产业的跨越式发展。首先，各个城市群第一方阵中是旅游产业区域集聚的核心，因此需要充分发挥这些城市旅游产业发展的引导作用及示范作用，通过扩散效应推动四大城市群乃至全国旅游产业的集聚发展。其次，第二方阵中城市也要发挥辐射影响作用，进一步挖掘自身特色和树立品牌形象，深化旅游产品（服务）开发及其附加值提升，增加旅游收入。再次，第三方阵中的城市目前旅游产业区域集聚发展正处于初期，由于旅游产业规模（相对）较小，因此加强对这些城市旅游产业的培育，也可以有效带动区域经济的增长（图8-1）。

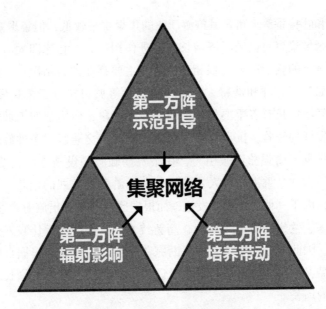

图 8 - 1　旅游产业区域集聚网络

　　可见，旅游产业区域集聚网络的建设是一个动态复杂的过程，需要在区域联动这一观念的引导下，形成"大旅游"格局。旅游产业具有高关联性，与其他产业关系密切。因此，可以进行区域产业融合，实现多元旅游产业态的整合，推动大旅游格局的形成。

8.2　促进旅游产业区域集聚化发展政策

　　如何缩小旅游产业区域集聚发展的差异主要从区域内部角度进行分析评价，后续研究从区域整体角度进一步提出政策建议。经过前面章节时间序列数据的分析，可知旅游产业集聚发展与区域经济增长存在长期的均衡关系，因此旅游产业集聚化发展对区域经济增长意义重大。旅游产业区域集聚发展是多主体共同参与的结果，结合其动力机制，从政府和企业两个层面展开具体论述。

8.2.1　发挥政府政策保障作用以营造集聚环境

　　政府在旅游产业区域集聚发展中扮演着重要角色，各级旅游行政管理（服务）部门（政府、行业协会及其他相关组织）支持的方式及其力度对区域产业的发展往往起决定性作用。因此，发挥政府的政策保障作用，营造良好的集聚环境对促进旅游产业区域集聚发展必不可少。集聚环境有软环境和硬环境之分，软环境主要是旅游产业集聚发展的政策体制环境以及旅游人才的培养等；硬环境包括旅游基础服务设施的供给、信息平台的建设等，是集聚发展的物理环境。政府通过改善软环境和硬环境来提高旅游产业区域集聚能力。

（1）优化政策体制环境

对区域旅游产业而言，良好的政策环境是其集聚成长的关键，政府应制定集聚相关政策，来落实自身的支持保障作用。

首先，旅游主管部门在尊重集聚内在发展规律的前提下，应当根据旅游市场需求来制定有效的集聚发展政策。比如给予集聚区域旅游企业税收优惠，简化各类审批手续等。其次，制订不同层面的集聚发展规划，从而保证各部门进行合理有序的开发和布局。区域内部旅游产业集聚发展存在一定的差异，因此在制订集聚发展规划时要因地制宜。一方面，以核心集聚地为中心构建集聚网络，让旅游流、要素流和信息流能够贯穿整个区域；另一方面，重视薄弱地区旅游产业的集聚发展，通过向集聚水平高的地区借鉴和学习，缩小集聚化发展的差距。最后，加强区域内政府制度整合力度。在大旅游格局战略的指导下，城市群内各城市可以本着优势互补的原则重新进行定位，力争区域内各城市统一、系统地进行旅游产业规划，弱化单个城市规划的特征，突出特色性、差异性和区域性等，最终为集聚化发展提供优越的政策体制环境，实现区域内无障碍旅游。

（2）建立旅游人才培养机制

政府和旅游协会等组织应该从旅游教育入手，建立符合旅游市场发展要求的人才培养机制。首先，各级旅游院校应完善人才培养计划，充分利用科技、教育和智力资源，在旅游规划开发、旅游经营管理、旅游信息技术等领域培养出一批优秀的旅游人才。同时，为了落实理论与实践相结合的教育理念，可以选派优秀人才在多个旅游企业进行轮岗学习、实践等。其次，建立旅游教育培训平台。该平台主要针对旅游从业人员进行培训，包括导游、酒店员工等，完善其技能，提升旅游行业的整体服务水平。最后，落实旅游人才引进政策。通过建立人才信息库、人才服务机构等，聘请旅游方面的专家学者进行有关集聚主题的指导，以培养更多的旅游人才。

（3）完善旅游基础设施建设

旅游基础设施建设相对落后导致部分地区集聚水平无法提高。有些城市旅游接待能力相对较弱，无法满足旅游者日益提高的个性化、多样化需求，这在很大程度上制约了区域旅游产业的发展。因此政府需要不断完善旅游基础设施，实现服务设施的多样化，满足旅游者需求。具体来说，需要对城市旅游基础设施进行有效整合，合理布局各城市旅游空间，不断优化旅游环境，并且重点建设能够连接重要集聚节点和轴线的交通设施和配套服务。同时遵循梯度推进原理，在完善旅游产业集聚高水平发展地区配套设施的同时，政策上向集聚水平薄弱地区转移，加强其基础设施建设，从整体上提升区域旅游产业的综合实力。

（4）构建旅游信息化平台

近年来智慧旅游日益兴起，其借助物联网、云计算等新技术，通过互联网、手机 APP 客户端等，为旅游者带来高效便捷的旅游信息化服务和全新的体验。在智慧旅游的大背景下，打造旅游信息共享平台，主动营造和推广相关区域旅游产品和服务对于区域旅游产业的集聚化发展尤为重要。可以构建以下几个旅游信息化平台：一是旅游信息数据库，随着大数据时代的到来，区域旅游产业在发展过程中应充分利用大数据来建立旅游信息数据库，并对这些数据进行分析、评价，真正落实智慧旅游；二是服务信息系统，该系统主要将区域内旅游市场的信息实现联网和归类，集中共享，加快旅游信息一体化，同时也具有区域旅游产品咨询、预订等功能；三是网络营销平台，利用微信、微博等网络媒介，对区域旅游进行专门的介绍和营销，并通过发红包、赠门票等奖励活动增加转发量，提高区域旅游的知名度。

8.2.2 以产业集聚形成竞争力

旅游企业是旅游产业区域集聚的重要力量，集聚过程中的专业化分工合作、创新等都需要旅游企业来完成，因此旅游企业的生产经营对集聚化发展意义重大。旅游企业需要充分利用产业集聚带来的外部经济性和产业价值链效应，形成集聚竞争能力，更好地发挥集聚优势作用（图8－2）。

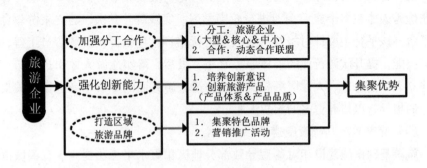

图 8－2　旅游企业集聚优势作用

（1）加强分工合作

目前，旅游市场进入门槛低、旅游产品同质性强等原因导致旅游产业内部恶性竞争现象严重，这就要求旅游企业找准定位，根据自身能力进行专业化分工合作，强化集聚要素优势，以保持旅游产业集聚的良性循环。

分工方面，对大型旅游企业而言，由于拥有强大的聚合能力，是旅游产业区域集聚的重要组成部门。因此，这些资本实力雄厚的大型旅游企业可以逐渐发展为综合性的旅游企业集团，进行多元化经营，以此作为区域旅游市场竞争的主力军，充分发挥集聚资本效应。对于核心旅游企业，其是产业集聚的协调者、组织者，在集聚中扮演着重要角色，因此核心旅游企业要引导各类资源、要素向其集聚，不断拓宽产业价值链，协调好自身与其他旅游企业的分工合作，同时进一步提升集聚区域的吸引力，鼓励区域外的其他企业加入集聚内部的供应网，从而向四面八方形成集聚网络。对于中小旅游企业，其是集聚网络的各级节点，在分工合作中处于重要地位。一方面，完善中小企业的角色转换，即实现中小企业从简单的集中向集聚成员的转变。比如加强核心企业与中小企业之间的联系，使酒店、餐饮、娱乐休闲等行业之间形成紧密的集聚网络。另一方面，改善中小企业的同质化竞争，通过对中小企业进行员工培训、营销法则讲解等方式增强中小企业的竞争能力，找准自身特色，从而形成优势互补，发挥协同效应。

合作方面，旅游企业应积极建立动态合作联盟。目前，旅游客源市场需求的不确定性正在加大，这对旅游企业的市场应变能力提出了较高的要求。一般来说，每个旅游企业都有自身的优势和潜力，但对整个旅游大市场上来说不会很明显，因此旅游企业之间可以进行优势的集成，丰富产业价值链，演变成整体优势后展开区域间竞争。为此，集聚内部旅游企业需要打破传统的竞争观念，重新树立符合时代发展的竞合理念，利用现代网络技术，突破企业间的界限，组成动态合作联盟，从而提高个体和整体旅游企业的核心竞争力，同时也在很大程度上推动了旅游产业区域集聚的发展。比如，旅行社、酒店等旅游企业可以组建以联合经营为特点的合作模式，在采购、培训、促销等方面进行合作。

（2）强化创新能力

创新是旅游产业区域集聚发展的重要动力，随着旅游客源市场需求的日益多样化，旅游企业需要不断培养、强化创新能力，以提升自身竞争力。

创新是知识创造和运用的过程，在旅游资源规划和开发、旅游产品营销、旅游服务等环节都会涉及创新。因此旅游企业要在经营管理过程中形成良好的创新氛围，培养员工创新意识，建立创新机制。具体来说，旅游企业应该重视旅游产品的开发创新，纵向上不断拓宽产业价值链，横向上则是加强旅游产品之间的互补性。旅游产品的创新包括两方面。一是拓展旅游产品体系。旅游产品一般可以分为核心旅游产品和相关旅游产品两类，对于前者，其是延伸开发的重点，可以从纵向入手，深层次地去开发挖掘其潜在的价值，实现效用最大化；对于后者，作为核心旅游产品的附带产品，可以从横向入手，增加该类产品的丰富度，以满足多样化的客源市场需求。二是提升旅游产品品质。当前，传统观光型旅游产品对旅游者的吸引力逐渐减弱，旅游企业应从旅游者体验角度出发，不断创新，努力开发专项旅游产品，比如，休闲度假系列、养生保健系列等。此外，旅游产业与农业、林业、体育、文化等产业关系密切，旅游企业要重视产业之间的融合发展，实现旅游产业要素的优化。

（3）打造区域旅游品牌

区域旅游品牌是旅游者对区域旅游系统的整体认知，包括旅游产品、旅游企业等多方面；与单个旅游品牌相比，区域旅游品牌具有更为广泛和持续的品牌效应。

随着旅游市场的不断开放、旅游者消费的日益理性，旅游产业竞争已经逐渐从价格竞争过渡到品牌竞争，因此打造区域旅游品牌是实现旅游产业集聚价值的重要方式。旅游企业可以在整合自身旅游产业资源、完备旅游产业链、明确自身旅游整体形象的基础上，打造不同的旅游产业集聚特色品牌体系；也可以从区域角度出发，在旅游项目打造和旅游产品销售过程中注重旅游品牌，实现品牌的带动、扩散效应。

此外，旅游企业还应该围绕集聚特色品牌进行营销推广活动。区域内各城市的旅游资源是相对零散的，因此旅游企业可以通过合作等方式进行资源的多样性整合，形成一个统一的旅游品牌，并充分利用网络等宣传媒介进行营销，还可以举办各类大型旅游活动，使区域旅游品牌形象深入旅游者的心中，以便吸引更多的投资商和旅游者。最终，通过打造集聚特色旅游品牌，实现旅游产业区域集聚的核心价值。

8.3　旅游产业区域集聚绩效提升策略

由前面章节实证研究结果可知，旅游产业集聚绩效的提升应主要从其运行过程入手，即为提高规模经济效应和经济促进能力这一结果，有效策略方向集中在运行过程中增加资源的投入和提高运行的效率上。资源的输入主要包括旅游资源禀赋、基础服务设施供给等方面，运行的环节主要囊括了专业化分工、合作竞争及创新等行为。而这些都涉及旅游资源、投资、人才、基础设施、创新、产品和服务、企业经营管理、协同合作等方面，因此旅游产业集聚绩效提升策略也应从上述方面入手，各省市自治区针对各自旅游产业发展中的不足，有所侧重，稳所长补所短，一步一步在地域特色、自我积累和区域合作中增强旅游吸引力和管理效率，推动旅游产业健康、稳定、持续地发展。

8.3.1 理性整合旅游资源

根据前面章节实证分析可知，旅游产业区域集聚绩效指标体系的七大准则层中"旅游资源禀赋"赋予权重最大，体现了旅游资源在旅游产业区域集聚发展过程中的优势地位。旅游资源开发与规划是旅游发展过程中的关键环节。追求旅游资源多且大并无错误，然而这不应当建立在降低质量及破坏环境的基础上。在追求经济效益的同时，也应同等关注社会效益和生态效益，因而需正确处理好旅游资源与环境、社会的关系，合理地进行开发和保护。

同时，不可忽视的是，部分省市自治区的旅游资源禀赋基础确实比较薄弱，因而需结合地域发展基础和特色文化不断创新和丰富旅游产品。如上海等旅游资源禀赋薄弱地区，可培育和开发都市新型旅游发展模式，创新旅游发展观念，树立工业旅游、文化旅游、会展旅游、休闲旅游、度假旅游、农业旅游、水上旅游等新兴品牌；如福建等地域特色明显（闽南风情、侨乡）及区位优势突出（海岸、港口）地区，可培育和凸显地域独特文化特色，深化闽台旅游合作，加强海峡两岸互联互通，重点打造滨海旅游、邮轮旅游、温泉旅游、康体养生、体育旅游、休闲度假、自驾旅游、乡村旅游、红色旅游、民俗体验旅游、购物旅游等旅游形态，通过集中优势资源，培育产业集聚区。因此，区域内各省市自治区应在凸显区域特色基础上，整合旅游资源和公共资源，推动旅游开发空间上的规模化和集约化。根据资源特色和市场需求，针对不同的细分市场，选择具有比较优势的主题和项目进行重点深度开发，延长旅游产业链，打造地域特色品牌。

众所周知，随着市场进一步开放和旅游者消费日益理性成熟，旅游产业竞争已逐步从价格竞争过渡到品牌竞争。旅游品牌是旅游产业集聚价值的重要体现。因此可以在整合旅游资源、完备旅游产业链、明确自身旅游整体形象的基础上，从企业、地区、区域三个层次打造不同的旅游产业集聚特色品牌体系，以整个区域作为旅游吸引物推动市场升级，强调旅游品牌质量在旅游项目、产品销售服务过程中的体现，使旅游品牌成为一种资产并发挥经济效应。

此外，还需要围绕集聚特色品牌项目进行旅游营销的推广，除了传统的报纸、杂志、广播、电视等宣传渠道以外，可以考虑扩大地域性力度，实现旅游资源的多样性整合，以满足旅游消费者对旅游市场的个性化需求，同时利用互联网强大的信息发布功能，全方位、多时段、多视角地发布旅游信息，预告旅游活动，使品牌形象深入旅游消费者的心中，以提升区域整体旅游形象，吸引更多的投资商和旅游消费者。最终通过打造集聚特色品牌，提高旅游产业集聚的核心价值。

8.3.2 营造良好投资环境

政府在旅游产业区域集聚发展多方面中扮演着重要角色。投资在专业化程度、创新程度、基础服务设施等方面在旅游产业集聚资源输入和过程中发挥着重要作用。旅游产业集聚是投资尤其是外商房地产投资的关键因素（Hassan & Tajul，2011），而良好的政策环境是旅游产业区域集聚成长的关键。政府应在各个层次上发挥宏观引导作用，制定和完善有利于旅游产业集聚的各项政策，在土地供给、税收优惠、简化审批、准入条件等方面为旅游产业集聚创造条件。

旅游产业投资是推动项目和计划有效运行的关键。因此政府应鼓励招商引资，营造良好投资环境，加大投资力度，实施旅游项目推进；优化旅游投资结构，支持企业通过政府和社会投资合作模式开发、建设和运营旅游项目，如大型休闲度假区的精品酒店、港口城市邮轮旅游发展实验区项目投资和建设；鼓励基础设施和公共服务体系的多方投资，提高投资数量和质量。在政府政策和良好投资环境的基础上，引导企业的集聚化经营，依托旅游企业在特定地块形成的集中分布，在条件允许的情况下进行旅游产业集聚区建设，并依据旅游产业链引导集聚区内企业建立网络联系，以提高旅游产业的空间集聚度，推进集聚绩效的进一步提升。

8.3.3 促进人才结构优化

旅游产业作为劳动力密集型产业，因此，旅游从业人员的数量和素质（旅游行业人力资源的素质）是提升旅游产业区域集聚绩效的重要问题。七大准则层中的专业化程度、竞合程度、创新程度等都显示了旅游人才的重要性。旅游产业区域集聚的演进过程既是一个旅游产业生产要素集聚的过程，更重要的是高素质旅游人才区域集聚的过程。政府和旅游行业协会，应站在旅游教育和旅游人才培养的角度，充分利用境内外理念、教育、科技、经验和智力资源，分层次引进和培养旅游研究、旅游规划和开发、旅游经营管理（酒店管理）、旅游市场营销、旅游创业及咨询等领域的高端旅游人才。同时，旅游主管部门还需要落实和完善人才引进政策，鼓励旅游管理委员会和旅游企业聘请优秀旅游人才（专家），并积极建设健全区域旅游人才信息库（旅游智库）和旅游人才服务机构（外事服务）。

其次，推进旅游教育与旅游产业用人相结合的机制和体制，优化旅游人才供求结构，平衡供求关系。旅游院校、旅游研究机构以及旅游咨询培训机构等部门要根据市场完善人才培养计划，培养一批从事旅游规划、旅游企业经营管理（酒店管理）以及旅游服务等方面的人才，选派优秀人才在国内外著名旅游企业轮换学习、实践等，形成从理论到实践相结合的教育体系。此外，政府应鼓励企业与高校、研究机构加强联系，推进校企结合和产学研一体化，创新人才吸引、选用和培养机制，健全用人机制，使区域旅游人才流通实现良性循环。

最后，在建立健全旅游人才保障机制、体制的基础上，营造旅游行业产品（服务）创新、尊重知识产权保护、尊重旅游人才创业、尊重旅游服务的氛围，鼓励旅游创新，激发旅游从业人员尤其是一线员工的活力、积极性和创新意识，实现自我增值。尤其是第三、第四方阵省市自治区更加具备提升潜力和空间，通过提高经费保障和旅游人才引进优惠政策，多方引进和多渠道培养人才，完善培训体系，加强在职教育，提高服务技能，实现旅游人才在数量和质量上的提高，从而为提升旅游产业区域集聚绩效提供人才保障。

8.3.4　加强基础设施建设

本书第六章论证的旅游产业集聚绩效评价的七大准则中，除旅游资源禀赋外，基础服务设施赋予权重最大，这体现了加强基础服务设施建设对于旅游产业区域集聚的重要性。旅游行政主管部门对于旅游经济发展的作用之一已不在于通过贸易保护和财政补贴来扶持，而是通过加强基础服务设施建设来优化地方各产业的整合（Jackson，2006）。目前部分省市自治区存在旅游基础服务设施建设相对落后于旅游产业发展的整体速度，这在很大程度上制约了旅游产业的更好发展，特别是随着信息化时代的到来，区域之间及内部的旅游流动越来越频繁，游客的个性化需求也日益提高。因此，旅游基础服务设施以游客需求为导向，以游客满意为标准，实现旅游服务设施现代化、旅游服务手段信息化、服务内容人性化，不断完善服务功能、提高服务水平，提升旅游服务质量。具体来说，需要对大区域内（比如，四大城市群内部）的旅游基础服务设施进行有效整合，合理布局旅游开发空间（旅游产业集聚区域），打破旅游产业发展制约的瓶颈，从整体上提升区域旅游产业的综合竞争力。第四、第五方阵省市自治区的旅游发展更应注重基础服务设施和公共体系的完善，尤其在酒店住宿、道路交通体系、景区内部设施、旅游集散周转中心、城市环境绿化等方面加大投资、建设和整治力度。

同时，信息化、网络化时代的到来也昭示着完善旅游公共信息服务体系迫在眉睫。各省市自治区应根据体系完善情况，有针对性地进行补缺补漏。在建立大数据分析平台的基础上，加快推进景区和景点智慧旅游建设，提升景区和酒店信息化水平；完善旅游信息咨询服务和旅游预订系统，大力推动旅游电子商务的发展，形成全面覆盖、多方整合的旅游公共信息服务体系，提升旅游服务水平和效率。

8.3.5 创新产品服务管理

产品和服务是旅游企业立足的根本，而持续的创新和有效的管理是稳定和提升企业竞争优势的保障。七大准则层中的专业化程度和创新程度都体现了这一点。不同规模和基础的旅游企业，其能力、文化和特色也自然不同，然而创新产品、服务及管理的任务却永恒不变。旅游产业区域集聚的重要特征之一就是地理的邻近性，并由此产生旅游产业的高度密集（规模经济、信息与市场共享），旅游产业区域集聚客观上需要集聚内部每个企业都找准自己的定位点，挖掘和发挥独有的特色，并力争"做专、做精、做大、做强"，从而避免在旅游产业集聚化发展过程中出现的低水平重复建设（产业雷同、内部恶意竞争）。因此，区域旅游企业需要强化集聚内生产要素优势，加强旅游产品（服务）结构升级，推动集聚区域差异化发展，以保持旅游产业集聚的良性循环。

因此，集聚区域内旅游企业需要重视旅游产品（服务）的开发创新，力争纵向上延伸产业链条，横向上加强互补性。旅游企业也需关注经营管理的创新，以信息化和科技手段为载体，有创造性地摸索更适合于自身发展阶段的管理方法、管理手段和管理模式等。根据旅游企业的规模和发展特点，应对其侧重发展方向进行有效区分，扬其所长，避其所短，从而为提升企业竞争力、推动旅游产业集聚进程贡献自己的力量。核心旅游企业（一定规模）是产业集聚的领导者（领袖企业），在区域集聚演进过程中占据重要地位。核心旅游企业对社会资源（生产要素）的区域集聚起到引领性作用，不断扩大生产链和价值链，衍生出更多配套企业，积极支持吸纳其他企业进入集聚内部的供应网，提高核心企业的协调效率和配套企业的专业性。

旅游产业区域集聚水平相对落后的省份（城市）应不断优化集聚网络节点，加大对优秀企业的支持力度，并对效益较差的企业进行有效引导，推动中小旅游企业向核心旅游企业和大型旅游企业集团升级，又反过来发挥龙头企业的带动和辐射作用，提升其在旅游产业集聚过程中的作用和影响力。第一、第二、第三方阵省份（城市）应尤其注意避免企业同质和雷同，鼓励差异化竞争，建立旅游企业间的有效分工与协作，提高效率，从而推动旅游企业集聚网络的形成和巩固。

8.3.6 建立动态合作联盟

竞争与合作是企业和区域发展永恒不变的话题，也是旅游产业区域集聚过程的关键因素，七大准则层中竞合程度赋予权重仅位于旅游资源禀赋和基础服务设施之后也体现了这一点。这就要求区域之间及内部企业树立正确的竞争和合作观念，在竞争中求合作，在合作中求竞争，实现资源和要素的优势互补和整合（Dai，2016）。从宏观和微观不同角度来说，合作意味着不同区域间的合作和不同企业间的合作。

从旅游企业方面来说，面对旅游市场需求不确定性和旅游产业脆弱性的挑战，旅游企业就必须具有较强的产业调整柔性和市场应变能力。某一特定旅游企业往往仅具备一项或几项优势，在集聚区内若干个旅游企业则可以将各自不同的优势"集成"，形成互补联盟，则可以将各合作企业的价值链"集成"重构，便能在集聚区域内形成一条更加优化的价值链。首先，增加旅游企业间的交流。众所周知，旅行社是旅游活动的重要组成部分，虽然自助游和自由行的比重增加，但在旅游产品（服务）批量营销方面依然不可替代。旅行社可以通过合作开发出更好的旅游线路（旅游产品和服务），共同建设自身旅游形象品牌。其次，改善旅游企业间的竞争和合作关系。目前，就整个旅游行业的竞争状态来看，本地企业间呈现非良性竞争状态，旅行社、酒店之间往往存在恶性竞争（如淡季旅行社压低房价，而旺季酒店随意提高价格）。因此，在集聚化发展过程中，旅游企业之间需要进行资源整合，建立一个大型企业集团化、中小型企业网络合作化的产业集聚结构。最后，建立合作联盟。旅行社、星级酒店以及著名旅游景区（点）等旅游企业可以组建以联合经营为特点的联合体系，以正式合作及非正式合作的形式形成公平合理的价格同盟，按市场细分提供多层次的旅游产品（服务），满足不同消费群体的需求，以差异化经营实现集聚利益。

从区域旅游合作的角度分析，应在区域旅游合作制度整合和完善的条件下，以区域内旅游资源同源性、整体性与互补性为基础，以市场需求、环境需要和社会发展为导向，从旅游区域集聚一体化目标和提高整体效益出发，各城市（省）在建设大旅游区战略指导下重新定位，相互协调、统一策划、积极接轨，并逐步向区域内各省市自治区联合、统一规划方向发展。尤其要以区域性、差异性和特色性旅游目的地为规划目标，使资源配置更加有效，实现无障碍旅游，在最大程度范围内发挥其规模经济和范围经济效应。

　　不同方阵城市（省份）在区域协作过程中皆发挥着不同的作用，第一、第二方阵省市自治区应积极发挥核心带动和示范作用，带动周边区域的协同发展；第三方阵的 12 个省市自治区应在核心发展区的带动下，注重克服不足，凸显特色品牌，对周边外围区域发挥辐射作用；其他区域（省份、城市）应多学习核心区和辐射区旅游产业发展经验，以自身的独特优势在区域协作中提升差异化价值，同时大力发展经济和完善基础服务设施，不断推进区域协作网络，使其旅游产业集聚网络更加深入和稳固发展。

第9章

结　论

本书关注旅游产业区域集聚问题研究，对国内外相关研究成果进行梳理后，首先探讨旅游产业区域集聚的动力机制，再以四大城市群为例，运用区位商等四个指标对其旅游产业集聚水平进行测算，发现集聚现象明显，最后运用时间序列和面板数据模型进一步分析其集聚效应（图 9 - 1）。

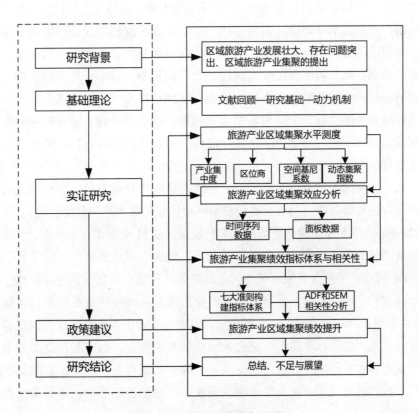

图 9 - 1　本书研究内容框架图

9.1　研究总结

第一，通过文献梳理和长三角地区、珠三角地区、环渤海地区以及丝绸之路经济带（中国）的旅游产业集聚的实证研究，可以看出旅游产业区域集聚是一个复杂的动态过程。抽象掉其他形式上的差异，直观而言，以旅游总收入区位商为基准进行比较分析，可以发现：从1998年到2015年，长三角地区的区位商从2.72经历了2010年的3.57之后降为2.25，且历年区位商均保持在2.5以上，集聚程度已经达到相当高的水平，在全国优势明显；珠三角地区的区位商从3.05下降为1.70，总体呈现下降趋势，但仍保持较高的集聚水平；环渤海地区的区位商从3.22下降为2.62，在各阶段波动中呈现出总体下降趋势；丝绸之路经济带（中国）的区位商从0.73上升至的0.96，总体为上升趋势。四大区域的旅游产业聚集水平差异及演变规律，是本书首次发现的。长三角地区旅游产业，集聚的动力机制内容丰富，不仅包括内在和外在动力因素及其关系，还包括竞合机制、创新机制和保障机制这三大作用机制。其中，外部经济性、产业价值链和旅游资源禀赋是内在动力因素；客源市场需求、交通区位条件、政府政策保障和外部市场竞争则是外在动力因素。在竞合机制、创新机制和保障机制的动力原理下，内部动力因素和外部动力因素共同发挥作用，推动旅游产业区域集聚的发展。

第二，对四大城市群而言，无论是静态指标还是动态指标分析都表明其旅游产业存在集聚效应（具有较高的旅游产业区域集聚水平和集聚绩效）。经过测算其1998—2015年旅游产业集聚水平后发现，就31个省市自治区而言，旅游产业具有明显的专业化优势，集聚水平较高；就四大城市群而言，由于长三角地区16个城市旅游产业集聚水平不同，其集聚效应也存在很大的差异；珠三角地区除深圳和中山外，其余城市的旅游产业集聚对区域经济发展均起到正向作用（推动作用）；环渤海地区11个城市旅游产业集聚水平与集聚效应之间没有明显的正向关系，集聚水平高不一定会带来强的集聚效应；西安和乌鲁木齐市的旅游产业集聚水平较高，分别位列区域第一和第二的位置，但其各自的集聚效应值却较低，说明这2个城市的旅游发展在该区域已经相当高，集聚程度的上升空间有限。

此外，总体而言，四大城市群的各城市旅游产业集聚水平和发展趋势存在一定差距，上海、北京、天津等城市集聚水平比较突出，但集聚效应不明显；

南京、杭州、深圳、大连、青岛、沈阳、乌鲁木齐和银川等城市旅游产业集聚水平与北京、上海和天津相比较低，但与其他城市相对较高，集聚效应也相对较为明显。无锡、扬州、苏州、江门、呼和浩特、太原、济南、石家庄、宝鸡、兰州和吐鲁番等城市，其旅游产业的集聚水平较低，但集聚效应很明显。在分析四大城市群和31个省市自治区（1998—2015年的时间序列数据和面板数据）旅游产业集聚效应的基础上，分析四大城市群各城市旅游产业的集聚效应。从分析结果来看，各城市的集聚效应存在一定的差距：总体来说，旅游产业集聚水平较高的城市对区域经济增长的促进作用不显著，集聚水平中等的城市较为显著，而集聚水平稍落后地区旅游产业的集聚则会对区域经济起到很明显的带动作用。此外，根据生命周期理论，可以大致地认为，四大城市群第一方阵城市的旅游产业集聚已经进入成熟期，第二方阵城市的旅游产业集聚已经进入发展期，第三方阵城市的旅游产业集聚刚刚进入形成期。

第三，区域经济条件作为外部环境之一，是旅游产业集聚形成的重要因素，而集聚化发展则能够使旅游产业成为区域优势产业，进一步提升区域经济实力。利用四大城市群时间序列数据对其旅游产业集聚效应进行总体研究，结果表明四大城市群旅游产业集聚与其经济增长之间具有长期协整关系，而且长期内旅游产业集聚对区域经济增长的贡献更大，可见旅游产业集聚在区域经济的发展中扮演重要角色。旅游产业集聚方面，基于2004—2018年31个省市自治区的数据的研究结果表明旅游产业集聚对于旅游产业效率具有显著的正向影响；同时，根据结构方程模型测度结果，旅游产业集聚对于旅游市场绩效同样具有显著的促进作用。因此，本研究针对提升旅游产业集聚水平提出相应的建议。根据旅游产业集聚程度的衡量方法，提升旅游产业集聚程度必须不断提升旅游在国民经济中的地位，这就需要政府制定和落实一系列的政策和法律法规，不断支持和完善旅游产业的发展，提升旅游产业发展的关联作用，充分发展旅游产业及其关联产业，提高旅游产业在国民经济发展中的创收作用，进而提升旅游产业集聚水平。同时，基于前面的研究结果，旅游基础服务设施是制约我国旅游产业集聚的重要因素，因此提升区域旅游基础服务设施至关重要。通过完善旅游交通网络将不同的分散旅游景区和目的地紧密地结合和联系在一起，大力发展旅游交通；通过区域整合与整体规划，促进旅游饭店、旅行社等的合理布局与紧密联系，提升旅游产业区域集聚水平，并获得旅游产业区域集聚绩效。

第四，本书的实证研究结果表明我国旅游产业效率整体水平较低，2004—2014年31个省市自治区旅游产业效率的均值仅为0.44，还未达到0.5的水平，旅游投入的产出（旅游产业效率）水平较低，旅游资源在开发中浪费较为严重。

要有效解决这一问题，必须充分发挥市场机制的自行调节作用。旅游市场机制，包括数量关系、结构关系和时空关系等具体关系的自发调节和完善。通过市场机制反映市场中供求双方的发展及变化事态，促进投资和产出的相互平衡，通过旅游市场要素相互联动的动态相关性，促使旅游资源在动态发展中的优化配置，避免采取盲目投资的随波逐流的态度，一定要根据实际需求，发挥市场作用，提高旅游投入和产出在时间和空间分布上的合理程度，提升旅游资源的合理利用率，提升旅游产业效率水平的不断提高。

第五，针对本书研究结果表明，旅游市场需求对于旅游市场绩效的显著正向影响，结构方程模型（SEM）系数为 0.793，在 0.01 上显著，所以需要不断提升旅游市场需求来提高旅游产业区域集聚绩效。旅游市场需求的提升，取决于旅游目的地对客源市场的有效开发。针对客源市场的开发，本书研究认为需要不断促进旅游目的地的旅游产品（服务）创新，针对不同特点的消费者，开创个性化、针对性的旅游特色产品（服务），不断推陈出新；通过寻找原有旅游产品的不足和缺陷，完善和细化旅游线路，加入新内容，促进旅游产品不断优化升级。同时，在旅游创新的基础之上，强化旅游宣传和市场营销，不仅针对国内市场，更要关注国外市场，促进旅游新产品（服务）不断被游客感知，不断满足旅游市场需求，并创造新的需求，从而提高旅游产业区域集聚绩效。为了缩小区域内部旅游产业集聚发展的差异，在此基础上，结合集聚动力机制，从政府和旅游企业两个主体进一步提出促进整个旅游产业区域集聚化发展的策略。

9.2　不足与展望

旅游产业区域集聚是一个复杂而庞大的领域，本书首先阐述了相关概念、理论基础和研究模型，并以长三角地区、珠三角地区、环渤海地区和丝绸之路经济带（中国）为例进行实证分析，提出相应的政策建议。但由于笔者研究水平、资料和条件的限制等原因，还存在一定的不足。

第一，在分析旅游产业集聚动力机制时，主要考虑了影响集聚发展的主要因素，还有一些其他因素未做考虑。在未来研究中可以进行更为全面的分析探讨，进一步完善集聚的动力机制。

第二，在测度旅游产业集聚水平时，考虑到数据的可获得性，只选用产业集中度、区位商、空间基尼系数和动态集聚四个指标进行了测度，未使用 HHI

指数、EG 指数等，而且计算旅游产业集中度时，由于旅游企业数据的缺失（统计数据不完整），而是用城市的相关数据来代替（四大城市群）。在本书的后续研究中，可以尝试建立一套更为科学的测度体系，从而更准确地衡量旅游产业区域集聚水平。

第三，在研究旅游产业区域集聚绩效时，同样因为数据获得的限制，本书运用时间序列数据和面板数据对长三角地区、珠三角地区、环渤海地区和丝绸之路经济带（中国）进行分析时，时间跨度相对较短，只有 1998—2015 期间 18 年的时间跨度（一小部分区域研究仅获得 11 年的数据），没有对比分析多个历史时期下其旅游产业的集聚绩效。此外，旅游产业集聚绩效具有很多的评价指标，经济效应中包含了创汇效应、创新效应、就业效应、收入效应以及消费效应等，并且还会带来品牌效应、可持续发展效应等，本书只分析了集聚的经济效应（通过集聚水平、集聚效率和集聚绩效等进行量化分析），因此，本书还会在后续研究中，进一步探讨区域旅游产业其他相关方面的集聚绩效。

参考文献

一、中文文献

毕然，王英. 中国服务业增长影响因素——基于省级面板数据的实证分析 [J]. 经济问题探索，2014 (4)：52 - 57.

邴振华，高峻. 长三角区域旅游产业集聚水平研究 [J]. 旅游科学，2010，24 (1)：86 - 94.

蔡宁，杨闩柱. 企业集群竞争优势的演进：从"聚集经济"到"创新网络" [J]. 科研管理，2004 25 (4)：104 - 109.

Krugman P R. 发展、地理学与经济理论 [M]. 蔡荣，译. 北京：北京大学出版社，2000.

曹芳东，黄震方，吴江，等. 城市旅游发展效率的时空格局演化特征及其驱动机制——以泛长江三角洲地区为例 [J]. 地理研究，2012，31 (8)：1431 - 1444.

曹玉书，楼东玮. 资源错配、结构变迁与中国经济转型 [J]. 中国工业经济，2012 (10)：5 - 18.

陈海艳. 基于产业集聚视角的福建省产业转移问题研究 [D]. 青岛：中国海洋大学，2013.

陈梅，肖磊. 我国旅游产业集聚特征与形成机理研究 [J]. 商业经济研究，2010 (29)：120 - 121.

陈绍友. 重庆旅游产业集聚发展研究. 经济地理 [J]. 2006，26 (5)：861 - 866.

陈苏. 区域旅游产业集群形成机理及发展对策研究 [D]. 武汉：武汉理工大学，2011.

陈秀琼. 旅游产业集群形成与竞争力评价研究 [D]. 厦门：厦门大学，2007.

戴伯勋. 现代产业经济学 [M]. 北京：经济管理出版社，2001.

邓爱民. 我国旅游投资研究综述与展望 [J]. 经济学动态，2009 (8)：85-88.

邓冰，俞曦，吴必虎. 旅游产业的集聚及其影响因素初探 [J]. 桂林旅游高等专科学校学报，2004，15 (6)：53-57.

邓宏兵，刘芬，庄军. 中国旅游业空间集聚与集群化发展研究 [J]. 长江流域资源与环境，2007，16 (3)：289-292.

邓洪波，陆林. 基于 DEA 模型的安徽省城市旅游效率研究 [J]. 自然资源学报，2014，29 (2)：313-323.

丁莹. 国内旅游产业集聚研究综述 [J]. 长春师范大学学报，2013，32 (4)：78-82.

范云芳. 要素集聚、国际分工与中国的比较优势研究 [D]. 西安：西北大学，2009.

方叶林，黄震方，李东和，等. 中国省域旅游业发展效率测度及其时空演化 [J]. 经济地理，2015，35 (8)：189-195.

冯卫红. 旅游产业集群形成和演进研究——以平遥古城为例 [D]. 郑州：河南大学，2008.

冯卫红. 旅游产业集群判定和识别探讨 [J]. 经济问题，2008，(2)：122-124.

冯卫红. 旅游产业集聚的动因分析 [J]. 经济问题，2009 (7)：114-116.

高楠，马耀峰，李天顺，麻学锋. 旅游产业空间集聚识别方法分析及实证研究——以环渤海地区为例 [J]. 陕西师范大学学报（自然科学版），2012，40 (2)：85-92.

龚魏魏，赵媛. 我国旅游产业空间集聚程度分析 [J]. 江苏商论，2008 (7)：70-72.

郭峦. 旅游创新的概念、特征和类型 [J]. 商业研究，2011 (12)：181-186.

郭言歌. 基于产业集聚效应的区域旅游竞争力研究 [J]. 兰州：西北师范大学，2013.

韩元军，吴普，林坦. 基于碳排放的代表性省份旅游产业效率测算与比较分析 [J]. 地理研究，2015，34 (10)，1957-1970.

何俊阳，贺灵，邓淇中. 泛珠三角区域入境旅游发展效率评价及影响因素 [J]. 经济地理，2016，36 (2)：195-201.

侯志茹. 东北地区产业集群发展动力机制研究 ［D］. 长春：东北师范大学，2007.

胡志毅. 基于 DEA – Malmquist 模型的中国旅行社业发展效率特征分析 ［J］. 旅游学刊，2015，30（5）：23 – 30.

黄璨. 旅游产业化水平测度研究 ［D］. 北京：中国地质大学，2013.

Schumpeter J A. 经济发展理论 ［M］. 孔伟艳，朱攀峰，娄季芳，译. 北京：北京出版社，2008.

李菡. 我国旅游业发展与经济增长的关系及其区域差异研究 ［D］. 秦皇岛：燕山大学，2010.

李经龙，陈冉，徐玉梅. 政企关系、财政补贴与公司经营绩效——基于中国旅游上市公司的经验证据 ［J］. 华东经济管理，2014，28（7），126 – 130.

李亮，赵磊. 中国旅游发展效率及其影响因素的实证研究——基于随机前沿分析方法（SFA）［J］. 经济管理，2013，35（2）：124 – 134.

Porter M E. 国家竞争优势 ［M］. 李明轩，邱如美，译. 北京：中信出版社，2007.

李娜. 旅游产业集群模式与发展研究——以陕西省旅游产业集群发展为例 ［D］. 西安：陕西师范大学，2007.

李鹏飞. 旅游产业集群：理论与现实的探讨 ［J］. 经济地理，2009，29（7）：1209 – 1213.

李琦. 河北省区域旅游产业集聚绩效及其竞争态势比较研究 ［D］. 秦皇岛：燕山大学，2013.

李晴，杨春. 时间序列分析模型及其在 GDP 预测中的应用研究 ［J］. 安徽农业科学，2011，39（20）：12449 – 12451.

李庆雷，陈英，明庆忠. 公共物品供给视角下国家公园发展中的第三部门 ［J］. 北京第二外国语学院学报，2010，32（7）：49 – 55.

李文秀，谭力文. （2008）. 服务业集聚的二维评价模型及实证研究——以美国服务业为例 ［J］. 中国工业经济，2008（4）：55 – 63.

林邡. 县域旅游产业集聚探讨——以福建永安旅游业为例 ［D］. 厦门：厦门大学，2011.

柳百萍，刁宗广，尹长丰. 皖江城市旅游产业集聚水平多维度分析 ［J］. 华东经济管理，2013，27（1）：23 – 27.

刘春济，冯学钢，高静. 中国旅游产业结构变迁对旅游经济增长的影响 ［J］. 旅游学刊，2014，29（8）：37 – 49.

刘恒江，陈继祥，周莉娜．产业集群动力机制研究的最新动态［J］．外国经济与管理，2004，26（7）：2-7.

刘佳，陆菊，刘宁．基于 DEA-Malmquist 模型的中国沿海地区旅游产业效率时空演化、影响因素与形成机理［J］．资源科学，2015，37（12）：2381-2393.

刘佳，张佳佳．中国大陆沿海地区旅游产业集聚及其影响因素研究［J］．改革与战略，2014，30（3）：73-78.

刘佳，赵金金．中国旅游产业结构与旅游产业集聚空间关联与相互作用的实证研究［J］．首都经济贸易大学学报，2013，15（3）：40-49.

刘佳，赵金金，张广海．中国旅游产业集聚与旅游经济增长关系的空间计量分析［J］．经济地理，2013，33（4）：186-192.

刘丽娟．京津冀都市圈旅游产业的集聚研究［J］．特区经济，2011，（6）：52-54.

陆毅，李冬娅，方琦璐，陈熹．产业集聚与企业规模——来自中国的证据．管理世界，2013（8）：84-89.

刘少和，桂拉旦．区域旅游产业集聚化转型升级发展路径及其动力机制研究［J］．西藏大学学报（社会科学版），2014，29（4）：172-177.

卢移海．长三角地区城市旅游产业竞争力研究［D］．杭州：浙江大学，2012.

罗明义．关于"旅游产业范围和地位"之我见［J］．旅游学刊，2007，22（10）：5-6.

马丽君，孙根年．江苏省国际国内旅游的空间聚集性及成因分析［J］．商业研究，2013（2）：170-174.

马胜春．中国旅游业上市公司绩效评价——基于因子分析［J］．财会研究，2011（1）：49-52.

聂献忠．区域旅游业空间集聚模式研究——以长三角地区为例［J］．浙江工商职业技术学院学报，2008，7（1）：1-4.

潘凰．重庆市旅游产业集群化发展研究［D］．重庆：重庆大学，2011.

樊欢欢，张凌云．Eviews 统计分析与应用［M］．北京：机械工业出版社，2009.

祁顺生，唐建红．旅游饭店产业集群化发展及原因与影响［J］．经济论坛，2006（14）：65-66.

任军，马咏梅，赵晓辉．增长极理论视角下的我国中、西部增长极战略布局［J］．税务与经济，2008（4）：11-16.

荣艳蕊. 秦皇岛旅游产业集聚分析与集群化产业治理研究 [D]. 秦皇岛：燕山大学，2010.

师守祥. 旅游产业范围的界定应符合经济学规范 [J]. 旅游学刊，2007，22 (11)：7-8.

宋振春，陈方英，李瑞芬. 对旅游业的再认识——兼与张涛先生商榷 [J]. 旅游学刊，2004，19 (2)：76-79.

隋广军，申明浩. 产业集聚生命周期演进的动态分析 [J]. 经济学动态，2004，11 (11)：39-41.

隋玉正，李淑娟，王蒙. 山东半岛蓝色经济区旅游景区绩效评价研究 [J]. 中国海洋大学学报（社会科学版），2015 (5)：67-72.

孙金龙，李亚青，孙厚琴. 上海旅游产业集群的判定验证及其集聚度测算研究 [J]. 旅游论坛，2010，3 (1)：69-70.

王尔康. 面对散客潮旅行社怎么办？[J]. 中国旅游，1995 (2).

王今. 产业集聚的识别理论与方法研究 [J]. 经济地理，2005，25 (1)：9-11.

王凯，易静. 区域旅游产业集聚与绩效的关系研究——基于中国31个省区的实证 [J]. 地理科学进展，2013，32 (3)：465-474.

王凯，易静，肖燕，等. 中国旅游产业集聚与产业效率的关系研究 [J]. 人文地理，2016，31 (2)：120-127.

王瑀. 沈阳市旅游产业集聚度研究 [D]. 沈阳：辽宁大学，2013.

王兆峰，杨琴. 旅游产业集群与经济发展研究——以张家界旅游产业为例 [J]. 内蒙古社会科学（汉文版），2009，30 (6)：93-98.

王忠，阎友兵. 基于TOPSIS方法的红色旅游绩效评价——以领袖故里红三角为例 [J]. 经济地理，2009，29 (3)：516-520.

王旭科. 城市旅游发展动力机制的理论与实证研究 [D]. 天津：天津大学，2008.

王子龙，谭清美，许箫迪. 产业集聚水平测度的实证研究 [J]. 中国软科学，2006 (3)：109-116.

韦伯. 工业区位论 [M]. 北京：商务印书馆，1997.

魏楚，沈满洪. 能源效率及其影响因素：基于DEA的实证分析 [J]. 管理世界，2007，167 (8)：66-76.

伍晓奕，董坤，凌茜. 酒店内部服务质量对不同代际员工服务绩效的影响研究 [J]. 旅游科学，2016，30 (1)：78-95.

谢春山，王恩旭，朱易兰．基于超效率 DEA 模型的中国五星级酒店效率评价研究 [J]．旅游科学，2012，26（1）：60 – 71.

谢朝武．酒店员工安全服务能力与安全服务绩效的驱动关系 [J]．旅游学刊，2014，29（4）：28 – 37.

邢晓玉．产业集聚度测度方法及其在旅游产业中的运用研究综述 [J]．江苏商论，2013（8）：37 – 40.

熊健．高新园区产业集群竞争优势研究 [D]．长沙：中南大学，2005.

许珂．昆明市旅游产业及重大项目集聚发展研究 [D]．昆明：云南财经大学，2014.

杨公朴，夏大慰．现代产业经济学 [M]．上海：上海财经大学出版社，2005.

杨国玺．区域旅游产业集聚机制与模式 [D]．上海：上海师范大学，2010.

杨军．"X 效率"与旅游公共服务 [N]．中国旅游报，2007 – 03 – 05（13）.

杨萍．区域旅游基础性研究 [J]．学术探索，2003（5）：63 – 66.

杨天宇，朱林．中国居民收入分配对产业结构升级的影响——基于省级面板数据的 GMM 估计 [J]．产经评论，2014，5（1）：58 – 71.

杨小凯．经济学原理 [M]．北京：中国社会科学出版社，1998.

杨勇．中国旅游产业区域聚集程度变动趋势的实证研究 [J]．旅游学刊，2010，25（10）：37 – 42.

叶红．我国旅游产业区模式：比较与实证分析 [J]．旅游学刊，2006，21（8）：24 – 29.

尹贻梅，刘志高．旅游产业集群存在的条件及效应探讨 [J]．地理与地理信息科学，2006，22（6）：98 – 102.

俞霞，郑向敏．论旅游地的集聚效应 [J]．旅游论坛，2007，18（5），647 – 650.

翟辅东．旅游六要素的理论属性探讨 [J]．旅游学刊，2006，21（4）：18 – 22.

占佳．旅游产业范围界定应从基本概念入手 [J]．旅游学刊，2007，22（12）：9 – 10.

张广海，李华．中国旅游产业集群发展水平评价及空间格局演变 [J]．旅游论坛，2013，6（2）：24 – 30.

张红，张春晖．旅游上市公司股权结构对经营绩效的影响——以成长性为调

节变量 [J]. 旅游科学, 2012, 26 (3): 27 - 41.

张会新. 我国资源型产业集群的动力机制研究 [D]. 西安: 西北大学, 2009.

张建华, 张淑静. 产业集群的识别标准研究 [J]. 中国软科学, 2006 (3): 83 - 90.

张梦. 区域旅游业竞争力理论与实证研究 [M]. 成都: 西南财经大学出版社, 2005.

张鹏, 于伟, 徐东风. 我国省域旅游业效率测度及影响因素研究——基于SFA 和空间 Durbin 模型分析 [J]. 宏观经济研究, 2014 (6): 80 - 85.

张巧英. 基于产业链的西安旅游产业集群构建研究 [D]. 西安: 西安科技大学, 2008.

张淑静. 产业集群的识别、测度和绩效评价研究 [D]. 武汉: 华中科技大学, 2006.

张潇日, 邓林. 关于长江三角洲发展旅游产业集群的探讨 [J]. 江苏商论, 2008 (1): 95 - 97.

张钰. 文化产业集群发展的动力机制研究 [D]. 济南: 山东财经大学, 2013.

赵磊. 旅游产业集聚会影响地区收入差距吗? ——基于中国省际面板数据的门槛回归分析 [J]. 旅游科学, 2013, 27 (5): 22 - 41.

赵黎明, 邢雅楠. 基于 EG 指数的中国旅游产业集聚研究 [J]. 西安电子科技大学学报 (社会科学版), 2011, 21 (2): 43 - 48.

周文娟, 张红. 基于 DEA 模型的旅游上市公司投资效率评价研究 [J]. 旅游论坛, 2013, 6 (2): 57 - 62.

朱杏珍. 产业群生命周期及其策略研究 [J]. 生产力研究, 2005 (10), 169 - 171.

庄军. 旅游产业集群研究 [D]. 武汉: 华中师范大学, 2005.

左和平, 杨建仁. 论产业集群绩效评价指标体系构建——以陶瓷产业集群为例 [J]. 江西财经大学学报, 2010 (4): 33 - 37.

二、英文文献

ALEXANDROVA A, VLADIMIROV Y. Tourism clusters in Russia: what are their key features? the case of Vologda region [J]. Worldwide Hospitality and Tourism Themes, 2016, 8 (3): 346 - 358.

AL – REFAIE A. Effects of human resource management on hotel performance u-sing structural equation modeling [J]. Computers in Human Behavior, 2015 (43): 293 – 303.

ARSEZEN – OTAMISA P, YUZBASIOGLU N. Analysis of Antalya tourism cluster perceived performance with structural equation model [J]. Procedia – Social and Be-havioral Sciences, 2013 (99): 682 – 690.

BARROS C P, BOTTI L, PEYPOCH N, et al. Performance of French destina-tions: tourism attraction perspectives [J]. Tourism Management, 2011, 32 (1): 141 – 146.

BRULHART M, MATHYS N A. Sectoral agglomeration economies in a panel of European regions [J]. Regional Science & Urban Economics, 2008, 38 (4): 348 – 362.

BRUMBRACH. Performance Management [M]. London: The Cromwell Press, 1998.

CORNE, A. Benchmarking and tourism efficiency in France [J]. Tourism Man-agement, 2015 (51): 91 – 95.

DUAN W, YU Y, CAO Q, et al. Exploring the impact of social media on hotel service performance: a sentimental analysis approach [J]. Cornell Hospitality Quar-terly, 2016, 109 (3): 527 – 38.

ELBANNA S, EID R, KAMEL H. Measuring hotel performance using the bal-anced scorecard: a theoretical construct development and its empirical validation [J]. International Journal of Hospitality Management, 2015 (51): 105 – 114.

ELLISON G, GLAESER E L. The geographic concentration of industry: does nat-ural advantage explain agglomeration? [J]. American Economic Review, 1999, 89 (2): 311 – 316.

FERNANDES E, PACHECO R R. Efficient use of airport capacity [J]. Transportation Research Part A Policy & Practice, 2002, 36 (3): 225 – 238.

FUENTES M L, GONZÁLEZ G I, MORINI M S. Measuring efficiency of sun & beach tourism destinations [J]. Annals of Tourism Research, 2012, 39 (2): 1248 – 1251.

HANAFIAH M H, HEMDI M A, AHMAD I. Tourism destination competitiveness towards a performance – based approach [J]. Tourism Economics, 2016, 22 (3): 629 – 636.

HASSAN G F, TAJUL A M. The effect of tourism agglomeration on foreign real estate investment: evidence from selected OECD countries [J]. International Journal of Strategic Property Management, 2011, 15 (3): 222 - 230.

HODARI D, TURNER M J, STURMAN M C. How hotel owner - operator goal congruence and GM autonomy influence hotel performance [J]. International Journal of Hospitality Management, 2017 (61): 119 - 128.

HOLJEVAC I A, BASAN L. Internal marketing factors and the performance of travel agencies [J]. Tourism & Hospitality Management, 2009, 15 (1): 37 - 48.

INGRAM H, TEARE R, BOWEN J T. Clusters and gaps in hospitality and tourism academic research [J]. International Journal of Contemporary Hospitality Management, 1996, 8 (7): 91 - 95.

JACKSON J. Developing regional tourism in China: the potential for activating business clusters in a socialist market economy [J]. Tourism Management, 2006, 27 (4): 695 - 706.

JACKSON J, MURPHY P. Clusters in regional tourism: an Australian case [J]. Annals of Tourism Research, 2006, 33 (4): 1018 - 1035.

JARBOUI S, GUETAT H, BOUJELBÈNE Y. Evaluation of hotels performance and corporate governance mechanisms: empirical evidence from the Tunisian context [J]. Journal of Hospitality & Tourism Management, 2015 (25): 30 - 37.

KALNINS A, CHUNG W. Resource - seeking agglomeration: a study of market entry in the lodging industry [J]. Strategic Management Journal, 2004, 25 (7): 689 - 699.

KIM M, LEE S K, ROEHL W S. The effect of idiosyncratic price movements on short - and long - run performance of hotels [J]. International Journal of Hospitality Management, 2016 (56): 78 - 86.

KÖKSAL C D, AKSU A A. Efficiency evaluation of a - group travel agencies with data envelopment analysis (DEA): a case study in the Antalya region, Turkey [J]. Tourism Management, 2007, 28 (3): 830 - 834.

MARIA - DEL - VAL S, LLUíS G M, ANGEL P, et al. The effects of localization on economic performance: analysis of Spanish tourism clusters [J]. European Planning Studies, 2012, 20 (8): 1319 - 1334.

MOREY R C, DITTMAN D A. Evaluating a hotel GM's performance: a case study in benchmarking [J]. Cornell Hospitality Quarterly, 1995, 44 (5):

53 – 59.

PEIRÓ – SIGNES A, SEGARRA – OÑA M, MIRET – PASTOR L, et al. The effect of tourism clusters on U. S. hotel performance [J] . Cornell Hospitality Quarterly, 2015, 56 (2), 155 – 167.

PENG H , ZHANG J, LU L, et al. Eco – efficiency and its determinants at a tourism destination: a case study of Huangshan national park, China [J] . Tourism Management, 2017 (60): 201 – 211.

PORTER M E. A conversation with Michael Porter: international competitive strategy from a European perspective [J] . European Management Journal, 1991, 9 (4): 355 – 360.

PORTER M E. Clusters and the new economics of competition [J] . Harvard Business Review, 1998, 76 (6): 77 – 91.

QIAN L, LIN M, WU X. The trickle – down effect of servant leadership on frontline employee service behaviors and performance: a multilevel study of Chinese hotels [J] . Tourism Management, 2016 (52): 341 – 368.

RANJAN R, CHATTERJEE P, CHAKRABORTY S. Performance evaluation of Indian states in tourism using an integrated PROMETHEE – GAIA? approach [J] . OPSEARCH, 2016, 53 (1): 63 – 84.

RIBEIRO L, ANDRADE J. Characterization of tourism clusters in Brazil [J] . Tourism Economics, 2015, 21 (5): 957 – 976.

HSU S, HSIEH P H, YUAN S T. Roles of "small – and medium – sized enterprises" in service industry innovation: a case study on leisure agriculture service in tourism regional innovation [J] . Service Industries Journal, 2013, 33 (11): 1068 – 1088.

Smith S L J. Measurement of tourism's economic impacts [J] . Annals of Tourism Research, 2000, 27 (2): 530 – 531.

SOLANA – IBÁÑEZ J, CARAVACA – GARRATÓN M, PARA – GONZÁLEZ L. Two – Stage Data Envelopment Analysis of Spanish Regions: Efficiency Determinants and Stability Analysis [J] . Contemporary Economics, 2016, 10 (3): 259 – 273.

XU J, WEI J, ZHAO D. (2016) . Influence of social media on operational efficiency of national scenic spots in China based on three – stage DEA model [J] . International Journal of Information Management, 2016, 36 (3): 374 – 388.

YANG Y. Agglomeration density and tourism development in China: an empirical research based on dynamic panel data model［J］. Journal of Business Economics, 2012, 33（6）: 1347 – 1359.

YANG Y. Agglomeration density and labor productivity in China's tourism industry ［J］. International Journal of Tourism Research, 2015, 18（5）: 434 – 446.

YI T, LIANG M. Evolutional model of tourism efficiency based on the DEA method: a case study of cities in Guangdong Province, China［J］. Asia Pacific Journal of Tourism Research, 2014, 20（7）: 789 – 806.